轨道交通行业系列培训教程

机车钳工技术

主　编　陆　斌　文　献

副主编　张新成　张云辉

参　编　张振旺　张利好　史晓宜　朱昌盛
　　　　姜　勇　李环兴　瞿立军

主　审　尹子文　周培植

机械工业出版社

本书主要针对轨道交通行业机车钳工技能认定进行编写，内容全面，理论知识与实际生产制造相结合。本书主要内容包括机车钳工基础知识、机车钳工技能知识、经典案例大师谈经验、机车钳工技能试题和职业道德试题。其中，机车钳工技能试题部分分为初级工试题，中级工试题、高级工试题和参考答案，形式以填空题、选择题、判断题、问答题、计算题、综合题为主。

本书可作为轨道交通行业机车钳工职业技能认定考试的专业参考用书，可供学员学习及认定机构命题时参考，也可作为职业院校城市轨道交通相关专业的教学用书。

图书在版编目（CIP）数据

机车钳工技术／陆斌，文献主编. -- 北京 ：机械工业出版社，2024. 10. --（轨道交通行业系列培训教程）.
ISBN 978-7-111-77095-4

Ⅰ . U269.6

中国国家版本馆 CIP 数据核字第 202401XH60 号

机械工业出版社（北京市百万庄大街 22 号　邮政编码 100037）
策划编辑：侯宪国　黄倩倩　　责任编辑：侯宪国　黄倩倩　赵晓峰
责任校对：郑　婕　张亚楠　　封面设计：张　静
责任印制：张　博
北京雁林吉兆印刷有限公司印刷
2025 年 1 月第 1 版第 1 次印刷
184mm×260mm · 16.25 印张 · 366 千字
标准书号：ISBN 978-7-111-77095-4
定价：59.80 元

电话服务　　　　　　　　网络服务
客服电话：010-88361066　　机 工 官 网：www.cmpbook.com
　　　　　010-88379833　　机 工 官 博：weibo.com/cmp1952
　　　　　010-68326294　　金 书 网：www.golden-book.com
封底无防伪标均为盗版　机工教育服务网：www.cmpedu.com

丛书编审委员会

序
Preface

习近平总书记指出，技术工人队伍是支撑中国制造、中国创造的重要基础，对推动经济高质量发展具有重要作用。要健全技能人才培养、使用、评价、激励制度，大力发展技工教育，大规模开展职业技能培训，加快培养大批高素质劳动者和技术技能人才。

当前，我国轨道交通装备正朝着智能化、数字化、轻量化和绿色化的方向发展，产品构成更加复杂，制造工艺进一步提升，对技术工人的作业水平提出了更高的要求。

聚焦国内，中共中央、国务院印发的《交通强国建设纲要》提出：到本世纪中叶，全面建成人民满意、保障有力、世界前列的交通强国。一系列高品质、高安全性的轨道交通产品是支撑交通强国的重要载体。共建"一带一路"成为深受欢迎的国际公共产品和国际合作平台，给中国装备走出去带来了新的机遇，可靠的产品质量是国际竞争的基础，高效的交付是中国装备的重要竞争力。高水平的技术工人队伍是保证产品质量和交付周期的重要支撑。

在此背景下，为适应轨道交通装备快速发展的新局面，更好地推动轨道交通机车钳工人才队伍建设，切实做到"产品如人品，动手即负责"，确保质量、安全和中国装备竞争力，有必要编写比较完善且适用于轨道交通行业类机车钳工培训的教材。因此，《机车钳工技术》应运而生。

中车株洲电力机车有限公司特组织一批长期从事机车钳工专业工作、经验丰富的资深专家编写本书。本书内容紧密结合生产实际，结合具体产品实际案例深入浅出地阐述相关技术理论与实际经验，图文并茂，通俗易懂，可供轨道交通机车钳工工艺人员和一线员工学习与参考。希望本书的出版发行，能够进一步为培养高技能核心人才队伍，促进轨道交通机车钳工技术的传承做出积极贡献。

总结经验，是为了走得更远；锚定目标，是为了开创未来。交通强国，铁路先行，蓝图已经绘就，奋斗正当其时，让我们团结一致、拼搏奋斗、争创一流、勇攀高峰，奋力谱写"中国梦·劳动美"的壮丽篇章，为中国轨道交通装备发展贡献新时代的个人力量。

中车株洲电力机车有限公司机车事业部总经理

前 言
Foreword

近年来，我国制造业飞速发展，随着轨道交通行业制造水平的不断提升，车辆零部件的装配精度也越来越高。在当前大力发展新设备、新工艺、新技术、新方法的背景下，为提升机车钳工从业人员的技术水平，更好地推动轨道交通机车钳工人才队伍建设，有必要编写比较完善且适用于轨道交通行业类机车钳工培训的教材。

轨道交通的整车包含了数以万计的零部件，其中大部分零部件需要通过钳工进行手工装配。尤其在齿轮组装间隙控制、齿轮箱组装密封、轴承组装转向架一系弹簧压装、牵引座安装、牵引杠安装、机车落车连接、机车称重调簧等部件的安装与调整中，需要钳工有扎实的理论基础与动手能力。目前，关于城市轨道交通行业机车钳工培训教材比较少，特别是关于大型关键零部件的组装技巧更是少有可学习、借鉴的书籍。为了适应制造强国战略的要求，使城市轨道交通技术能够高效、持续发展，更为了城市轨道交通技术的传承，编者组织在城市轨道交通一线工作、有丰富经验的中车集团技能专家和在轨道交通机车钳工方面有丰富经验的工艺人员共同编写了《机车钳工技术》一书，以填补空缺。

本书内容紧密结合生产实际，力求重点突出、少而精，做到图文并茂，知识讲解深入浅出、通俗易懂、便于培训。基于此，中车株洲电力机车有限公司技师协会组织成立了以机车事业部总经理王位和毛军明为主任委员，工会主席杨柯、机车事业部副总经理张领、王永成为副主任委员的编审委员会，并邀请荣获湖南省劳动模范"称号的陆斌、中车首席技能专家文献、中车资深技能专家张新成及一批工艺人员和中车技能专家参加编写，使得本书既体现了城市轨道交通技术的发展成果，又汇集了很多生产实例，可供城市轨道交通技能人员培训使用。

本书由陆斌、文献任主编，张新成、张云辉任副主编，张振旺、张利好、史晓宜、朱昌盛、姜勇、李环兴、瞿立军参与编写。本书由尹子文、周培植主审。在本书编写过程中参阅了相关文献，在此向相关作者表示最诚挚的感谢。本书的编写还得到了中车株洲电力机车有限公司人力资源部、机车事业部及工会的大力支持和帮助，在此表示衷心感谢。

鉴于城市轨道交通技术仍处于不断发展中，还需要大家进一步探索和验证，且编者水平有限，书中不足之处在所难免，恳请广大读者批评指正。

编 者

目 录 Contents

第3篇　试　题　篇

第4章　机车钳工技能试题

第5章　职业道德试题

参考答案

参考文献

第 1 篇

理论知识篇

第1章

机车钳工基础知识

☺ 学习目标：
1. 掌握机械制图、机械基础知识。
2. 掌握材料与金属热处理基础知识。
3. 掌握钳工基础知识及钳工常用量具设备和工具使用与维护方法。
4. 掌握机械连接紧固件基础知识。

1.1 机械制图知识

1.1.1 识图知识

1. 正投影的基本概念及三视图

（1）投影法　光照射物体，在地上或墙上产生影子，这种现象称为投影。互相平行的投射线与投影面垂直的投影法称为正投影法，由其得到的图形称为正投影。正投影法能表达物体的真实形状，如图1-1所示。

（2）三视图的形成　三视图的形成如图1-2a所示，将物体放在三个互相垂直的投影面中，使物体上的主要平面平行于投影面，然后分别向三个投影面做正投影，所得到的三个图形称为三视图。三个视图的名称分别为：主视图，即向正前方投影，在正面（V）上所得到的视图；俯视图，即由上向下投影，在水平面（H）上所得到的视图；左视图，即由左向右投影，在侧面（W）上所得到的视图。

在三个投影面上得到物体的三视图后，须将空间内互相垂直的三个投影面展开、摊平在一个平面

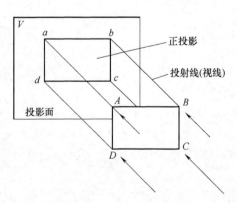

图1-1　正投影法示意图

上。展开投影面时规定：正面保持不动，将水平面和侧面按图 1-2b 中箭头所示的方向旋转 90°得图 1-2c。为使图形清晰，图 1-2c 去掉投影轴和投影面线框，就成了常用的三视图，如图 1-2d 所示。

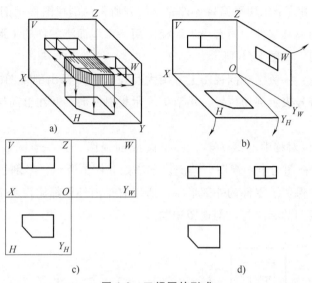

图 1-2 三视图的形成

（3）投影规律

1）视图间的对应关系。从三视图中可以看出：主视图反映了物体的长度和高度；俯视图反映了物体的长度和宽度；左视图反映了物体的高度和宽度。由此可以得出如下投影规律：主视图、俯视图中相应投影的长度相等，并且对正；主视图、左视图中相应投影的高度相等，并且平齐；俯视图、左视图中相应投影的宽度相等。归纳起来，即得三视图"三等"关系："长对正、高平齐、宽相等"，如图 1-3 所示。

2）物体与视图的方位关系。物体各结构之间，都具有六个方向的互相位置关系。物体与视图的方位关系（见图 1-4）：主视图反映出物体的上、下、左、右位置关系；俯视图反映出物体的前、后、左、右位置关系；左视图反映出物体的前、后、上、下位置关系。

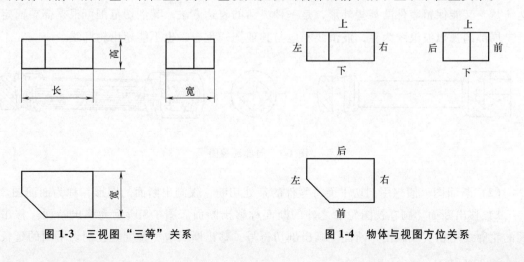

图 1-3 三视图"三等"关系　　　　图 1-4 物体与视图方位关系

2. 剖视图和断面图

（1）剖视图　为表达零件内部结构，用一假想剖切平面剖开零件，投影所得到的图形称为剖视图。

1）全剖视图。用一个剖切平面将零件完全切开所得的剖视图称全剖视图。如图 1-5a 所示，外形为长方体的模具零件中间有一 T 形槽。用一水平面将零件的 T 形槽完全切开，画出的俯视图是全剖视图，如图 1-5b 所示。

全剖视图的标注：一般应在剖视图上方用大写拉丁字母标出剖视图的名称"×-×"，在相应视图上用剖切符号表示剖切位置，用箭头表示投射方向，并注上同样的字母，如图 1-5b 所示。

2）半剖视图。以对称中心线为界，一半画成剖视图，另一半画成视图，称为半剖视图。图 1-6 所示的俯视图为半剖视图，其剖切方法如立体图所示，半剖视图既充分地表达了零件的内部形状，又保留了零件的外部形状，所以它是内外形都比较复杂的对称零件常采用的表示方法。半剖视图的标注与全剖视图相同。

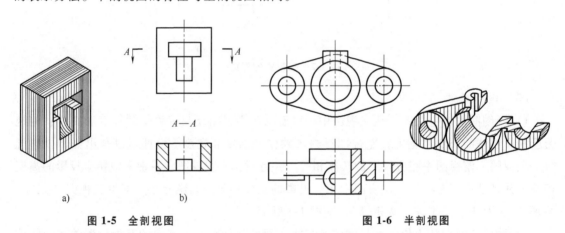

a)	b)

图 1-5　全剖视图　　　　　　　　　　　　图 1-6　半剖视图

3）局部剖视图。用剖切平面局部地剖开零件，所得的剖视图，称为局部剖视图。图 1-7 所示零件的主视图采用了局部剖视图画法。局部剖视图既能把零件局部的内部形状表达清楚，又能保留零件的某些外形，是一种灵活的表达方法，其剖切范围可根据需要而定。

局部剖视以波浪线为界，波浪线不应与其他图线重合，也不能超出轮廓线。

图 1-7　局部剖视图

（2）断面图　假想用剖切平面将零件的某处切断，仅画出断面的图形，称为断面图。

1）移出断面。画在视图轮廓之外的断面称移出断面。图 1-8 所示为移出断面。移出断面的轮廓线用粗实线画出，断面上画出剖切符号。移出断面应尽量配置在剖切平面的延长线上，必要时也可画在其他位置。

移出断面的标注：一般应用剖切符号表示剖切位置，用箭头指明投射方向，并注上大写拉丁字母，在断面图上方用同样的字母标出相应的名称"×—×"。可根据断面图是否对称及其配置位置的不同做相应的省略。

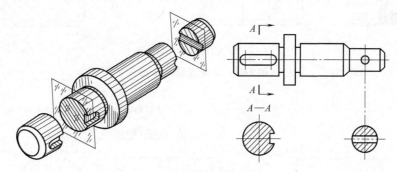

图1-8 移出断面图

2）重合断面。画在视图轮廓之内的断面称为重合断面，如图1-9所示。重合断面的轮廓线用细实线绘制。当视图中的轮廓线与重合断面的图形重叠时，视图中的轮廓线仍应连续画出，不可间断。重合断面一律不标注。

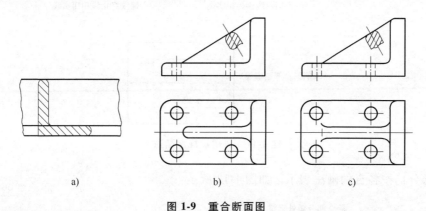

图1-9 重合断面图

3. 螺纹的规定画法及标记

（1）螺纹的规定画法

1）外螺纹规定画法。外螺纹的牙顶线（大径）及螺纹终止线用粗实线表示；牙底线（小径）用细实线表示，并画到螺杆的倒角或倒圆部分。在垂直于螺纹轴线方向的视图中，表示牙底的细实线圆只画约3/4圈，此时不画螺杆端面倒角圆，如图1-10所示。

2）内螺纹规定画法。在内螺纹做剖视时，牙底线（大径）用细实线表示，牙顶线（小径）及螺纹终止线用粗实线表示。不做剖视时，牙底、牙顶和螺纹终止线皆为虚线。在垂直于螺纹轴线方向的视图中，牙底画成约3/4圈的细实线圆，不画螺纹孔口的倒角圆，如图1-11所示。

3）螺纹连接规定画法。在剖视图中表示螺纹连接时，其旋合部分应按外螺纹的画法表

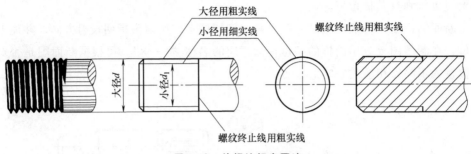

图 1-10 外螺纹规定画法

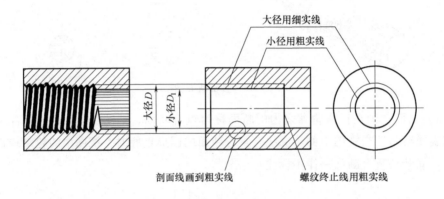

图 1-11 内螺纹规定画法

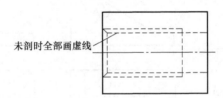

示，其余部分仍按各自的画法表示，如图 1-12 所示。

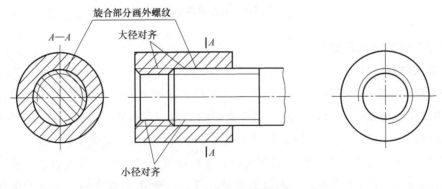

图 1-12 螺纹连接规定画法

（2）螺纹标记 为区分螺纹的种类及参数，应在图样上按规定格式进行标记，以表示该螺纹的牙型、公称直径、螺距、公差带等。

以普通螺纹为例，其完整的标记由螺纹特征代号、尺寸代号、公差带代号、旋合长度代号、旋向代号组成，中间用"-"分开。

例如：

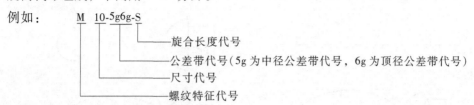

$$M\quad 10\text{-}5g6g\text{-}S$$

旋合长度代号
公差带代号（5g 为中径公差带代号，6g 为顶径公差带代号）
尺寸代号
螺纹特征代号

在标注螺纹标记时注意以下要点：

1）普通螺纹旋合长度代号用字母 S（短）、N（中等）、L（长）表示。一般情况下，按中等旋合长度考虑时，可不加标注。

2）右旋螺纹应用十分普遍，故若是右旋螺纹可省略不注。左旋螺纹应标注"LH"。

3）粗牙普通螺纹应用最多，对应每一个公称直径的螺距只有一个，故不必标注螺距。

1.1.2 绘图知识

1. 平面图形的画法

要进行平面图形的作图，首先要对平面图形中的各尺寸和各组成线段进行分析，然后确定平面图形的作图步骤。

（1）平面图形的尺寸分析　平面图形中的尺寸，按其作用可分为定形尺寸和定位尺寸两类。在标注和分析尺寸前，必须先确定基准。

1）基准是标注尺寸的起点。平面图形尺寸有水平和垂直两个方向，基准也必须从这两个方向考虑。常选择图形的轴线、对称中心线或较长的轮廓直线作为尺寸基准。图 1-13 所示手柄图形的尺寸基准就是水平轴线和较长的铅垂轮廓线。

2）定形尺寸是确定图形中各线段形状、大小的尺寸，如直线的长度、圆及圆弧的直径或半径、角度大小等。图 1-13 中的 15、$\phi 20$、$\phi 5$、$R15$、$R12$、$R50$、$R10$、$\phi 30$ 等均为定形尺寸。

3）定位尺寸是确定图形中线段之间相对位置的尺寸。图 1-13 中的 8 就是确定 $\phi 5$ 小圆位置的定位尺寸。

分析尺寸时，常会发现同一尺寸既有定形尺寸的作用，又有定位尺寸的作用，图 1-13 中的 75 既是决定手柄长度的定形尺寸，又是 $R10$ 圆弧的定位尺寸。

（2）平面图形的画图步骤　以图 1-13 所示手柄为例，其平面图形画图步骤如图 1-14 所示。

1）画出基准线，并根据定位尺寸画出定位线，如图 1-14a 所示。

2）画出已知线段，即那些定形尺寸、定位尺寸齐全的线段，如图 1-14b 所示。

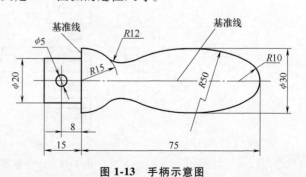

图 1-13　手柄示意图

3）画出连接线段，即那些只有定形尺寸，而定位尺寸不齐全或无定位尺寸的线段。这些线段必须在已知线段画出之后，依靠它们和相邻线段的关系才能画出，如图 1-14c、d 所示。

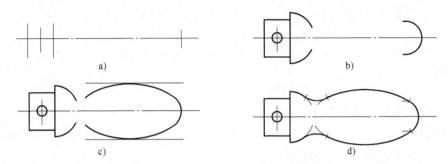

图 1-14 手柄平面图形画图步骤

2. 零件的表达方法

现行国家标准规定有视图、剖视图（全剖视图、半剖视图、局部剖视图）、断面图（移出断面图、重合断面图）等零件的表达方法。其中，视图包括基本视图、局部视图、斜视图、向视图。

（1）基本视图　正六面体的六个面为基本投影面，如图 1-15a 所示。将零件放在正六面体中，由前、后、左、右、上、下六个方向，分别向六个基本投影面投射，再按图 1-15b 所

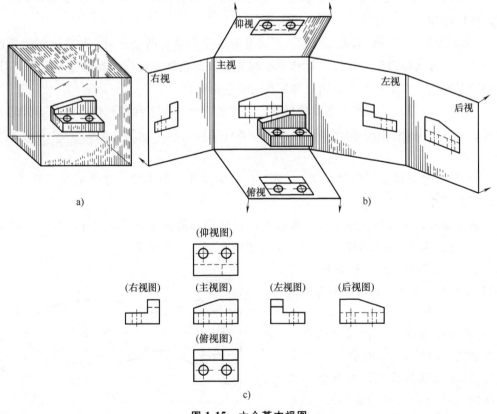

图 1-15 六个基本视图

示的方法，正投影面不动，其余各面按箭头所指方向旋转展开，与正投影面成一个平面，即得六个基本视图，如图 1-15c 所示。

六个基本视图中，最常应用的是主、俯、左三个视图。三视图的投影规律：主视图和俯视图长对正、主视图和左视图高平齐、俯视图和左视图宽相等。各视图的采用，根据零件形状特征而定。

（2）局部视图　将零件的某一部分向基本投影面投射而得的视图称为局部视图。

图 1-16 所示零件的主、俯视图已将其基本部分的形状表达清楚，唯有两凸台和左侧肋板的厚度尚未表达清楚，因此采用 A、B 两个局部视图加以补充，简明地表达了零件的全部形状。

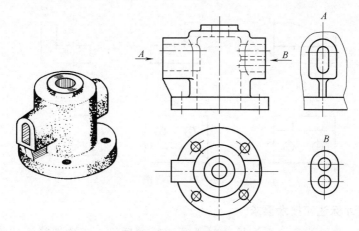

图 1-16　局部视图

局部视图的断裂边界应以波浪线表示，如图 1-16 中的 A 视图所示。当所表示的局部结构完整且外轮廓线又成封闭时，可省略波浪线，如图 1-16 中的 B 视图所示。

局部视图标注：在其上方应标出视图的名称"×"（×为大写拉丁字母），并在相应视图附近用箭头指明投射方向并注上相同的字母。当局部视图按投影关系配置，中间又无其他视图隔开时，允许省略标注。

（3）斜视图　零件向不平行于任何基本投影面的平面投射所得的视图，称为斜视图。图 1-17 所示弯板形零件的倾斜部分在俯视图和左视图上都不能得到实形投影。这时，就可

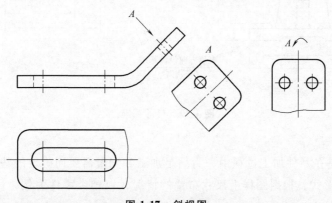

图 1-17　斜视图

以另加一个平行于该倾斜部分的投影面,在该投影面上画出倾斜部分的实形投影,即为斜视图。

斜视图的画法和标注基本上与局部视图相同。在不致引起误解时,可不按投影关系配置,还可将图形旋转摆正。此时,图形上方应标注旋转符号。

(4)向视图 向视图是在主视图或其他视图上注明投射方向所得的视图,是可自由配置的视图。

绘制向视图时,需要在其图形上方中间位置处标注视图名称"×"("×"为大写拉丁字母),并在相应的视图附近用箭头指明投射方向,并注上同样的字母,如图1-18所示。

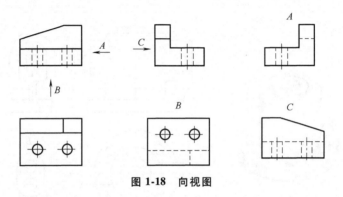

图 1-18 向视图

3. 零件图尺寸标注和技术要求

(1)零件图上尺寸标注 标注尺寸时必须遵循的原则:正确选择标注尺寸的起点——尺寸基准;正确使用标注尺寸的形式。

1)尺寸基准按性质可分为设计基准、工艺基准。

① 设计基准是用来确定零件在部件或机器中位置的基准。图1-19a所示轴承座底面为轴承孔高度方向的设计基准,图1-19b所示的轴线为径向尺寸的设计基准。

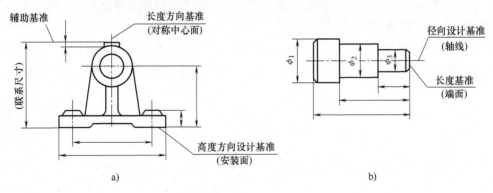

图 1-19 尺寸基准

a)轴承座 b)台阶轴

② 工艺基准是在零件加工过程中,为满足加工和测量需要而确定的基准。

2)尺寸标注形式。根据图样上尺寸布置的情况,以轴类零件为例,尺寸标注的形式有三种。

① 链式：轴向尺寸标注，依次分段注写，无统一基准，如图 1-20a 所示。

② 坐标式：轴向尺寸标注，以一边端面为基准，分层注写，如图 1-20b 所示。

③ 综合式：轴向尺寸标注，采用链式和坐标式两种方法标注，如图 1-20c 所示。

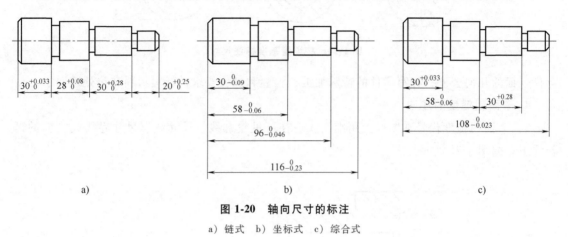

a)   b)   c)

图 1-20   轴向尺寸的标注

a) 链式   b) 坐标式   c) 综合式

3) 尺寸标注注意事项如下：

① 避免标注成封闭尺寸链。在标注尺寸时应将次要的轴段空出，不标注尺寸或尺寸标注后用括号括起来，作为参考尺寸，如图 1-21 所示。

② 按加工顺序标注。从工艺基准出发标注尺寸，如图 1-22 所示。在标注轴向尺寸时，考虑到轴的加工顺序，因此选择右端面的工艺基准标注。

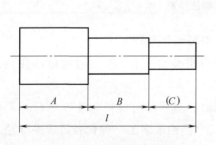

图 1-21   避免封闭尺寸链

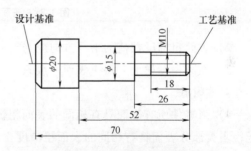

图 1-22   按加工顺序标注尺寸

③ 重要尺寸（设计、测量、装配尺寸）从尺寸基准直接标注，图 1-23 所示齿轮的左端面为设计基准，应以此端面为尺寸基准标注齿轮轴长度方向的尺寸。

④ 按测量基准标注。从测量基准出发标注尺寸，如图 1-24 所示。

（2）零件图上的技术要求 零件图上应该标注和说明的技术要求主要有以下几个方面：标注零件的表面粗糙度；标注零件重要尺寸的上、下极限偏差及

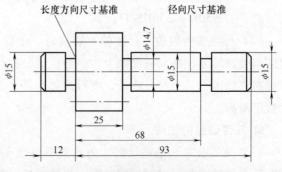

图 1-23   齿轮轴按设计基准标注尺寸

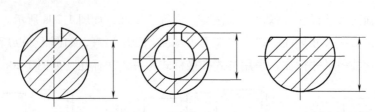

图 1-24　按测量基准标注尺寸

零件表面的几何公差；标写零件的特殊加工、检验和试验要求；标写材料和热处理要求。

4. 表面粗糙度的注法

1）表面粗糙度代号在图样上用细实线注在可见轮廓线、尺寸线、尺寸界线或它们的延长线上，如图 1-25 所示。

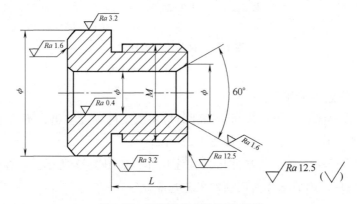

图 1-25　表面粗糙度的标注示例

2）表面粗糙度数值的书写方向应与尺寸数字的书写规则相同。

3）在同一图样上，每一表面一般只标注一次表面粗糙度要求，并尽可能标注在有关的尺寸界线附近。

4）当零件所有表面具有相同的表面粗糙度要求时，其代号可统一标注在图样标题栏附近；当大部分表面具有相同的表面粗糙度要求时，其中使用最多的一种代号可统一标注在图样标题栏附近，并加注（√）。

5. 极限与配合的注法

（1）标注公差代号　标注公差代号时，基本偏差标示符和公差等级数字均应与尺寸数字等高，如 $\phi50f7$、$\phi50H8/f7$。

（2）标注偏差数值　标注偏差数值时，上极限偏差应注在公称尺寸右上方，下极限偏差应与公称尺寸注在同一底线上，字号应比公称尺寸小一号，如 $\phi50^{-0.025}_{-0.050}$。若上、下极限偏差绝对值相同，只是符号相反，则可简化标注，如 $\phi40\pm0.02$。此时，偏差数值应与公称尺寸数字等高。

6. 几何公差的注法

（1）几何公差框格的绘制　公差框格可水平或垂直绘制。公差框格内的数字、字母的书写要求与尺寸数字书写规则一致；公差框格、指引线、连线应用细实线画出；几何特征符号应用粗实线画出；指引线一端与公差框格相连，另一端用箭头指向被测要素。

（2）被测要素与基准部位的标注　当被测要素为线或表面时，指引线的箭头应垂直于被测要素轮廓线或其引出线，并应明显地与尺寸线错开；当基准部位为线或表面时，基准三角形应放置在基准部位轮廓线或其引出线上，并应明显地与尺寸线错开，如图1-26所示；当被测要素（或基准）为中心线、中心点、中心面时，指引线的箭头应与该部位的尺寸线对齐，如图1-26所示。

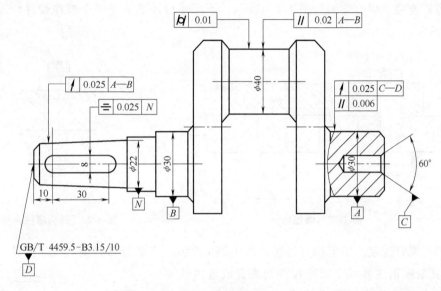

图1-26　几何公差标注

（3）同一部位有多项几何公差　当同一部位有多项几何公差要求时，可采用框格并列标注，如图1-26所示；当几个被测要素有相同几何公差要求时，可以在框格指引线上绘出多个箭头。

（4）热处理及表面处理　当零件表面有多种热处理要求时，一般可按如下原则标注：零件表面需全部进行某种热处理时，可在技术要求中用文字统一加以说明；零件表面需局部热处理时，既可在技术要求中用文字说明，也可以在零件图上标注，如零件局部热处理或局部镀（涂）时，可用细实线圈出范围，并注出相应尺寸和说明。

1.2　机械基础知识

1.2.1　机械连接

1. 螺纹连接

螺纹按牙型可分为三角形、矩形、梯形、锯齿形和圆形等；按螺纹的旋向可分左旋螺纹和右旋螺纹；按用途可分为连接螺纹和传动螺纹。连接螺纹一般用三角形螺纹。

（1）螺纹连接的类型和特点

1）螺栓连接。螺栓连接如图1-27所示，主要用于被连接件不太厚并能在连接处进行装配的场合。其特点是被连接件上不需加工螺纹孔。

2）双头螺柱连接。双头螺柱连接如图1-28所示，常用于被连接件之一较厚并需经常拆卸或因结构限制不宜采用螺栓连接的场合。其特点是双头螺柱螺纹较短的一端旋入被连接件的螺纹孔中，拆卸时只需旋下螺母。

3）螺钉连接。螺钉连接如图1-29a所示，不用螺母，适合于一个被连接件较厚且不经常拆卸的场合。

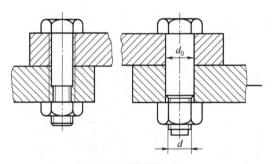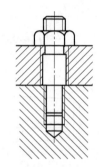

图1-27　螺栓连接　　　　　　　　　　图1-28　双头螺柱连接

4）紧定螺钉连接。紧定螺钉连接如图1-29b所示，用紧定螺钉旋入被连接件之一的螺纹孔中，其末端顶住另一个被连接件的表面或进入该零件相应的凹坑中，使两零件位置固定，用于传递不大的力或转矩。

（2）螺纹连接的防松　连接用的三角形螺纹，一般都具有自锁性，在静载荷或工作温度变化不大的情况下不会松脱，但在冲击、振动或变载荷下或当温度变化很大时，螺纹连接就有可能松动。螺纹连接的防松方法如下：

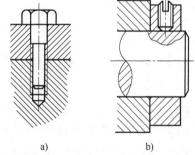

a)　　　　　　　　b)

图1-29　螺钉连接与紧定螺钉连接

1）双螺母防松。两螺母拧紧后，使螺母之间的螺杆受到拉伸而使螺母受压，增大螺纹之间的摩擦力，从而起到防松作用。这种防松方法外廓尺寸较大。

2）单螺母防松。目前铁道车辆货车上使用的防松螺母有FS型（全称为LZ-FS型，以下简称为FS型）、BY型和SFT型折头螺栓与SFT型防松螺母等。

① FS型防松螺母。FS型防松螺母是运用弹簧的弹性和摩擦原理，是弹簧旋紧与螺母螺栓间接吻合的紧固件。它可在螺栓的任意位置上起自锁防松作用。FS型防松螺母的结构如图1-30所示。

在安装使用FS型防松螺母时，应注意如下事项：

a）具有方向性，只能向预紧方向旋入，不可反向退出，否则，将损坏锁紧弹簧。有

"LZ-FS" 钢号的一端为旋入端，与带锁紧弹簧的自锁端相对。

b）必须与螺栓头部有 "10.9" 级标记和公差等级为 "6g" 的螺栓配套使用。用于下心盘的螺栓，须加 ϕ4mm 开口销。

c）先用扳手将螺母旋入螺栓，直至锁紧弹簧入扣，方可再使用气扳机旋紧螺母。

d）防松螺母完全旋入螺栓后，即可在任意点锁定。

拆卸防松螺母时，须用专用扳手。否则将会损坏锁紧弹簧。用专用扳手拆卸时，应将专用扳手完全套入防松螺母内，锁紧弹簧必须进入解锁槽内。如操作不当，则易损坏锁紧弹簧。

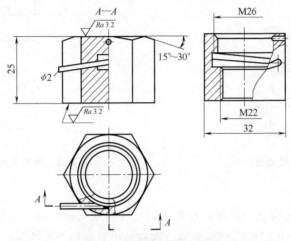

图 1-30　FS 型防松螺母结构

② BY 型（包括 BY-A 型，BY-B 型）防松螺母。BY 型防松螺母是在螺母螺纹的牙底上加工出 30°的锥面，当螺母拧在螺栓上，螺栓外螺纹的牙顶就紧紧地顶在螺母牙底的 30°锥面上，从而将标准螺纹紧固在一定位置上。可防止相对于内螺纹作横向移动。在 60°标准螺纹中，大部分夹紧负荷集中在头上 2~3 个螺纹啮合面上，其余螺纹仅承受逐步递减的负荷。而 BY 型防松螺母的楔形斜面锁紧效应，是将负荷分布到螺纹的整个啮合长度上，故可将螺栓紧固。

BY 型防松螺母用于货车转向架下心盘时，除须配套使用 10.9 级、公差等级为 6g 级要求的标准螺栓外，还须安装 ϕ4mm 开口销。而装用 BY-B 型防松螺母时，除满足上述要求外，还须安装弹簧垫圈。

③ SFT 型折头螺栓与 SFT 型防松螺母。SFT 型折头螺栓与 SFT 型防松螺母配合使用，使之达到切实可靠的防松效果。其中的折头螺栓，通过控制扭断螺栓的槽底大小，使折头螺栓扭断时，能达到预定的轴向预紧力，使防松螺母起到防松作用。K4 型转向架 L-C 型制动梁架与闸瓦托组装螺栓和侧架立柱磨耗板组装螺栓，即为此种 SFT 型折头螺栓和 SFT 型防松螺母。

SFT 型折头螺栓与 SFT 型防松螺母安装时的注意事项如下：

1）安装时，要用气扳机匀速地拧紧螺栓的头部直到扳断扭矩头，不准锤击敲断扭矩头。

2）扭断扭矩头时，折头螺栓应尽量只承受纯扭矩作用，不可附加剪力。

3）弹簧垫圈防松。在螺母和工件之间加弹簧垫圈，弹簧垫片压平后产生弹力，加大螺纹间的压力，增加摩擦力，如图 1-31 所示，同时，弹簧垫片切口尖角也有防松作用。这种防松结构简单，工作可靠，应用广泛。

4）槽形螺母与开口销防松。装配时将槽形螺母拧紧，然后用开口销穿过螺栓尾部小孔和螺母上的槽，再把开口销分开使螺母止动，如图 1-32 所示。

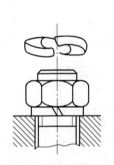

图 1-31　弹簧垫圈防松

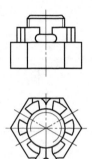

图 1-32　槽形螺母与开口销防松

5）止动垫圈防松

图 1-33 所示为圆螺母止动垫圈防松装置，这种防松安全可靠，应用较广。图 1-34 所示为带耳止动垫圈防止六角螺母松动的装置，这种防松只能用于连接部分可容纳弯耳的场合。

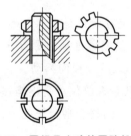

图 1-33　圆螺母止动垫圈防松装置

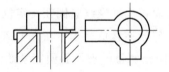

图 1-34　带耳止动垫圈防止六角螺母松动的装置

2. 销、键连接

（1）销连接

1）销的类型。常用的销有圆柱销、圆锥销和开口销。

2）销连接的应用。圆柱销和圆锥销主要用于定位，也可用于传递运动和动力，以及用来作为安全装置的被切断零件。开口销则用来防止被连接零件的松动，如图 1-35 所示。

（2）键连接

1）键连接的功用和分类。键是一种标准件，通常用来实现轴与轮毂之间的周向固定，并传递转矩。有的还能实现轴上零件的轴向固定或轴向滑动。键可分为平键、半圆键、楔键及花键等多种类型。

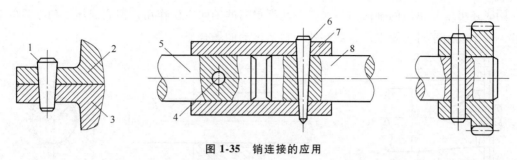

图 1-35　销连接的应用

1—定位销　2—箱盖　3—箱座　4、6—销　5、8—轴　7—套筒

2）键连接的类型和特点如下：

① 平键连接。图 1-36 所示为普通平键连接的结构型式。键的两侧为工作面，在高度方向留有间隙，工作时，靠键槽侧面的挤压来传递转矩。普通平键具有结构简单、装拆方便、对中性较好等优点，因而得到广泛应用。普通平键用于静连接，可分为圆头（A 型）、平头（B 型）和单圆头（C 型）三种。

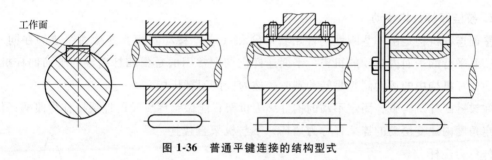

图 1-36　普通平键连接的结构型式

当被连接的零件在工作过程中必须在轴上作轴向移动时，则须采用由导向平键或滑键组成的动连接，如图 1-37 所示。

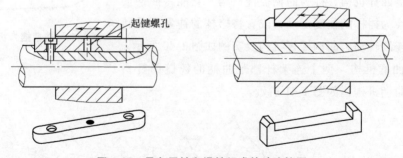

图 1-37　导向平键和滑键组成的动连接图

② 半圆键连接。半圆键连接如图 1-38 所示。半圆键能在键槽中绕其几何中心摆动以适应轮毂中键槽的斜度。这种键连接的优点是工艺性好、装配方便，尤其适用于锥形轴与轮毂的连接，但对轴的强度削弱较大，故一般只用于轻载连接中。

③ 楔键连接。楔键的上下两面是工作面，键的上表面和与它配合的轮毂键槽底面均具有 1∶100 的斜度。楔键连接如图 1-39 所示。楔键连接工作时，靠键的楔紧作用来传递转

矩，同时还可承受单向的轴向力，对轮毂起到单向的轴向定位作用，但它破坏了轴与毂的对中性，故不宜用于对中要求严格或高速、精密传动的场合。

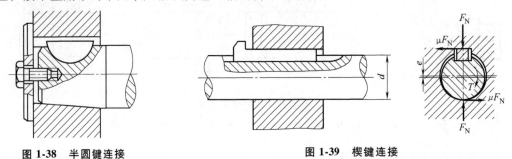

图 1-38　半圆键连接　　　　　　　　　　图 1-39　楔键连接

④ 花键连接。花键已经标准化。花键连接按其齿形的不同，可分为矩形花键、渐开线花键和三角形花键。

1.2.2　机械传动

1. 铰链四杆机构传动

平面连杆机构是由一些刚性构件用转动副和（或）移动副相互连接而组成的在同一平面或相互平行的平面内运动的机构。平面连杆机构中常用的是由四杆组成的平面四杆机构。当平面四杆机构中的运动副都是转动副时，称为铰链四杆机构。

在铰链四杆机构中，固定不动的构件称为机架；能做整周旋转的连架杆称为曲柄；仅能在一定角度内往复摆动的连架杆称为摇杆；不与机架直接连接的杆称为连杆。

铰接四杆机构的类型及应用如下：

（1）曲柄摇杆机构　两连架杆中，一个为曲柄、一个为摇杆的铰链四杆机构，称为曲柄摇杆机构。它能将曲柄的连续转动转换为摇杆的往复摆动，或者将摇杆的往复摆动转换为曲柄的连续转动。曲柄摇杆机构及实例如图 1-40 所示。

（2）双曲柄机构　两个连架杆都是曲柄的铰链四杆机构，称为双曲柄机构，如图 1-41 所示。

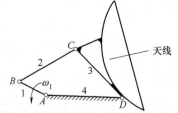

图 1-40　曲柄摇杆机构及实例
1—曲柄　2—连杆　3—摇杆　4—机架

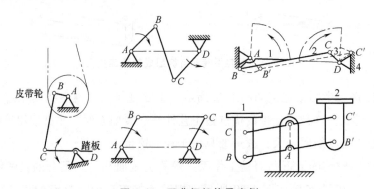

图 1-41　双曲柄机构及实例

（3）双摇杆机构　两个连架杆都是摇杆的铰链四杆机构，称为双摇杆机构。

2. 带传动

（1）平带传动

1）平带传动的传动形式。平带传动的传动形式见表 1-1。

表 1-1　平带传动的传动形式

传动形式	简　图	应　用　场　合
开口传动		用于两轴轴线平行且旋转方向相同的场合
交叉传动		用于两轴轴线平行且旋转方向相反的场合
半交叉传动		用于两轴轴线互不平行且在空间交错的场合

2）平带传动的使用特点：结构简单，适用于两轴中心距较大的场合；富有弹性，能缓冲、吸振、传动平稳无噪声；在过载时可产生打滑，因此能防止薄弱零部件的损坏，起到安全保护作用；不能保持准确的传动比；外廓尺寸较大，效率较低。

3）传动比。平带传动的传动比 i_{12} 为主动、从动轮的转速之比，等于两带轮直径的反比，即

$$i_{12} = \frac{n_1}{n_2} = \frac{D_2}{D_1}$$

式中　n_1、n_2——主动、从动轮的转速（r/min）；

　　　　D_1、D_2——主动、从动轮的直径（mm）。

通常，平带传动采用的传动比为 $i \leqslant 5$。

（2）V 带传动　V 带是一种没有接头的环状带，通常几根同时使用。V 带同平带相比，其主要特点是传动能力强（在相同条件下，约为平带的 3 倍）。因为平带的工作面是内表面，而 V 带的工作面是两个侧面。

3. 螺旋传动

螺旋传动机构是由内、外螺纹组成的螺旋副来传递运动和动力的传动装置。螺旋传动可方便地把主动件的回转运动转变为从动件的直线往复运动。例如，车床的床鞍借助开合螺母与长螺杆的啮合，实现其纵向直线往复运动，车床的丝杠螺母传动如图 1-42 所示，转动刨床刀架螺杆可使刨刀上下移动，转动铣床工作台丝杠，可使工作台做直线移动等。

螺旋传动机构与其他将回转运动转变为直线运动的传动装置（如曲柄滑块机构）相比，具有结构简单、工作连续平稳，承载能力大、传动精度高等优点。其缺点是由于螺纹之间产生较大的相对滑动，因而磨损大、效率低。

常用的螺旋传动有螺母位移传动和螺杆位移传动。

（1）螺母位移传动　螺母位移传动应用在机床溜板位移上的实例，如图 1-43 所示。螺杆在机架中可以转动而不能移动，螺母与螺杆啮合并与溜板相连接，螺母只能移动而不能转动。当摇动手轮使螺杆转动时，螺母即可带动溜板沿机架的导轨移动。螺杆每转一周，螺母带动溜板位移一个导程。螺母位移的传动，多应用于进给机构等传动机构中。

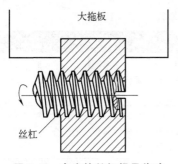

图 1-42　车床的丝杠螺母传动

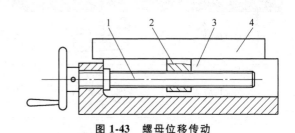

图 1-43　螺母位移传动

1—螺杆　2—螺母　3—机架　4—溜板

（2）螺杆位移传动　螺杆位移传动应用在台虎钳上的实例，如图 1-44 所示。螺杆上装有活动钳口并与螺母相啮合，螺母与固定钳口连接。当转动手柄时，螺杆相对于螺母做螺旋传动，产生的位移带动活动钳口一起移动。这样，活动钳口相对固定钳口可做合拢或张开的动作，从而可以夹紧或松开工件。

螺杆位移的传动，通常应用于千分尺、千斤顶、螺旋压力机等传动机构中。

螺旋传动时转速与位移量的关系　螺旋传动主要是把旋转运动变为直线运动。对于螺母位移或螺杆位移，其位移量 L 和螺旋传动时的转速 n 之间的关系均为

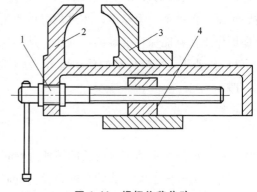

图 1-44　螺杆位移传动

1—螺杆　2—活动钳口　3—固定钳口　4—螺母

$$L = nP_{\mathrm{h}}t$$

式中　P_{h}——螺纹的导程（如螺纹线数为 1，则可用螺距代入）（mm/r）；

　　　n——螺杆（或螺母）转速（r/min）；

　　　t——时间（min）。

4. 链传动

（1）链传动概述

1）链传动及其传动比。链传动机构是由一个具有特殊齿形的主动链轮，通过链条带动另一个具有特殊齿形的从动链轮传递运动和动力的一套传动装置，如图 1-45 所示。当主动链轮转动时，从动链轮也跟着旋转。

链传动的传动比 i_{12}，就是主动链轮的转速 n_1 与从动链轮的转速 n_2 之比，等于两链轮齿数 z_1、z_2 的反比，即

$$i_{12} = \frac{n_1}{n_2} = \frac{z_2}{z_1}$$

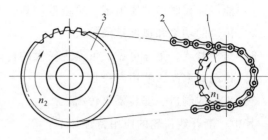

2）链传动按用途不同可分为三类：传动链传动，在一般机械中用来传递运动和动力；起重链传动，在起重机械中用于提升重物；牵引链传动，用于运输机械驱动输送带等。

图 1-45　链传动

1—主动链轮　2—链条　3—从动链轮

（2）链传动的应用特点　当两轴平行、中心距较远、传递功率较大且平均传动比要求准确时，不宜采用带传动和齿轮传动，应采用链传动。

一般情况下，链传动传动比 $i_{12} \leqslant 2 \sim 3.5$，低速时 i_{12} 可达 10；两轮中心距 a 为 $5 \sim 6$m，最大中心距可达 15m，传递的功率 $P < 100$kW。

链传动与带传动、齿轮传动相比，具有如下特点：

1）与齿轮传动比较，它可以在两轴中心相距较远的情况下传递运动和动力。

2）能在低速、重载和高温条件下及尘土飞扬的不良环境中工作。

3）与带传动比较，它能保证准确的平均传动比，传递功率较大，且作用在轴和轴承上的力较小。

4）传递效率较高，一般可达 $0.95 \sim 0.97$。

5）链条的铰链磨损后，使得齿距变大，易造成脱落现象。

6）安装和维护要求较高。

5. 齿轮传动

（1）齿轮传动概述　齿轮传动机构是由齿轮副组成的传递运动和动力的一套装置。图 1-46 所示为一对齿轮相互啮合的情况。主动轮的轮齿通过啮合点法向力 F_n 的作用逐个地推动从动轮的轮齿，使从动轮转动，从而将主动轴的动力和运动传递给从动轴。

（2）传动比　如图 1-46 所示，设主动齿轮转速为 n_1，齿数为 z_1，从动齿轮的转速为 n_2，齿数为 z_2，单位时间内两轮转过的齿数应相等，即 $z_1 n_1 = z_2 n_2$，由此可得一对齿轮的传动比为

$$i_{12} = \frac{n_1}{n_2} = \frac{z_2}{z_1}$$

由以上公式可知一对齿轮传动比 i_{12}，就是主动齿轮与从动齿轮转速之比，等于两齿轮齿数的反比。

（3）齿轮传动的应用特点　齿轮传动与螺旋传动、带传动和链传动等比较，有如下特点：

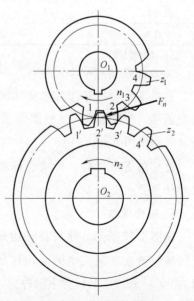

图 1-46　一对齿轮啮合

1）能保证瞬时传动比恒定，平稳性较高，传递运动准确可靠。

2）传递的功率和速度范围较大。

3）结构紧凑，工作可靠，可实现较大的传动比。

4）传动效率高，使用寿命长。

5）齿轮的制造、安装要求较高。

其中，渐开线齿轮的应用特性如下：

1）传动平稳，即速比不变。一对渐开线轮齿能够平稳啮合。

2）正确啮合条件。要使一对渐开线齿轮各对轮齿能依次正确啮合传动，它们的模数 m_1、m_2 和压力角 α_1、α_2 就必须分别相等，即：

$$m_1 = m_2 = m$$

$$\alpha_1 = \alpha_2 = \alpha$$

3）连续传动条件。一对齿轮传动时，在这对轮齿还没有脱离啮合以前，后一对轮齿应该进入啮合，否则齿轮传动就会中断并产生冲击。保证连续传动的条件是重合度 $\varepsilon_a > 1$。重合度 ε_a 越大，表示同时进入啮合的轮齿对数越多，每对轮齿分担的载荷也越小。

（4）齿轮传动的常用类型　根据齿轮轮齿的形态和两齿轮轴线的相互位置，齿轮传动可以分为如下类型：两轴线平行的直齿轮传动、斜齿圆柱齿轮传动和人字齿轮传动；两轴线相交的直齿锥齿轮传动；两轴线交错的螺旋齿轮传动。

标准直齿轮的几何尺寸计算公式见表 1-2。

表 1-2　标准直齿轮的几何尺寸计算公式

名称	代号	计算公式	名称	代号	计算公式
分度圆直径	d	$d = mz$	齿顶圆直径	d_a	$d_a = d + 2h_a$
齿顶高	h_a	$h_a = h_a^{*①} m$	齿根圆直径	d_f	$d_f = d - 2h_f$
齿根高	h_f	$h_f = (h_a^{*①} + c^{*②}) m$	中心距	a	$a = (d_1 + d_2)/2 = m(z_1 + z_2)/2$
全齿高	h	$h = h_a + h_f$			

① 标准直齿轮的 $h_a^* = 1$。

② 标准直齿轮的 $c^* = 0.25$。

直齿锥齿轮各部分名称及几何尺寸计算。如图 1-47 所示为直齿锥齿轮，有齿顶圆锥、齿根圆锥、分度圆锥。这些圆锥顶角的一半称为圆锥角，所以相应有顶锥角 δ_a、根锥角 δ_f 和分度圆锥角 δ 等。

轴交角 $\Sigma = 90°$ 时，外啮合标准直齿锥齿轮传动的几何尺寸计算公式见表 1-3。

6. 蜗杆传动

如图 1-48 所示，蜗杆传动由蜗杆和蜗轮组成，主要用于传递两轴在空间交错的运动和动力。两轴间的交错角一般为 90°。通常以蜗杆为主动件。

蜗杆传动有以下特点：

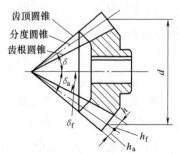

图 1-47　直齿锥齿轮

表 1-3　外啮合标准直齿锥齿轮传动的几何尺寸计算公式（$\Sigma = 90°$）

名称	符号	公式	
		小齿轮	大齿轮
齿顶高	h_a	$h_{a1} = h_a^{*①} m = m$	$h_{a2} = h_a^{*①} m = m$
齿根高	h_f	$h_{f1} = (h_a^{*①} + c^{*②}) m = 1.2m$	$h_{f2} = (h_a^{*①} + c^{*②}) m = 1.2m$
齿高	h	$h_1 = h_{a1} + h_{f1} = 2.2m$	$h_2 = h_{a2} + h_{f2} = 2.2m$
分度圆锥角	δ	$\delta_1 = \text{arccot}(z_2/z_1)$	$\delta_2 = \text{arccot}(z_1/z_2)$
分度圆直径	d	$d_1 = mz_1$	$d_2 = mz_2$
齿顶圆直径	d_a	$d_{a1} = d_1 + 2h_a \cos\delta_1$	$d_{a2} = d_2 + 2h_a \cos\delta_2$
齿根圆直径	d_f	$d_{f1} = d_1 - 2h_f \cos\delta_1$	$d_{f2} = d_2 - 2h_f \cos\delta_2$
当量齿数	z_v	$z_{v1} = z_1/\cos\delta_1$	$z_{v2} = z_2/\cos\delta_2$

① 标准直齿锥齿轮的 $h_a^* = 1$。

② 标准直齿锥齿轮的 $c^* = 0.2$。

1）传动比大，结构紧凑。蜗杆的头数以 z_1 表示，蜗轮的齿数以 z_2 表示，传动比 $i_{12} = n_1/n_2 = z_2/z_1$。一般 $z_1 = 1 \sim 4$，常为 $1 \sim 2$，z_2 一般在 40 以上。因 z_1 较小，故传动比较大。

2）传动平稳，噪声小。传动时，蜗杆推动蜗轮齿，因此无明显的振动和冲击，非常平稳。

3）具有自锁性能。当蜗杆导程角（螺旋升角）小于轮齿间的当量摩擦角时，蜗杆传动能自锁，即只能由蜗杆带动蜗轮，反之则不行。这在起重设备中较为重要。

4）传动效率低。因蜗杆与蜗轮的齿面间存在着相当大的滑动摩擦，所以发热严重，效率低。

5）要用减磨材料制造蜗轮。蜗杆传动中，为了减轻磨损，蜗轮要用青铜等减摩材料制造。

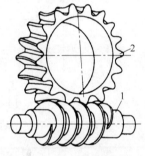

图 1-48　蜗杆传动

1—蜗杆　2—蜗轮

1.2.3　公差与配合

1. 基本概念

（1）公差　公差是上极限尺寸与下极限尺寸之差。

（2）标准公差与基本偏差

1）标准公差。用以确定公差带大小的任一公差。对于一定的公称尺寸，其标准公差共有 20 个标准公差等级，即 IT01、IT0、IT1、IT2 至 IT18。"IT" 表示标准公差，后面的数字是公差等级代号。IT01 为最高一级（即精度最高，公差值最小），IT18 为最低一级（即精度最低，公差值最大）。

2）基本偏差。确定公差带相对于零线位置的上极限偏差或下极限偏差，一般为靠近零线的那个极限偏差。孔和轴的每一公称尺寸段有 28 个基本偏差，并规定分别用大、小写拉丁字母作孔和轴的基本偏差代号。基本偏差相对于公称尺寸位置的示意说明如图 1-49 所示。

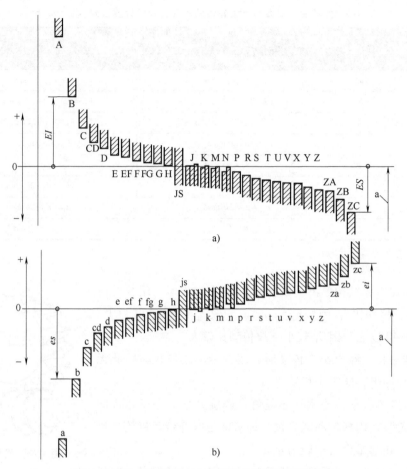

图 1-49 基本偏差相对于公称尺寸位置的示意说明

（3）配合与基准制

1）配合。公称尺寸相同、相互接合的孔和轴的公差带之间的关系称为配合。配合有三种类型，即间隙配合、过盈配合和过渡配合。

2）基准制。针对孔与轴公差带之间的相互关系，规定了两种基准制，即基孔制与基轴制。

① 基孔制配合。基孔制中的孔称为基准孔，其基本偏差规定为 H，下偏差为零。轴的基本偏差在 a～h 之间为间隙配合；在 j～n 之间为过渡配合；在 p～zc 之间为过盈配合。

② 基轴制配合。基轴制中的轴称为基准轴，基本偏差规定为 h，上偏差为零。孔的基本偏差在 A～H 之间为间隙配合；在 J～N 之间为过渡配合；在 P～ZC 之间为过盈配合。

2. 公差带代号识读

（1）孔、轴公差带代号　孔、轴公差带代号均由基本偏差代号与标准公差等级代号组成。例如，$\phi12H8$ 表示公称尺寸为 $\phi12mm$，公差等级为 8 级的基准孔，也可简读为：公称尺寸 $\phi12$，H8 的孔。$\phi12f7$ 表示公称尺寸为 $\phi12mm$，公差等级为 7 级，基本偏差为 f 的轴，也可简读为：公称尺寸 $\phi12$，f7 的轴。

（2）配合代号　配合代号由孔与轴的公差带代号组合而成，并写成分数形式，即 $\phi12H8/f7$。分子代表孔的公差带代号，分母代表轴的公差带代号。$\phi12$ 表示孔、轴的公称尺寸为 $\phi12mm$，孔公差等级为 8 级的基准孔，轴公差等级为 7 级且基本偏差为 f 的轴。它属于基孔制间隙配合，也可简读为：公称尺寸 $\phi12$，基孔制 H8 的孔与 f7 的轴的配合。

3. 几何公差

（1）基本概念

1）形状误差指被测实际要素相对其理想要素的变动量。

2）形状公差指单一实际要素的形状相对基准所被允许的变动全量。

3）位置误差指关联实际要素相对其理想要素的变动量。

4）位置公差指关联实际要素的位置相对基准所被允许的变动全量。

（2）几何公差种类　形位公差共分两大类：一类是形状公差，有六项；另一类是位置公差，有五项。其符号见表 1-4。

表 1-4　几何公差的项目和符号

几何特征符号			
公差类型	几何特征	符号	有无基准
形状公差	直线度	⏤	无
	平面度	⏥	
	圆度	○	
	圆柱度	⌭	
	线轮廓度	⌒	
	面轮廓度	⌓	
方向公差	平行度	∥	有
	垂直度	⊥	
	倾斜度	∠	
	线轮廓度	⌒	
	面轮廓度	⌓	
位置公差	位置度	⌖	有或无
	同心度（用于中心点）	◎	有
	同轴度（用于轴线）	◎	
	对称度	⌯	
	线轮廓度	⌒	
	面轮廓度	⌓	
跳动公差	圆跳动	↗	
	全跳动	⌰	

附加符号	
说明	符号
被测要素	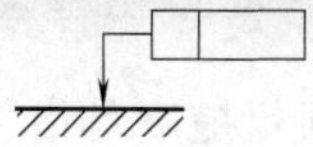
基准要素	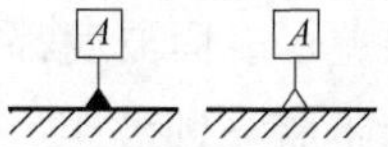
基准目标	$\phi2$ / A1
理论正确尺寸	50
延伸公差带	Ⓟ
最大实体要求	Ⓜ
最小实体要求	Ⓛ
自由状态条件（非刚性零件）	Ⓕ
全周（轮廓）	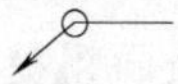
包容要求	Ⓔ
公共公差带	CZ
小径	LD
大径	MD
中径、节径	PD
线素	LE
不凸起	NC
任意横截面	ACS

（3）几何公差的识读　识读图样中几何公差标注，需了解公差项目符号的意义及公差带、被测要素与基准要素的关系，以便选择零件的加工和测量方法。几何公差标注示例如图 1-26 所示。

图 1-50a 表示：左端锥体对组合基准有圆跳动公差要求，公差带形状为两同心圆。任意测量平面内对基准轴线 $A—B$ 的圆跳动公差不得大于 0.025mm。

图 1-50b 表示：左端锥体上的键槽中心平面对 F 基准轴线有对称度公差要求，公差带形状为两平行平面。测量时对称度公差不得大于 0.025mm。

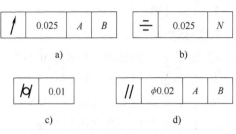

图 1-50　几何公差标注示例

图 1-50c 表示：ϕ40mm 圆柱面有圆柱度公差要求，公差带形状为两同轴圆柱。测量时圆柱度公差不得大于 0.01mm。

图 1-50d 表示：ϕ40mm 圆柱的轴线对组合基准 $A—B$ 有平行度要求，公差带形状为一个圆柱体。测量时实际轴线对基准轴线在任何方向的倾斜或弯曲度水平差都不得超出 ϕ0.02mm 的圆柱体。

1.2.4　表面粗糙度

表面粗糙度是指加工表面上具有较小间距和微小峰谷所组成的微观几何形状特性。它与形状误差、表面波度都是指表面本身的几何形状误差。三者之间通常可按相邻两波峰或波谷之间的距离（即波距）加以区分：波距在 1mm 以下，大致呈周期性变化的属于表面粗糙度范围；波距在 1~10mm 之间，并呈周期性变化的属于表面波度范围；波距在 10mm 以上，而无明显周期性变化的属于形状误差的范围。

1. 评定参数

常用高度方向的表面粗糙度评定参数有：轮廓的算术平均偏差（Ra）、轮廓的最大高度（Rz）。一般情况下，优先选用 Ra 评定参数。

2. 表面粗糙度代（符）号

（1）表面粗糙度符号　若仅表示需要加工而对表面特征的规定没有其他要求时，在图样上可只标注表面粗糙度符号。表面结构的基本图形符号如图 1-51a 所示；表示去除材料的扩展图形符号如图 1-51b 所示；表示不去除材料的扩展图形符号如图 1-51c 所示。

（2）表面粗糙度代号　在表面粗糙度符号的基础上，注上其他必要的表面特征的规定项目后组成了表面粗糙度代号。表面特征各项规定的注写位置如图 1-52 所示。

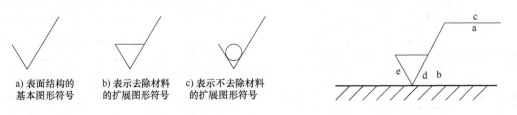

a）表面结构的基本图形符号　　b）表示去除材料的扩展图形符号　　c）表示不去除材料的扩展图形符号

图 1-51　基本图形符号和扩展图形符号

图 1-52　表面特征各项规定的注写位置

1.3 材料与金属热处理基础知识

1.3.1 金属材料知识

1. 常用金属材料

（1）碳素钢　碳素钢又称为碳钢，是指 $\omega(C)$ 2.11%，并含有少量 S、P、Si、Mn 等杂质的铁碳合金。碳素钢具有较好的力学性能和工艺性能。

1）碳素钢的分类。碳素钢的分类方法很多，常用的有以下几种：

① 按碳素钢含碳量的多少，分为低碳钢 $[w(C)<0.25\%]$、中碳钢 $[0.25\%\leqslant w(C)\leqslant 0.60\%]$ 和高碳钢 $[w(C)>0.60\%]$。

② 按碳素钢质量的高低，分为普通碳钢 $[w(S)\leqslant 0.055\%$、$w(P)\leqslant 0.045\%]$、优质碳钢 $[w(S)\leqslant 0.040\%$、$w(P)\leqslant 0.040\%]$ 和高级优质碳钢 $[w(S)\leqslant 0.030\%$、$w(P)\leqslant 0.035\%]$。

③ 按钢的用途，可分为碳素结构钢（用于制造各类工程构件和机械零件）和碳素工具钢（主要用于制造各种刀具、量具和模具等，一般属于高碳钢）。

2）碳素钢的牌号及用途。

① 普通碳素结构钢：常用的牌号有 Q235、Q235A、Q275 等，主要用于制造不重要的机械零件，如开口销、螺母、螺栓、桥梁结构件等。

② 优质碳素结构钢：常用的牌号有 20 钢、35 钢、40 钢、45 钢等，用于制造轴、齿轮、连杆等重要零件。

③ 碳素工具钢：常用的牌号有 T8、T10、T12 等，主要用于制造低速切削刀具、模具、量具及其他工具。

（2）合金钢　在碳素钢中特意加入一种或几种合金元素以改善其性能的钢，称为合金钢。

1）合金钢的分类。合金钢常用的分类方法有以下两种：

① 按用途分：合金结构钢（用于制造机械零件和工程构件）、合金工具钢（用于制造各种刀具、量具、模具）和特殊性能钢（如耐热钢、不锈钢等）。

② 按所含合金元素的总含量（质量分数）分：低合金钢（合金元素总含量小于5%）、中合金钢（合金元素总含量为 5%~10%）和高合金钢（合金元素总含量大于 10%）。

2）合金钢的牌号及用途。

① 合金结构钢：常用的牌号有 Q355、20CrMnTi、65Mn、60Si2Mn 等，主要用于制造承载较大、强度要求较高的工程结构件和机械零件。

② 合金工具钢：常用的牌号有 9Mn2V、9SiCr、CrWMn、W18Cr4V、Cr12MoV 等，主要用于制造形状复杂、尺寸大的模具、高速切削刀具和量具等。

③ 特殊性能钢：不锈钢、耐热钢、耐磨钢等。

不锈钢常用的有 1Cr18Ni9Ti、30Cr13 等，主要用于制造在强腐蚀性介质中工作的吸收塔零部件、管道、容器等。耐热钢常用的有 45Cr14Ni14W2Mo、15CrMo 等，主要用于制造汽轮机叶片、飞机发动机的排气阀等零件。耐磨钢常用的有 ZGMn13，主要用于制造铁路道岔、坦克的履带、挖掘机的铲齿等。

（3）铸铁　铸铁是碳的质量分数大于 2.11%，还含有 S、P、Si、Mn 等元素的铁碳合金。

与钢相比，铸铁的抗拉强度、塑性和韧性较差，但铸铁具有良好的铸造性、减摩性、减振性、切削加工性和缺口的低敏感性。

根据碳的存在形式不同，可将铸铁分为白口铸铁和灰口铸铁两大类。

1）白口铸铁。碳全部以渗碳体的形式存在的铸铁称为白口铸铁，断口呈银白色。白口铸铁性脆而硬，不易加工，故不宜用作结构材料，一般用作炼钢或生产铸件的原料。

2）灰铸铁。碳全部或大部分以游离的石墨形式存在的铸铁称为灰铸铁，断口呈暗灰色。按石墨的形态不同，灰铸铁又可分为普通灰铸铁（简称灰口铁）、可锻铸铁和球墨铸铁。

① 普通灰铸铁：石墨呈片状。片状石墨对金属基体有割裂作用，力学性能较差，但生产工艺简单、价格低廉，故在工业上的应用最为广泛，如箱体、机床床身、机座、导轨等。常用的牌号有 HT150、HT200、HT350 等。

② 可锻铸铁：石墨呈团絮状。团絮状石墨对金属基体的割裂作用有所减轻，故具有较高的强度，并具有一定的塑性，力学性能比普通灰铸铁好。常用的牌号有 KTH330-08、KTH370-12、KTZ650-02 等，主要用于制造形状复杂、承受冲击载荷的薄壁、中小型零件。

③ 球墨铸铁：石墨呈球状。球状石墨对金属基体的割裂进一步减轻，可充分发挥出金属基体的力学性能，强度和塑性，比普通灰铸铁和可锻铸铁都好。主要的牌号有 QT400-18、QT600-3、QT900-2 等，主要用于制造要求综合力学性能好、形状复杂的零件，如凸轮轴、曲轴、齿轮等零件。

2. 金属材料的性能

在机械制造中，为了达到既保证产品质量又发挥金属材料性能潜力的目的，需要合理选择金属材料，掌握金属材料的性能。

金属材料的性能，主要有物理性能、化学性能、力学性能和可加工性，这里主要介绍物理性能、力学性能和可加工性。

（1）金属材料的物理性能

1）密度。物体的质量和体积的比值，称为密度。用符号 ρ 表示，单位是 g/cm^3。表 1-5 是常用材料的密度。

表 1-5 常用材料的密度

材料名称	密度/（g/cm³）	材料名称	密度/（g/cm³）
铁	7.86	铅	11.34
铜	8.96	锡	7.28
铝	2.7	灰铸铁	6.9~7.3
镁	1.7	白口铸铁	7.2~7.5
锌	7.4	青铜	7.5~9.54
镍	8.9	黄铜	8.52~8.62

密度的计算公式为：

$$\rho = \frac{m}{V}$$

式中 ρ——密度（g/cm³）；

m——质量（g）；

V——体积（cm³）。

2）熔点。物体在加热过程中，开始由固体熔化为液体的温度称为熔点，用摄氏温度表示。每种金属都有其固有的熔点。常用金属材料的熔点见表 1-6 所示。

表 1-6 几种常用金属材料的熔点

材料名称	熔点/℃	材料名称	熔点/℃
纯铁	1538	铬	1857
铜	1083	钒	1890
铝	660	锰	1230
钛	1660~1668	镁	627
镍	1453	青铜	865~900

3）导电性。金属材料传导电流的能力叫导电性。金属材料中，银的导电性最好，铜、铝次之。

4）导热性。金属传导热量的能力称为导热性。金属中，纯金属导热性最好，合金稍差。

5）热膨胀性。金属材料在加热时，体积增大的性质称为热膨胀性。

（2）金属材料的力学性能 金属材料的力学性能是指金属材料在外力作用下所反映出来的抵抗形变的性能。外力不同，产生的变形也不同，一般分为拉伸、压缩、扭转、剪切和弯曲五种。

常用的力学性能有弹性、塑性、强度、硬度和冲击韧性。

1）弹性。金属在受到外力作用时发生变形，外力取消后其变形逐渐消失的性能称为弹性。

2）塑性。金属在受外力时产生显著的变形而不断裂的性能称为塑性。

3）强度。金属在外力作用下，抵抗变形和破坏的能力称为金属的强度，常以抗拉强度为代表。

4）硬度。金属表面抵抗硬物压入的能力叫硬度。硬度值愈大，表明材料的硬度愈高，根据压头和压力不同，常用的硬度有布氏硬度（HBW）和洛氏硬度（HR）。

5）冲击韧性。金属材料抵抗冲击载荷而不破坏的能力称为冲击韧性。

（3）金属材料的可加工性　金属材料的可加工性是指材料可被切削加工的难易程度。它的评定标准通常由切削时的生产率、刀具寿命的长短及获得规定的加工精度和表面粗糙度的难易程度来衡量。

影响金属材料的可加工性的因素有其硬度、强度、塑性、韧性、导热系数等力学性能和物理性能。

1）工件材料的硬度越高，切削力就越大，导致切削温度也越高，刀具磨损的越快。同理，工件材料强度越高，切削加工性也越差。

2）工件材料的强度相同时，塑性和韧性大的，切削加工性更差；但工件材料的塑性太小，切削加工性也不好。

3）工件材料的导热性用导热系数表示，导热系数大的，材料导热性能好；反之则差。切削时，在产生热量相等的条件下，导热系数高的工件材料，其切削加工性就好些；相反，导热系数低的材料，刀具也容易磨损，因此切削加工性就差。

3. 轨道交通车辆常用金属材料

（1）B、C、E级钢的特点与用途　美国铁路协会（Association of American Railroads, AAR）标准将机车车辆用铸钢材料，按其强度递增次序，分为A、B、C、D和E级钢，共五个等级。其中B、C和E级钢为常用材料，它们不仅强度高，而且塑性和低温冲击韧性良好，即具有较优良的综合力学性能。

B级钢主要用于摇枕、侧架；C级钢用于车钩、钩尾框和高强度摇枕、侧架；E级钢用于转动车钩及其钩尾框，以及C63A车辆的从板、转动套和钩尾销托等铸钢件。

（2）耐热钢和耐热合金的特点与用途　在高温下使用的金属材料统称为高温材料。若以铁为主要元素的高温材料，称为耐热钢；若以镍（或钴）为主要元素的高温材料，称为耐热合金（或高温合金）。耐热钢和耐热合金由于含有铬、镍、钨、钼等高熔点合金元素，且含量又较高，使材料的导热性变差；可加工性能差，加工困难。在铁路行业中，这些材料主要用于内燃机车柴油机废气涡轮增压器的涡轮动叶片、喷嘴环、柴油机的进气门和排气门，以及预热式柴油机的预燃室喷嘴等的制造。

（3）耐候钢的特点与用途　碳素钢和低合金钢在大气中使用时，受空气、雨水的作用，易发生大气腐蚀，经长期研究，人们发现影响上述材料耐大气腐蚀性能的因素很多，其中在钢中加入微量铜、磷等元素，可提高其抗大气腐蚀性能。因而出现了09CuPTi、09CuPTiRe和08CuPVRe等耐大气腐蚀钢，又称耐候钢。

在铁道货车上，常用耐候钢板制作车辆的侧墙，并标以"N"，如C62A（N），即指用耐候钢制作侧墙的C62A型敞车。

1.3.2 非金属材料

1. 尼龙

尼龙在常温下具有较高的抗拉强度，良好的冲击韧性、硬度和疲劳强度，耐油性好，摩擦系数低，是制作轴承、齿轮、凸轮、涡轮、泵及阀门零件、垫圈、密封圈、薄膜、汽车零件及油箱等的合适材料。其缺点是热变形温度低、能长期使用的温度低（800℃以下），吸湿性大，在日光曝晒下或浸在热水中都易引起老化。

2. 橡胶

橡胶是以生胶为原料，加入适量配合剂组成的高分子材料。橡胶最重要的特点是高弹性，常用作弹性材料、密封材料、减振材料和传动材料。其最大的不足是易老化。

常用的橡胶材料有丁苯橡胶、顺丁橡胶、氯丁橡胶、硅橡胶和氟橡胶等。丁苯橡胶是目前合成橡胶中规模、产量、品种居首位的通用橡胶，它具有较高的耐磨、耐热、耐老化性能，且价格低，用于制作汽车轮胎，在铁路上可作橡胶防震垫。顺丁橡胶以良好的弹性和耐磨性著称，此外，它的耐低温是通用橡胶中最好的，主要用于制作轮胎、胶带、胶管、胶鞋等制品。

3. 陶瓷

陶瓷是无机非金属材料的统称，包括陶器、瓷器、玻璃、搪瓷、耐火材料等。它同金属材料、高分子材料一起被称为三大固体工程材料，并在现代工业中得到广泛的应用。

陶瓷的共同特点是：硬度高、抗压强度高、耐高温、耐磨损、耐腐蚀和抗氧化性能好，但是陶瓷脆性大，没有延展性，经不起碰撞和急冷急热。工业上常用的陶瓷有氧化铝陶瓷、氮化硅陶瓷及氮化硼陶瓷等，主要用于制造各种绝缘件、内燃机火花塞、切削加工的刀具、耐高温轴承以及玻璃制品的成形模具等。

1.3.3 金属热处理

1. 普通热处理

（1）退火　退火是将钢加热到某一温度，保温一段时间后缓慢冷却（如随炉冷却）到室温的一种热处理工艺。

退火的目的：降低硬度，提高塑性，改善切削加工性及便于冷冲压；细化晶粒，均匀组织，提高力学性能，并为淬火做组织准备；消除残余应力。

根据退火的目的不同，可分为完全退火、球化退火、等温退火、低温退火和结晶退火等。

（2）正火　正火是将钢加热到某一温度，保温一段时间后出炉空冷的一种热处理工艺。与退火相比，正火冷却速度较快，所得到的组织比退火细，故正火后材料的力学性能比退火好，但消除残余应力不如退火彻底。因正火时工件出炉空冷，不占用炉子，炉子的利用率提高，故低碳钢常用正火代替退火。此外，低碳钢正火后，硬度会有所提高，改善了钢的切削加工性。

（3）淬火　淬火是将钢加热到某一温度，保温一段时间后浸入冷却介质（水及水溶液、油浴、碱浴）中急速冷却的一种热处理工艺。

淬火的目的是提高钢的强度、硬度和耐磨性，充分发挥其潜能。淬火是钢件强化最有效、最经济的热处理工艺。

（4）回火　将淬火后的工件重新加热到某一温度并保温一段时间后，在空气、水或油中冷却的方法称为回火。回火的目的是降低淬火钢的脆性，消除或减小工件淬火的内应力，稳定内部组织。

回火根据温度的不同，可分为低温回火、中温回火和高温回火。

1）低温回火：回火温度为 150～250℃。其目的是降低淬火件的内应力，减小脆性，主要用于各类工具、刀具、量具、模具及渗碳件。

2）中温回火：回火温度为 300～450℃。其目的是提高材料的弹性极限，故适用于弹簧、热锻模等。

3）高温回火：回火温度为 500～650℃。其目的是使工件获得强度、塑性、韧性都较好的综合力学性能。生产中常把淬火后再进行高温回火的复合热处理工艺称为"调质"。调质适用于各种重要结构件，如连杆、轴、齿轮等。

2. 表面热处理

表面热处理可分为表面淬火和化学热处理两大类。

（1）表面淬火　表面淬火是对工件进行快速加热，使工件一定厚度的表层迅速达到淬火温度，然后迅速冷却，使工件表层获得高硬度的淬火组织，而心部却保持着原始组织的一种表面热处理方法。表面淬火种类很多，生产中常用的有火焰淬火和感应淬火。

1）火焰淬火。火焰淬火是利用氧-乙炔火焰的高温将工件表面快速加热到淬火温度，随后急冷的一种表面热处理方法。

火焰淬火不需要特殊设备，操作方便灵活，适用于中碳钢、中碳合金钢等大型工件的表面淬火，但淬火质量不易控制。

2）感应淬火。感应淬火是利用强大的高频感应电流将工件表面快速加热到淬火温度，随即急速冷却的一种表面热处理方法。

感应淬火后的工件，应当及时进行回火，以减少淬火内应力，防止开裂。

感应淬火具有加热速度快（每秒可达几百摄氏度到几千摄氏度），热处理质量好，表面氧化和脱碳少，淬火变形小，淬硬深度容易控制，易于实现机械化和自动化，但需要用专门的淬火机床，加热温度难以控制，设备的维护、调整和使用需要较高的技术水平。

（2）化学热处理　化学热处理是将工件置于适当的活性介质中加热和保温，使介质中的一种或几种化学元素渗入工件表层，以改变表层化学成分、组织和性能的一种表面热处理工艺。

通过化学热处理，可强化零件表面（如提高耐磨性、疲劳强度）及满足特殊使用要求（如耐高温、耐腐蚀等）。渗碳是最常用的化学热处理之一，可使工件在热处理后表面具有较高硬度和耐磨性，而心部仍保持良好的强度和韧性。因此，渗碳广泛应用于制造需要在较强摩擦的情况下工作，并承受交变载荷、冲击载荷和载荷较大作用的工件，如活塞、变速齿轮等。

根据渗碳剂的不同，可分为气体渗碳法、固体渗碳法和液体渗碳法三种。这里介绍生产中常用的气体渗碳法和固体渗碳法。

1）气体渗碳法。气体渗碳法是将工件置于密封的加热炉（如井式气体渗碳炉）内加热，并通入含碳气体或直接滴入含碳有机液体（如煤油、丙酮等），经高温分解后产生活性碳原子，活性碳原子先吸附在工件表面，然后向工件里层扩散而形成扩散层，从而使工件表层增碳。

气体渗碳法设备简单，生产率高，劳动条件好，渗碳过程易于控制，渗碳质量好。

2）固体渗碳法。固体渗碳法是将工件装入渗碳箱内，四周填满、填实渗碳剂后加以密封，然后进行加热和保温的一种渗碳方法。

与气体渗碳法相比，固体渗碳法的渗碳速度慢、效率低、质量不易控制、劳动条件差，但不需要专门的设备、成本低，适合于单件或小批量生产。

1.4 钳工基础知识

1.4.1 钳工划线

1. 划线及其种类

在毛坯或工件上，用划线工具划出待加工部位的轮廓线或作为基准的点、线的过程称为划线。按其操作的复杂程度可分为平面划线和立体划线两种。

1）平面划线：一般指只在工件的一个表面上，划出能明确表示加工界线的各类线条的划线方法。对于复杂工件来说，在工件的几个互相平行的表面划线，也属于平面划线。平面划线是立体划线的基础。

2）立体划线：指必须在工件上的几个互成不同角度（通常互相垂直）的表面上都划出各类线条，才能明确表示加工界线的划线方法。

2. 划线的作用

1）确定待加工工件上各表面的加工余量、孔的位置，便于机械加工。

2）便于复杂工件在机床上的安装，可以按划线找正定位。

3）通过划线可以检查毛坯是否正确，以便及时发现和处理不合格的毛坯，避免加工后造成材料、人力的浪费。

4）采用借料划线可使误差不大的毛坯得到补救，使加工后的工件仍能符合要求。

3. 划线基准

在工件表面错综复杂的点、线、面中，起规定着其他点、线、面位置作用的要素，就称为基准。基准根据用途的不同，一般可分为如下三类：

1）设计基准：在零件图上用来确定其他点、线、面位置的基准。

2）划线基准：在划线时用来确定其他点、线、面位置的基准。

3）工艺基准：为了加工和测量方便而选定的基准。

4. 划线基准的选择

选择划线基准时，应先分析图样，找出设计基准，并尽量使所选划线基准与设计基准一致。此外，选择划线基准时，应遵循以下几条原则：

1）划线时，需要在工件每一个方向的各个尺寸中，都选择一个基准。平面划线时要有纵、横两个方向的基准；立体划线时则要选择长、宽、高三个方向的基准。

2）选择划线基准要根据工件毛坯形状特点而定，有轴、孔尺寸要求的毛坯，要以轴、孔、凸起或毂面的中心线为基准；平面则应以工件较平整的大平面为基准。

5. 划线工具

划线工具一般可分为直接划线工具和辅助划线工具两类。

（1）直接划线工具

1）划针。划针是直径为 3 ~ 5mm、长度为 200 ~ 300mm 的钢针，如图 1-53 所示。

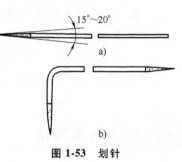

图 1-53　划针

a）直划针　b）弯头划针

划针一般在平面上使用，而且必须有导向工具辅助。使用划针划线时，划针尖端应紧靠导向工具，上部向外倾斜约 15° ~ 20°，向划线移动方向倾斜约 45° ~ 75°，如图 1-54 所示。

2）圆规。划线用的圆规，有合腿圆规、滑杆圆规和弹簧圆规三种，如图 1-55 所示。

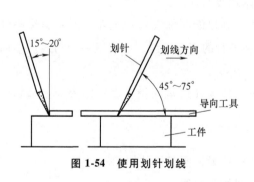

图 1-54　使用划针划线

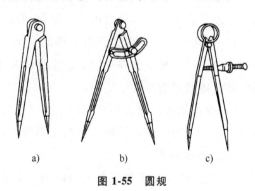

图 1-55　圆规

a）合腿圆规　b）滑杆圆规　c）弹簧圆规

用圆规划圆时，两个脚尖要在一个平面上。如果圆规两脚尖不能在同一平面内，要划出半径为 r 的圆，则圆规两脚尖的距离应调整为 R（$R = \sqrt{r^2 + h^2}$，h 为两脚尖高低差的垂直距离）。

3）划线盘，如图 1-56 所示，可用来划线或找正工件的位置。使用划线盘划线时，要给予盘座一定的压力，保证它不跳动，划针伸出部分应尽量短些，以免产生抖动，划针与工件表面之间沿划线方向要保持 40° ~ 60° 的角度，以减小划线阻力和防止针尖扎入工件表面。

4）单脚规，主要用来求圆形工件的中心，如图 1-57 所示，其形状为一端直尖角（直脚尖）、另一端弯尖角（弯脚尖）。使用时，弯脚尖要紧贴工件的边缘，直脚尖在工件端面上划线，且弯脚尖离工件端面的距离应保持每次都相同。

5）游标高度卡尺，如图1-58所示，它既是一种精密划线工具，也是一种精密量具。它的划针脚能直接表示出高度尺寸，划线极为方便。

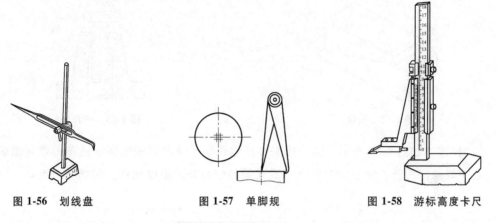

图1-56 划线盘   图1-57 单脚规   图1-58 游标高度卡尺

（2）辅助划线工具

1）划线平台，也叫划线平板，如图1-59所示，是用来安放工件用的工具。一般用铸铁制成，其工作表面经过精刨或刮削加工而成。

2）方箱，如图1-60所示，主要用来支承划线工件，用铸铁制成，其形状大都为空心的正方体或长方体，上面开有V形槽。普通方箱如图1-60a所示。带夹持装置的方箱，如图1-60b所示，可以固定工件。有些方箱在其内部设有电磁装置，制成磁力划线方箱，通过磁力将工件固定。划线时，通过翻转方箱，可以在一次安装中全部划出工件上相互垂直的线条。

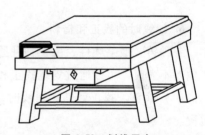

图1-59 划线平台

3）V形铁，如图1-61所示，一般都是一副两块，V形槽成90°或120°角，主要用来安放圆形工件，以便找出中心高或划出中心线。普通V形铁如图1-61a所示。带弓架的V形铁，如图1-61b所示，可以将工件牢固地夹紧在V形铁上。

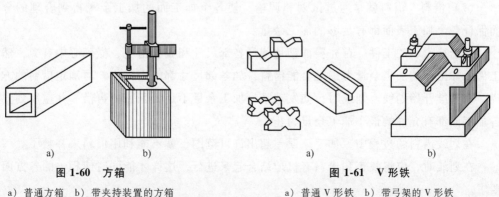

a)   b)   a)   b)

图1-60 方箱   图1-61 V形铁

a）普通方箱 b）带夹持装置的方箱   a）普通V形铁 b）带弓架的V形铁

4）楔铁和千斤顶。楔铁如图1-62所示，用于不适合在方箱和V形铁上划线的工件，并可通过螺钉调节工件的高低。千斤顶如图1-63所示，用来支承毛坯或不规则的工件，并可调节高低。有些带V形铁的千斤顶可用来支承工件的圆柱面。

图1-62　楔铁

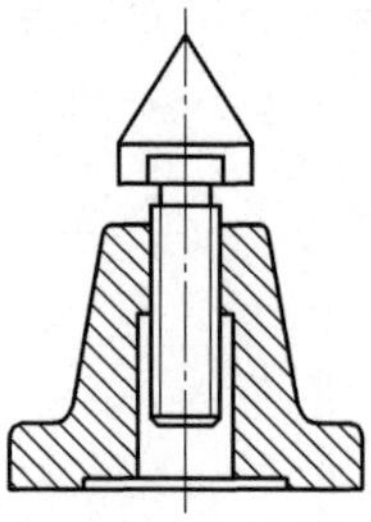

图1-63　千斤顶

5）样冲，如图1-64所示，主要用来在已划线条上冲眼以固定所划线条，或划圆弧前在圆心处冲眼以作为圆规定心的立脚点，或在圆的中心处冲眼以便钻孔时钻头对准。

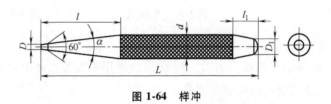

图1-64　样冲

6. 划线时的找正和借料

各种铸、锻毛坯件，由于种种原因，会有形状歪斜、偏心、各部分壁厚不均匀等缺陷。当偏差不大时，可以通过划线找正和借料的方法来补救。

（1）找正　找正就是在划线时，利用划线工具，使工件上相关的毛坯表面处于合适的位置。

通过找正，可使工件毛坯的待加工表面与不加工表面之间保持尺寸均匀，可使各加工表面间的加工余量得到合理均匀的分布，而不致出现过于悬殊的状况。

找正时，应以面积最大、较重要的或外观质量要求较高的不加工表面为主要依据，并兼顾其他不加工表面，使各处壁厚尽量均匀、孔与轮毂或凸台尽量同心。

（2）借料　借料就是通过试划和调整，使各个加工面的加工余量得到合理的分配，从而保证各个加工表面都有足够的加工余量。

对于待借料的工件，首先要详细地测量各部尺寸和偏移情况，做到心中有数，然后根据工件各加工面的加工余量考虑是否能借料，如各部尺寸都能划得出，再确定借料的方向和距离，从基准开始划线。划线时，如发现某一加工余量不足，则需要再借，并重新划线，直到各加工面都有允许的最小加工余量为止。

在划线借料的过程中，如毛坯误差超出许可范围，就不能利用借料来补救了。

在划线时，应将找正和借料有机地结合起来进行，这样才能同时使相关的各方面都满足要求。

7. 划线工艺流程

1）划线准备工作如下：

① 铁屑等都必须清除干净。

② 工件的检查：工件毛坯经清理后，要进行详细的检查，预先发现工件毛坯上的气孔、砂眼、裂纹、歪斜等缺陷。

③ 工件的涂色：为了使划线清晰，工件上划线部位都应涂色。一般对铸、锻件毛坯可用石灰水涂色，小件可用粉笔涂色。对已加工表面一般涂蓝油、绿油、红油，也可涂硫酸铜溶液。在铝、铜等有色金属毛坯上一般除涂蓝油外，还可涂墨汁。

④ 孔中装塞块：毛坯上有孔的，且需要划圆或等分圆时，在孔中要装入塞块。不大的孔可用铅块，较大的孔用木料或可调节塞块。

2）看清图样，仔细了解工件上需要划线的部位，明确工件及其与划线相关部分的作用和要求。

3）选定划线基准（尽量与设计基准一致）。

4）初步检查毛坯的误差情况（误差通过找正及借料的方法来补救）。

5）正确安放工件和选用划线工具。

6）划线。

7）仔细检查划线的准确性，以及是否有线条漏划现象。

8）在圆心和线条上冲眼。对于在划线过程中，需划圆或圆弧的圆心，应划出圆心后立即冲眼。

1.4.2 金属錾削

1. 錾削的概念

錾削是用锤子敲击錾子对金属进行切削加工的方法，主要用于不便于机械加工的场合，如錾削平面、油槽，分割材料，去除毛坯的凸缘、毛刺等。

2. 錾削的楔角和斜面角

1）楔角（β_o）：两个刃面的夹角。

2）斜面角（θ）：由刃面向錾身过渡的两个斜面所夹的角。

錾子楔角的大小，直接影响到刃口的寿命与錾削质量。楔角一般按錾削工件的材料性质而定，錾削硬脆材料时，楔角要大一些，錾削软材料时，楔角要小一些。

3. 錾削角度

錾削时形成的切削角度有：后角（α_o）和前角（γ_o），如图 1-65 所示。

（1）后角 錾削时，錾子的后刀面与切削平面之间的夹角。后角过大，会使錾子切入过深，錾削困难；后角太小，又会造成錾子滑出工件表面，不能切入，因

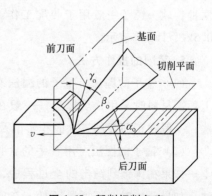

图 1-65 錾削切削角度

此，錾削时后角一般取 $50° \sim 80°$。

（2）前角　錾削时，錾子的前刀面与基面（垂直于切削平面的面）之间的夹角。前角越大，錾削越省力。由于基面垂直于切削平面，存在 $\alpha_o + \beta_o + \gamma_o = 90°$ 的关系，因此前角 γ_o 的大小，在选择好楔角 β_o 及后角 α_o 后，便已经确定了。

4. 錾削工具

錾削所用的工具主要是錾子和锤子。

（1）錾子

1）錾子的种类。常用的錾子一般有扁錾、尖錾和油槽錾三种。

① 扁錾：切削部分呈扁平状，切削刃较宽并略带弧形。扁錾主要用来錾削平面、去毛刺和分割板料等。

② 尖錾：也称为狭錾，切削刃较短，切削部分的两侧面，从切削刃到錾身是逐渐变窄小的，以防止錾槽时两侧面被卡住。尖錾主要用来錾削沟槽及分割曲线形板料等。

③油槽錾：刃口一般制成圆形和菱形两种。油槽錾主要用来錾削圆形油槽和 V 形油槽。

2）錾子的材料及热处理。一般常用的錾子是用碳素工具钢锻制而成的。锻造后的錾子需经淬火和回火才能使用。

3）錾子的刃磨。刃磨方法：两手拿着錾身，使刃口朝上斜放在砂轮的圆面上（但必须高于砂轮的中心），斜度一般与楔角一致，轻轻压着，在砂轮的全宽上作左右移动，以防止因砂轮圆面不平而磨出不直的刃口。刃磨时，刃口要两面交替着磨，以保证一样宽，并且要控制好錾子的方向、位置，以保证磨出所需的楔角。在刃磨过程中，要不断蘸水冷却，以免因摩擦产生的热使刃口因退火而变软。

錾子刃磨后应符合下列要求：

① 楔角的大小应与所加工工件的材料硬度相适应。

② 楔角的中心应与錾身的中心一致（油槽錾除外）。

③ 刃口应是一条直线（油槽錾成一条圆弧）。

④ 同一刃面的左右宽度应一致。

⑤ 两刃面平面要平，同一刃面上不许磨成两个面或弧形。

（2）锤子　锤子是钳工最常用的工具。其种类很多，一般可分为硬头锤子和软头锤子两种，软头锤子一般用于装配工作。锤子的规格以其锤头质量大小来表示，如用 0.25kg、0.5kg、1kg 等表示。

5. 錾削的操作方法

（1）錾子的握法　錾子的握法有立握法、反握法和正握法三种：立握法，主要在铁砧上錾断材料时采用；反握法，一般在侧面錾削、錾毛刺或使用较短小的錾子时采用；正握法，一般在正面錾削、大面积錾削及錾槽时采用。

（2）锤子的握法　用右手的食指、中指、无名指和小指握住锤柄，并使拇指贴在食指上。如果在挥锤到锤击的全过程中，全部手指一直紧握锤柄，保持不变，此方法称为死握法。如果开始时全部握紧锤柄，在向上举锤的过程中，逐渐依次将小指、无名指、中指放松，而在锤击的瞬间，迅速将放松了的手指以相反的次序握紧，并加快手臂的运动，此方法称为活握法。

（3）挥锤的方法　由于实际工作时，对锤击力量的大小有不同的要求，故有不同的挥锤方法。一般有手挥、肘挥和臂挥三种：用手挥锤时，只用手腕上下弯曲的力量，锤击力量小，一般用于錾削开始、结尾或錾油槽等；用肘挥锤时，手和肘同时挥动，上臂不动，锤击力较大，在錾削中应用最多；用臂挥锤时，手、肘、臂一起挥动，锤击力最大，但费力且不易掌握。

（4）起錾方法及錾削尽头的方法　起錾时，錾子尽可能向右倾斜约45°，从工件尖角处着手，轻打錾子，同时慢慢地把錾子移向中间，至刃口与工件平行为止。如不允许从边缘尖角起錾，则起錾时刃口要贴住工件，錾子头部向下约30°，起錾方法如图1-66所示，轻打錾子，待得到一个小斜面，然后开始正常錾削。

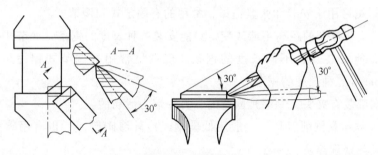

图1-66　起錾方法

在一般情况下，每次要錾到尽头10mm左右时，必须停住，应调头錾削余下部分，并应轻錾，对于脆性材料更应如此。否则，最后材料的角或棱边会崩裂。同时，应注意錾削将要完工时，一般只用手挥法挥锤，轻轻打击錾子，以免残块錾掉，阻力突然消失时手冲出去，碰在工件上划破手。

1.4.3　金属锯削

1. 锯削的概念

用手锯把材料或零件进行分割或切槽等的加工的方法称为锯削。

2. 锯削运动

正常锯削时，手锯有两种运动方式，即平锯和摆锯。

（1）平锯　锯弓平行推出。其特点是锯缝断面平整，锯缝底部平直，但不易掌握。

（2）摆锯　锯削时，锯弓小幅度上下摆动。也就是推锯时，身体略前倾，双手在压向手锯的同时，左手上翘，右手下压；回程时右手上抬，左手自然跟回。

3. 起锯角

起锯时，锯条与工件锯削面之间的夹角，称为起锯角。无论采用远起锯还是近起锯，一般起锯角都应在100°~150°之间。如果起锯角太大，则起锯不易平稳，且锯齿往往会被工件的棱边钩住而引起崩断。如果起锯角太小，由于锯齿与工件同时接触的齿数较多，则不易切入工件。

4. 锯削速度及压力

（1）锯削速度　单位时间内手锯往返的次数，称为锯削速度。其快慢应根据工件材料的性质而定，一般 30~60 次/min。锯削硬材料时，速度应慢一些；锯削软材料时，速度可快一些。

（2）锯削压力　锯削时的推力和压力由右手控制，左手主要配合右手扶正锯弓，左手施加的压力要小。锯削硬材料时，速度要慢，压力可大些；锯削软材料时，速度可快些，但压力要小。工件将要断时，速度要慢，压力也要小。手锯推出时为切削行程，应施加压力，返回时为空行程，不应施加压力，自然拉回。

5. 锯削工具

手锯是常用的锯削工具。手锯由锯弓（锯架）和锯条组成。

（1）锯弓　锯弓用于安装和张紧锯条，常用的有固定式和调式。

固定式锯弓安装锯条的距离不能改变，只能安装一种长度的锯条；调节式锯弓安装锯条的距离可调节，能安装几种不同长度的锯条。现在最常用的调节式锯弓可安装 200mm、250mm 及 300mm 等三种长度的锯条。

锯弓的两端都装有夹头，一端是固定的，另一端为活动的。

（2）锯条　锯条是锯削刀具，一般用低碳钢经冷轧渗碳制成，也有用碳素工具钢或合金钢制成，并经热处理淬硬。

1）锯条规格。锯条规格可分为长度规格和锯齿粗细规格两种。

锯条的长度规格用锯条两端安装孔的中心距来表示，最常用的是 300mm 长的锯条。锯条锯齿的粗细规格用锯齿上每 25mm 长度内齿数来表示。齿距是按每 25mm 长度内所含齿数来计算的。

2）齿距。相邻两锯齿的间距称为齿距。根据齿距的大小，可将锯条分为粗齿（齿距为 1.4~1.8mm）、中齿（齿距为 1.0~1.2mm）、细齿（齿距为 0.8mm）三种。

锯条选择应根据所锯材料的硬度、切面大小来决定。一般，锯削软材料且切面较大时，用粗齿锯条；锯削中等硬度材料、厚壁管件时，用中齿锯条；锯削硬性材料、小切面材料、薄壁管件时，用细齿锯条。

3）锯路。锯路是指锯条在制造时，使锯齿按一定的规律左右错开的排列形状，一般有交叉式、斜式和波浪式三种形式。

① 交叉式：呈一齿偏左、一齿偏右排列，一般适用于粗齿锯条。

② 斜式：呈一齿偏左、一齿偏右、一齿不动排列，一般适用于中齿锯条。

③ 波浪式：呈 2~3 齿偏左、2~3 齿偏右排列，一般适用于细齿锯条。

6. 锯削的基本操作

（1）工件的夹持

1）工件一般应夹在台虎钳的左侧，以便操作。

2）工件应夹紧、牢固，同时要避免夹变形和夹坏工件已加工面。若夹紧面为已加工面，可加护口铁；若是薄壁管件或已精加工过的管件，应夹在具有 V 形槽的木垫之间；若是薄壁工件可用两块木板夹住，一起锯削。

3）工件伸出钳口部分要短，以防止锯削时产生振动。

4）锯缝线要与钳口侧面保持平行，便于控制锯缝不偏离所划锯缝线。

（2）手锯的握法　手锯的握法一般有下列两种：

1）一种是右手满握锯弓柄，左手轻扶在锯弓前端弯曲角处。

2）另一种是右手满握锯弓柄，左手大拇指与食指向前捏住锯弓前端，其余三指相应握住。

（3）起锯方法　起锯方法有远起锯和近起锯两种。

1）远起锯：在远离操作者的一端开始起锯的方法。在采用远起锯方法起锯时，由于锯条的锯齿是逐步切入工件的，锯齿不易卡住，起锯较为方便。因此，一般情况下都采用远起锯。

2）近起锯：在靠近操作者的一端开始起锯的方法。为防止棱边卡住锯齿，可采用向后拉手锯做倒向起锯，使起锯时接触工件的齿数增加，然后再做推进起锯。

（4）起锯时的操作要点

1）锯条一定要对准锯缝线。

2）左手大拇指靠住锯条，使锯条能准确在锯缝线上；当起锯到槽深约为 2~3mm，锯条已不会划出槽外时，左手大拇指才可离开锯条。

3）行程要短，压力要小，速度要慢。

4）起锯完毕，应用左手扶正锯弓逐渐使锯痕向后（或向前）成水平，然后往前正常推锯。

5）可用三角锉刀锉一条槽来保证锯条能准确在锯缝线上。

1.4.4　金属锉削

1. 锉削概述

（1）锉削的概念　用锉刀对零件进行切削加工的方法称为锉削。它广泛运用于零件加工、修理和装配中。锉削是一种精加工的方法，一般在錾削、锯削之后进行。

（2）锉削速度　锉削速度是指单位时间内锉刀往返的次数。一般情况下，正常锉削速度为 40 次/min 左右。推进速度稍慢，回程速度稍快。

2. 锉刀及其使用

（1）锉刀的分类及用途

1）锉刀按其用途可分为普通锉、特种锉和整形锉三大类。

① 普通锉按其断面形状不同又可分为平锉、方锉、三角锉、半圆锉等五种，适用于加工工件上各种规则形状的表面。

② 特种锉有直的和弯的两种，按其断面形状不同又可分为刀口锉、菱形锉、扁口锉、椭圆锉、圆肚锉等，主要用来加工工件上各种特殊形状的表面。

③ 整形锉由各种不同断面形状的小锉组合而成，主要用于修整小型工件、精密工模具等难以机械加工的部位。

2）锉刀按其锉齿的粗细分为粗锉、中锉、细锉和油光锉四类。

① 粗锉主要用于锉削软材料或加工余量大、精度要求低和表面粗糙的工件。

② 中锉一般用于锉削中等硬性材料或精度要求和表面粗糙度要求一般的工件。

③ 细锉主要用于锉削硬性材料或加工余量小、精度要求高、表面粗糙度值较小的工件。

④ 油光锉一般用于最后工件表面的修光。

（2）锉刀的结构　锉刀是用高碳工具钢 T13 或 T12 经热处理淬硬制成，具体结构如下。

锉刀面：指锉刀的表面，也是锉削的主要工作面。

锉刀边：指锉刀的两个侧面。有的两边无齿；有的一边有齿，一边无齿，无齿的一边叫光边。

锉齿：指锉刀用于切削的齿型，有剁齿和铣齿两种。锉齿的大小，取决于每 10mm 轴向长度内锉纹的条数，条数越多，则锉齿越小。

锉纹：指锉齿排列的图案，有单齿纹和双齿纹两种，如图 1-67 所示。单齿纹是指锉刀上只有一个方向的齿纹。双齿纹是指锉刀上有两个方向排列的齿纹。

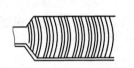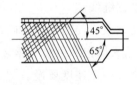

图 1-67　锉纹

锉刀尾：指没齿的一端，它与锉刀舌连在一起。

锉刀舌：用来装锉刀柄。

（3）锉刀的规格　锉刀的规格可分为尺寸规格和锉齿的粗细规格两种。

1）尺寸规格。不同锉刀的尺寸规格用不同的参数表示：圆锉刀的规格用直径来表示；方锉刀的尺寸规格用方形尺寸来表示；其他锉刀则用锉身长度表示。

2）粗细规格。以锉刀每 10mm 轴向长度内的主齿纹条数来表示。主齿纹是指锉刀上两个方向排列的深浅不同的齿纹中，起主要锉削作用的齿纹。起分屑作用的另一个方向的齿纹称为辅齿纹。粗细等级一般分为五个等级：1 号锉纹，用于粗锉刀；2 号锉纹，用于中粗锉刀；3 号锉纹，用于细锉刀；4 号锉纹，用于双细锉刀；5 号锉纹，用于油光锉刀。

（4）锉刀的选择

1）应根据被锉削工件的表面形状和大小来选用锉刀的断面形状和长度。

2）应按工件材料的性质、加工余量的大小、加工精度的高低及表面粗糙度要求的高低来选择锉刀的粗细规格。

（5）锉刀的使用规则

1）锉削时不得用手擦锉削表面，防止锉刀打滑。

2）锉刀应先使用一面，当该面磨损后或必须用锐利的锉齿加工时，才用另一面。

3）不得用新锉刀锉削经淬火的材料或有硬皮、砂粒的锻、铸件。

4）不准用无柄或破柄的锉刀进行锉削，以防伤手。

5）锉刀不能当锤子使用。

6）被锉屑堵塞的锉刀，应用钢刷清除，不得用嘴吹锉屑。

7）锉刀严禁接触油类，也不得沾水，以防锉削时打滑和生锈。

3. 锉削的基本操作

（1）锉刀的握法　锉刀的握法应随着锉刀的大小及锉削工件的不同而有所区别。

1）较大锉刀的握法：右手握住锉刀柄，柄端顶在大拇指根部的手掌上，大拇指放在锉刀柄上，其余四指由下而上握住锉刀柄，左手持锉，如图1-68所示。

2）中型锉刀的握法：右手握法与较大锉刀的握法相同，左手用大拇指、食指及中指的前端捏住锉刀的尖端，如图1-69a所示。

3）较小锉刀的握法：一般可以采用如图1-69b所示的握法。

4）小型锉刀的握法：一般只用右手拿锉刀，将右手的食指放在锉刀柄上面，大拇指在锉刀柄的左侧，如图1-69c所示。

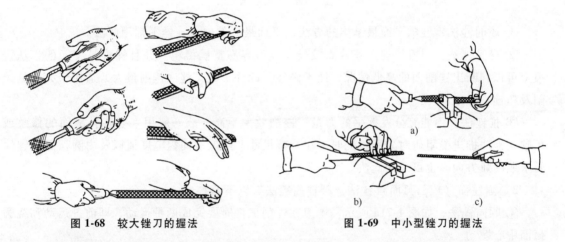

图 1-68　较大锉刀的握法　　　　　图 1-69　中小型锉刀的握法

（2）工件的夹持　锉削时，一般将工件夹在台虎钳上，并应满足下列要求：

1）工件要夹在钳口的中央。

2）工件伸出钳口的部分应尽量少。

3）要切实夹正、夹紧工件，但不能夹变形。严禁用锤子敲打台虎钳摇把或用管子套在台虎钳的摇把上拧。

4）当工件硬度低于钳口硬度或夹持已加工面时，应垫以铜皮，防止夹坏工件或已加工面。

5）夹持工件后，锉削面的高度一般应与操作者的肘部等高。

（3）锉削力　在锉刀推进时，应保持锉刀平衡。因此，必须调整锉削过程中两手的压力。

开始时，左手压力大而推力小，右手压力小而推力大，随着锉刀的推进，左手压力减小，右手压力增大。当锉刀推到中间时，两手压力相等。再继续推进锉刀时，左手压力逐渐减小，右手压力逐渐增大，推进至终点位置时两手用力。锉刀回程时不加压力，以减少锉齿的磨损。

（4）基本锉削方法

1）平面锉削方法。平面锉削方法有顺向锉法、交叉锉法、推锉法三种，如图 1-70 所示。

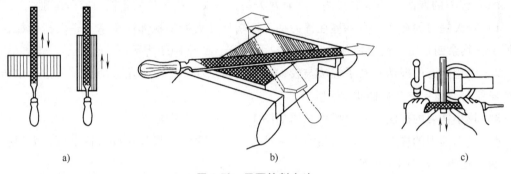

a)   b)   c)

图 1-70　平面锉削方法

① 顺向锉法：锉削平面最基本的方法，平面最后的锉光、锉平都用此法。

② 交叉锉法：斜着锉削，锉着面较长，锉刀容易掌握得稳。并且锉痕是交叉的，从锉痕上可以判断出锉削面的高低情况，便于修整。此外，交叉锉法锉削量大，适用于大余量锉削及粗锉。

③ 推锉法：不能充分发挥手的力量，锉削效率不高，故一般用来对狭长平面的修整或用顺向锉法推进受阻碍时采用；同时，在修整尺寸、降低表面粗糙度值以及内圆弧面的锉纹要求顺圆弧方向时也可采用此法。

2）圆柱面（或凸弧面）锉法。圆柱面锉法有以下两种：

① 顺向锉法，如图 1-71a 所示。锉刀在锉削工件时要完成两种运动，即前进运动和绕圆弧面中心摆动。

开始时，锉刀头朝下，随着锉刀推进，锉刀头逐渐由下向上摆动。两手的运动轨迹近似于两条渐开线。

顺向锉法效率较低，但弧度较圆，一般在加工余量小或修正圆弧时采用。

② 横向锉法，如图 1-71b 所示。

锉刀做直线弧形运动，即锉刀推进时做直线运动，每次抽回锉刀后，按弧面形状向左（或右）做弧形运动。也就是将方形工件按次序地先锉各棱边，使之变成八角形、十六角形等，最后用顺锉法锉去棱角变成圆形。

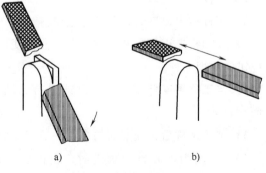

a)   b)

图 1-71　圆柱面锉法

a）顺向锉法　b）横向锉法

横向锉法效率较高，但只能锉成近似弧面的多棱形面，一般适用于将方形工件锉削成圆（或弧面）时的粗锉。

3）球面锉法。锉削时锉刀要同时完成前进运动、绕球面中心转动及绕球面中心和周向摆动等四种运动。

4）圆孔（或凹弧面）锉法。锉削时锉刀要同时完成前进运动、绕锉刀本身中心转动（顺时针约转 90°）和在转动时同时向左（或右）移动（约移动半个到一个锉刀直径）等三种运动，并且要协调一致。

（5）锉削平面的质量检查方法

1）用透光法来检查平面度。用样板平尺（或直尺）放在已锉平面的不同位置上来观察漏光情况。如果透光均匀而微弱，则表示平面是平直的，如果强弱不一致，则表示平面是不平直的。

2）用涂色研点法来检查平面度。在已锉平面上涂色，用样板平尺（或平板）在已锉平面上研磨。如果点子细致而均匀，则表示平面度较好，否则应根据点子的大小来修整（锉掉点子大的部分）。

锉削产生废品的原因分析见表1-7。

表 1-7　锉削产生废品的原因分析

废品形式	产生原因
夹伤零件表面或零件变形	1）虎钳未装软钳口 2）夹紧力过大
零件尺寸偏小、超差	1）划线不准确 2）未及时测量尺寸或测量不准确
零件平面度不达标（中凸、塌边或塌角）	1）选用锉刀不当或刀面中凹 2）锉削时双手推力、压力应用不协调 3）未及时检查平面度就改变锉削方法
零件表面粗糙度不达标	1）锉刀齿纹选用不当 2）未及时清除锉纹中间嵌有的锉屑 3）粗、精锉削加工余量选用不当 4）直角边锉削时未选用光边锉刀

1.4.5 孔加工

1. 孔加工概述

（1）钳工孔加工范围　钳工孔加工范围主要包括钻孔、扩孔和铰孔。

（2）对孔加工的要求

1）有准确的钻孔位置。

2）有一定的钻孔直径。

3）盲孔要达到一定的深度。

4）铰孔要有合理的加工余量。

（3）钻削运动　在钻削时，一般情况下，工件固定不动（车床上钻孔除外），钻头进行以下两种运动。

1）切削运动（主运动）：钻头绕自身轴心做连续旋转。

2）进给运动：钻头沿自身轴线方向做向下运动。

2. 钻孔

（1）钻孔及钻头　钻孔是指用钻头在实心工件上加工出孔的操作。常用钻头主要有标准麻花钻和群钻。

1）标准麻花钻。标准麻花钻由钻柄、颈部和钻身三部分组成，如图 1-72 所示。一般用高速钢制成，并经热处理淬硬。

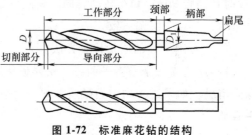

图 1-72　标准麻花钻的结构

标准麻花钻的刃磨。钻头刃磨是为了使已钝的钻头或损坏了的切削部分恢复锋利或正确的几何形状。刃磨部位主要是钻头的两个后刀面。

钻头刃磨方法一般有两种：一种是用专用机械和夹具进行刃磨；另一种是手工在砂轮机上进行。

手工刃磨如图 1-73 所示：左手握持钻柄，右手握持钻身，右手靠在砂轮机搁架上作支点，并使钻头轴线与砂轮成一角度 ϕ（一般为 58°~59°）；刃磨时，将刃口平行地接触砂轮面，按顺时针方向旋转，并使钻身向下摆动约等于后角（8°~15°），在向下摆动过程中，逐步加大压力。如此往复数次，再用同样方法磨另一面。刃磨过程中，为防止钻头过热而降低硬度，应经常把钻头浸入水中冷却，并应及时检查刃磨

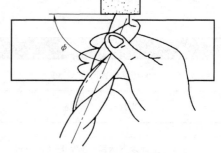

图 1-73　手工刃磨

质量，在保证磨好钻头的前提下，尽可能使磨削量最少，以延长钻头的寿命。

2）群钻

利用标准麻花钻经合理刃磨而成的一种高生产率、高加工精度、适应性强、寿命长的新型钻头，称为群钻。它是通过长期生产实践逐步总结出钻孔规律进而创造出来的一种新型钻头。按其用途一般可分为标准群钻，钻铸铁群钻，钻黄、青铜的群钻，钻铝合金群钻，钻薄板群钻等。

（2）钻孔设备

钳工最常用的钻孔设备是钻床。钻床一般分为台式、立式和摇臂式三种。

1）台式钻床。台式钻床是一种小型钻床，是钳工最常用的钻孔设备之一。一般用来钻直径在 13mm 以下的孔，进给运动一般由手动完成。这类钻床最低转速较高，一般不适宜用于铰孔。图 1-74 所示是一台应用较广泛的台式钻床。

2）立式钻床。立式钻床是一种中型钻床。最大钻孔直径分别有 25mm、35mm、40mm、50mm 等几种。图 1-75 所示是一台型号为 Z525B 型的立式钻床，它的最大钻孔直径为

25mm，主轴具有 6 种转速，可以手动进刀，也可以自动进刀。

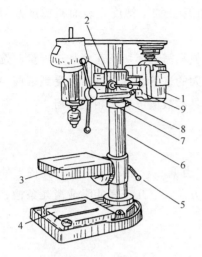

图 1-74　台式钻床

1—电动机　2—头架　3—工作台　4—底座
5—工作台锁紧手柄　6—立柱　7—保险环
8—保险环锁紧螺栓　9—头架锁紧手柄

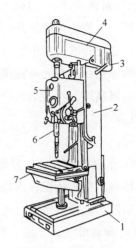

图 1-75　立式钻床

1—底座　2—床身　3—电动机　4—主轴变速箱
5—走刀变速箱　6—主轴　7—工作台

立式钻床的机构强度和功率都较高，可以采用较高的切削用量，获得较高的生产率和加工精度。另外，它的主轴转速、走刀都有较大的变动范围，可以适应钻孔、扩孔、铰孔、攻螺纹等不同的需要。

钻削时的切削用量包含切削速度、进给量和背吃刀量三个要素。

3）摇臂钻床

摇臂钻床是一种大型、高精度的钻孔机床，适用于大型工件的孔加工。

摇臂钻床如图 1-76 所示，其主轴箱可以在摇臂上移动，摇臂可以绕立柱轴线转动和沿立柱上下滑动。因此，在摇臂长度允许的范围内，可以把主轴对准工件的任意位置。

摇臂钻床主轴转速、走刀变动范围很大，可用于钻孔、扩孔、绞孔、镗孔、攻螺纹等。

（3）钻孔操作基本要点

1）钻孔前的准备。

① 在工件上划出孔的加工位置，并在孔的中心打上样冲眼。

② 检查钻床运转情况，保证安全。

③ 按孔的直径选择钻头，并安装。

2）工件的夹持。一般钻直径为 8mm 以下的孔，可用手捏住工件钻孔；手不能捏住的小工件或所钻孔直径超过 8mm 时，必须用手虎钳夹持工件或用平口钳夹持工件。钻

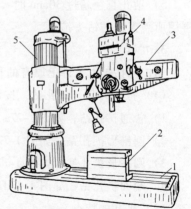

图 1-76　摇臂钻床

1—底座　2—工作台　3—摇臂
4—主轴变速箱　5—立柱

大孔或不适宜用平口钳夹持的工件，可直接用压板、螺栓固定在钻床的工作台面上。

3）切削用量的选择。选择切削用量的目的，是在保证加工精度、表面粗糙度及刀具合理寿命的前提下，使生产率最高。

钻孔时，由于背吃刀量由钻头直径确定，所以一般只需选择切削速度和进给量。选择切削用量的基本原则是：在允许范围内，尽量先选择较大的进给量，当进给量受到表面粗糙度和钻头刚度的限制时，再考虑选择较大的切削速度。具体数值可查看相关手册。

4）钻孔操作。

① 开车。

② 起钻：试钻一浅孔，如发现偏心，立即纠正。当偏心较小，可在起钻时将工件向偏心的反方向推移，逐步矫正；当偏心较大，可在矫正方向打上几个样冲眼或凿几条槽，以减少此处的钻削阻力，达到矫正目的。

③ 开放冷却润滑液，开始正常钻孔。

5）钻孔时的冷却。在钻削过程中产生的热，会使钻头迅速磨损，甚至发生退火使其失去切削能力；另外，还将造成工件的变形和钻孔质量的降低。因此，在钻削时应加切削液。

不同的加工材料，所使用的切削液也不同。一般在高强度材料上钻孔时，为减少摩擦和钻削阻力，应选择以润滑为主的切削液；当孔的精度和表面粗糙度要求较高或在塑性、韧性较大的材料上钻孔时，也应选择以润滑为主的切削液。

（4）钻孔操作的注意事项

1）钻通孔时：在将要钻穿时，必须减少进给量。如是自动进刀，则应改为手动进刀。

2）钻盲孔时：应按所需深度调整好挡块。

3）钻深孔或钻硬材料时：应经常退出钻头，排除铁屑，防止钻头过热和因铁屑卡死而导致钻头折断。

4）钻薄板时：应用薄板群钻，以免孔不圆。

5）钻孔直径超过 30mm 时：一般应分两次钻成，先钻一小孔（约 0.5~0.7 倍的孔径），再用所需直径的钻头扩孔。

3. 扩孔

用扩孔钻扩大工件上原有的孔或者用锪孔钻进行孔口的形面加工的过程，统称为扩孔。

（1）扩孔刀具　扩孔钻，按加工时的不同要求可分为如下几种：

1）普通扩孔钻，如图 1-77a 所示，用来扩大孔的直径。

2）圆锥形扩孔钻，如图 1-77b 所示，用来加工螺钉或铆钉等锥形埋头孔。

3）圆柱形扩孔钻，如图 1-77c 所示，用来加工螺钉的柱形埋头孔。

4）端面扩孔钻，如图 1-77d 所示，专门用来扩平孔口端面。

（2）扩孔的特点

1）因中心不切削，扩孔钻无横刃，切削刃只做成靠外缘的一段，避免了横刃所引起的一些不良影响。

2）由于背吃刀量较小，切屑易排出，所以不易擦伤已加工表面；同时，容屑槽也可小

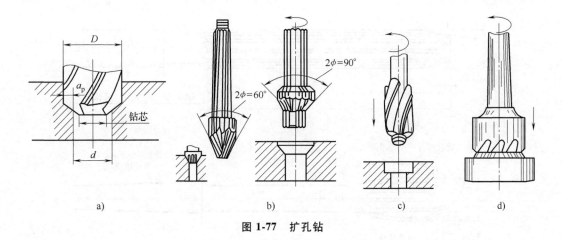

图 1-77　扩孔钻

一些，从而可加粗钻心，提高扩孔钻的刚度；并且可使切削用量增大，改善加工质量和提高生产率。

3）由于容屑槽较小，扩孔钻可做出较多的刀齿，这样既提高了生产率，又由于刀齿棱边增多，增强了导向作用。

（3）扩孔操作要点

1）由于扩孔钻上的导柱与原来的孔径配合间隙较小，故在扩孔时应加以润滑。

2）在扩钢件时，因切削热量大，也应加切削液。

3）在用麻花钻改磨扩孔钻时，要注意修磨前刀面，减小前角，以防止扎刀和振动；同时，选用较小后角，防止产生多角形。

4）在精扩孔形面时，一般应利用钻床停车后主轴的惯性扩孔，以减少振动进而获得光滑表面。

4. 铰孔

（1）铰刀的分类及结构　用铰刀对已粗加工或半精加工的孔进行精加工，以提高原有孔的尺寸精度和降低表面粗糙度数值，称为铰孔。

1）按使用方法分类：机用铰刀和手用铰刀两种。

2）按其本身构造分类：直槽式、螺旋式、整体式、可调式、镶齿式等几种。

3）按其用途分类：圆柱铰刀、圆锥铰刀、粗铰刀、精铰刀等几种。

钳工操作使用较多的是整体式圆柱机用铰刀和手用铰刀，如图 1-78 所示。

（2）铰削用量及其选择　铰削用量包含铰削余量、切削速度和进给量。

1）铰削余量。铰削余量是指上道工序完成后留下的直径方向的加工余量。其大小直接影响铰孔的质量。

在选择铰削余量时，一般应考虑孔径的大小、材料的软硬、铰刀的类型及尺寸精度、表面粗糙度要求等因素的综合影响，此外，还应考虑上道工序的加工质量、铰孔的工艺过程。

2）切削速度。在机铰时，需要选择合适的切削速度。为了获得较高的表面粗糙度，避免产生刀瘤，减少切削热及变形，应采用较小的切削速度。

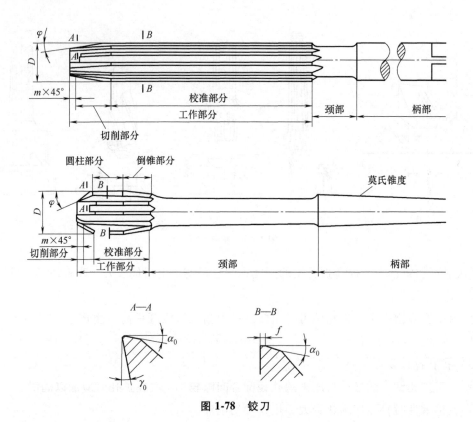

图 1-78　铰刀

3）进给量。在机铰时，也应考虑选择合适的进给量。

（3）铰孔时的冷却润滑　铰孔时由于铰刀的后刀面与孔壁摩擦很大，并有较高的切削热，因此，必须用适当的切削液，以减少摩擦，降低切削热，防止产生刀瘤，并减少切屑细末黏附在铰刀和孔壁上，从而提高表面粗糙度。在铰孔时，应根据工件材料性质、加工精度要求来选择合适的切削液。

（4）铰孔的基本操作方法

1）正确选择铰削余量。

2）根据工件材质、孔径大小、精度要求、是通孔还是盲孔，来选择合适的铰刀。

3）按工件材质和加工精度选择合适的切削液。

4）正确夹持工件。

5）手铰时，可用右手通过铰孔轴线施加压力，左手转动铰刀起铰；铰削过程中，两手均匀用力、平稳旋转，不得有侧向压力，同时适当加压，使铰刀均匀地进给；铰削终止时压力要小。

（5）铰孔作业的注意事项

1）工件要夹正、夹紧。对薄壁工件要防止夹变形，以免铰后产生椭圆度。

2）手铰时，速度一般为 20~30r/min，每次要变换铰刀停歇的位置，以消除因铰刀在同一处停歇而造成的振痕。

3）铰削钢料时，要经常清除切屑碎末，并用油石修光切削刃，以免孔壁被拉毛。

4）不管是机铰还是手铰，退刀时均不能反转，要始终正向旋转退刀，否则铰刀与孔壁之间容易挤住切屑，从而拉伤孔壁并使切削刃磨损。

5）机铰时，要在铰刀退出后再停车，否则孔壁会有刀痕并被拉毛。

6）机铰时，铰孔与铰孔前的钻孔或扩孔，一般应在同一工位上进行，以保证铰刀轴线与孔中心线一致。如不能同工位，则铰刀要装在浮动夹头内，使铰刀能自动调心。

7）铰通孔时，铰刀的校准部分不能全部出头，否则孔的下端会刮坏，退出也困难。

8）铰圆锥孔时，应先按小头直径钻孔，然后再铰圆锥孔。如需铰削较深的圆锥孔或锥度较大的圆锥孔，则可先钻出阶梯孔，然后再用粗、中、细一组的铰刀依次铰削。

9）铰刀用完后，应擦拭干净并涂上机油。放置要妥当，以免碰坏切削刃。

1.4.6 攻螺纹和套螺纹

1. 螺纹的概念

（1）螺纹的形成　某一运动着的点，在圆柱表面上绕着圆柱中心旋转并且等距离上升，它的轨迹，就称为螺旋线。沿着螺旋线加工成具有相同剖面的连续凸起和沟槽，称为螺纹。在圆柱外表面上加工出的螺纹，称为外螺纹；在圆柱内表面上加工出的螺纹，称为内螺纹。

（2）螺纹的基本要素

1）牙型，是指通过螺纹轴线的剖面上螺纹的轮廓形状，一般有三角形、矩形、梯形、锯齿形、圆角形等。

2）螺纹的直径，包括大径、小径、顶径、底径和中径。

① 大径（外径或公称直径）是指与外螺纹牙顶或内螺纹牙底相重合的假想圆柱面的直径，即垂直于轴线方向螺纹最外两边之间的距离。

② 小径（内径）是指与外螺纹牙底或内螺纹牙顶相重合的假想圆柱面的直径，即垂直于轴线方向螺纹最里两边之间的距离。

③ 顶径是指与外螺纹或内螺纹牙顶相重合的假想圆柱面的直径，即外螺纹的大径或内螺纹的小径。

④ 底径是指与外螺纹或内螺纹牙底相重合的假想圆柱面的直径，即外螺纹的小径或内螺纹的大径。

⑤ 中径是指通过牙型上沟槽和凸起宽度相等地方的一个假想圆柱面的直径，是一个假想的圆柱面直径。

3）线数，是指一个圆柱面上的螺纹线的数目，有单线、双线和多线几种。

4）螺距和导程。螺距是指相邻两牙在中径线上对应两点之间的轴向距离。导程是指多线螺纹在同一条螺旋线上的相邻两牙在中径线上对应两点之间的轴向距离。导程是螺距和螺纹线数的乘积。

5）旋向，是指螺纹在圆柱面上的绕行方向，有右旋螺纹和左旋螺纹两种。顺时针旋入的螺纹称为右旋螺纹，逆时针旋入的螺纹称为左旋螺纹。右旋螺纹是最常用的。

（3）普通螺纹的标记　完整螺纹标记由螺纹特征代号、尺寸代号、公差带代号及其他有必要做进一步说明的个别信息组成。

1）普通螺纹的特征代号为"M"。

2）单线螺纹的尺寸代号为"公称直径×螺距"。

3）粗牙普通螺纹不必标注螺距项。

4）多线螺纹的尺寸代号为"公称直径×Ph 导程 P 螺距"，如果没有误解风险，可以省略导程代号 Ph。

5）标注公差等级时，3 级精度可不标注。

6）左旋螺纹必须注出旋向，用代号"LH"标注，右旋可不标注。

2. 攻螺纹

用丝锥等工具切削加工出内螺纹的操作，称为攻螺纹。钳工所加工的螺纹，一般是小直径的和不宜在机床上加工的螺纹，包括普通螺纹和管螺纹。攻螺纹工具主要有丝锥和铰手。

（1）丝锥

1）基本构造。

① 如图 1-79 所示，切削部分在丝锥的最前端，并沿轴向开有数条容屑槽以形成切削刃，起主要切削作用。在切削部分的前端磨出切削角，使切削负荷分布在几个刀齿上。一般的成组丝锥中，每支丝锥的切削锥角均不同，头攻最小，三攻最大。

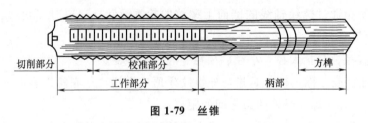

图 1-79　丝锥

② 校准部分在切削部分的后面，有完整的牙型，用来修光和校准已切出的螺纹，并引导丝锥沿轴向前进，也是丝锥刃磨的后续部分。为了减少校准部分和螺纹孔的摩擦及所攻螺纹孔的扩张量，校准部分的大径、中径、小径均有（0.05~0.12）mm/100mm 的倒锥。

在工作部分上沿轴向开有数条容屑槽，常用丝锥一般有 3~4 条。其主要作用是形成切削刃并容纳和排除切屑。标准丝锥均为直槽。为了控制排屑方向，专用丝锥有做成螺旋形容屑槽的。在加工盲孔时，为使切屑向上排出，容屑槽做成右旋槽；在加工孔时，为使切屑向下排出，容屑槽做成左旋槽。

③丝锥的柄部呈圆柱形，末端有方榫，用于安装铰手或攻螺纹夹头，并传递转矩。

2）丝锥的分类。丝锥一般分为手用丝锥、机用丝锥、管螺纹丝锥三种。

3）丝锥的精度等级。手用丝锥：有 3 级和 3B 级两种精度。3 级用来加工 3 级螺纹孔；3B 级用来加工需镀复层的 3 级螺纹孔。

机用丝锥：有 1、2、2A、3A 级四种精度。分别加工 1、2、2A 级螺纹孔及需镀复层的螺纹孔。

4）其他丝锥。

① 圆柱管螺纹丝锥：与一般手用丝锥相似，只是其工作部分较短，一般两支一组。

② 圆锥管螺纹丝锥：其直径从头到尾逐步增大，而牙型仍然与丝锥的轴线垂直，以保证内外螺纹结合时有良好的接触。

（2）铰手　铰手，也叫铰杠或扳手，是手工攻螺纹时用来夹持丝锥的工具。分普通铰手和丁字铰手两类。

1）普通铰手。普通铰手分固定式和活络式两种。固定式铰手的方孔尺寸与柄长有一定的规格。一般攻 M5 以下的螺纹孔用此种铰手。活络式铰手的方孔尺寸可以调节，柄长按其适用丝锥尺寸的范围有一定的规格。此种铰手使用范围较广。

2）丁字铰手。丁字铰手适用于在高凸台旁边或箱体内攻螺纹，也分固定式和活络式两种。固定式丁字铰手一般是专用的，大尺寸的丝锥都用它，其丁字高度按工件的需要而定。活络式丁字铰手的夹头可调节，是一个四爪弹簧夹头，一般用于 M6 以下螺纹孔加工的丝锥。

（3）螺纹底孔直径和盲孔深度

1）底孔直径。攻螺纹前先要钻孔，钻头的直径应比螺纹的小径略大一些，但不能太大，否则会使所攻螺纹牙顶高度不够，进而降低螺纹强度。

底孔直径的大小，要根据工件材料的塑性好坏及钻孔扩张量考虑。一般可查表或根据以下经验公式计算。

① 在加工钢料和塑性金属、扩张量中等的材料时

$$D_Z = D - P$$

② 在加工铸铁和脆性金属、扩张量较小的材料时

$$D_Z = D - (1.05 \sim 1.10)P$$

式中　D_Z——攻螺纹前钻孔用钻头直径（mm）；

　　　　D——螺纹大径（mm）；

　　　　P——螺距（mm）。

2）盲孔深度。攻盲孔时，由于丝锥切削部分不能切出完整的牙型，所以钻孔深度要超过所需螺纹孔的深度。一般取

$$钻孔深度 = 所需螺纹孔深度 + 0.7D$$

式中　D——螺纹大径（mm）。

（4）切削液的选择　使用切削液的目的是减少材料和丝锥之间的摩擦，并起冷却作用，可降低螺纹的粗糙程度，延长丝锥的使用寿命。

在钢件上攻螺纹时，一般加乳化液或机油；在铸铁上攻螺纹时，一般不加切削液，当铸铁较硬或螺纹孔表面粗糙度要求较低时，可加些煤油；在青铜或黄铜上攻螺纹时，也不加切削液，但螺纹孔表面粗糙度要求较低时，可加些菜籽油；在铝、铝合金或纯铜上攻螺纹时，一般加浓的乳化液或煤油。

（5）攻螺纹操作的注意事项

1）攻螺纹前，首先确定螺纹的底孔直径、选择钻头，然后将两孔口倒角90°，这样便于起削，且两孔口不会产生毛边，最后一扣也不会在攻穿时崩裂。攻盲孔时，还应确定底孔深度，以保证螺纹的有效长度。

2）攻螺纹前，一定要看清所攻螺纹的规格，丝锥一定要与所攻螺纹的规格一致。

3）攻螺纹时，要使丝锥的轴线与底孔直径的中心线重合。可用一个与所攻螺纹相同的螺母来引导丝锥。

4）丝锥刚进入底孔时，两手要用适当而均匀的压力和旋转力，把丝锥压入孔内。当攻出2~5牙后，就不必再施加压力，只要两手平稳均匀地转动铰手即可了。

5）攻螺纹时，要加适当的切削液。

6）正常攻螺纹时，每正转1/2圈到1圈，要倒退1/4圈到1/2圈，使切屑碎断后再继续往下攻。攻塑性材料、深孔和盲孔时，更应注意这一点。

7）在攻盲孔时，应经常旋出丝锥，把切屑清除出孔外。

8）头攻攻完后，用二攻和三攻时，必须先用手将丝锥旋进螺纹孔内，然后再用铰手。

9）在对较硬的材料攻螺纹时，可将头攻、二攻和三攻互相交替使用，以防丝锥折断。

10）攻M8以下的螺纹孔时，一般用右手食指和中指夹住丝锥，右手掌捏住铰手，一面加压一面转动铰手，左手帮助转动铰手。攻M4以下螺纹孔时，只需用右手按上法单手操作，不需用左手帮助转动铰手，否则丝锥容易折断。

11）攻盲孔时，丝锥到底后，应立即停止转动，否则会使丝锥折断。

12）当攻螺纹完毕取出丝锥时，不要把铰手当作转轮，单手用力一推，让其靠惯性连续退出，而应在不施加压力的情况下，用手转动铰手让其自然退出。

3. 套螺纹

用板牙切削外螺纹的操作，称为套螺纹。套螺纹的工具主要有板牙和板牙架。

（1）板牙

1）板牙的分类。板牙按其构造不同可分为固定式、圆形调节式、相对调节式和管子板牙等；按其形状可分为圆形板牙、方形板牙、六角形板牙等；按其螺距可分为粗牙板牙和细牙板牙；按其单位制可分为公制板牙和英制板牙。

2）板牙的构造。板牙由两端的切削部分、中间的校准部分和排屑孔组成。对于圆形板牙，就像一个圆螺母，只是在它上面钻有几个排屑孔并形成切削刃。

① 切削部分：指板牙两端有切削锥角的部分（一般是两牙）。它不是一个圆锥面，而是一个经过铲磨而成的阿基米德螺旋面。

② 校准部分：指板牙中间一段，它具有全齿，其作用是修光和校准已套出的螺纹，并起套螺纹时的导向作用。其长度一般为4~4.5个螺距。

③ 排屑孔：用来形成切削刃，并容纳和排除切屑。其数量由螺纹直径的大小而定，一般为3~8个。

3）管子板牙。管子板牙是用来套管子外螺纹的。由四块板牙组成，镶嵌在可调节的板牙架内，其余结构与圆形板牙相同。

（2）板牙架　板牙架是装夹板牙的工具。按其形状可分为圆板牙架、可调式板牙架和管子板牙架三种。

① 圆板牙架，如图 1-80 所示，分手用和机用两种。使用时，将相应规格的圆形板牙装入架内，用顶丝顶紧。

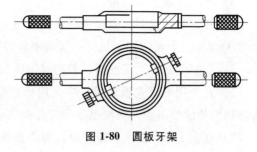

图 1-80　圆板牙架

② 可调式板牙架，如图 1-81a 所示。使用时，将可调式板牙装入架内，如图 1-81b 所示，旋转调整螺丝，使切削刃接近坯料，进行套螺纹。

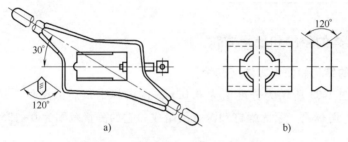

a)　　　　　　　　　b)

图 1-81　可调式板牙架及可调式板牙

③ 管子板牙架，如图 1-82 所示。在板牙架内有三块导丝板，以保证板牙稳定在管子上，并用螺杆调整板牙的位置。使用时，将四块管子板牙装入架内，扳动板牙手柄，使四块板牙同时合拢或张开，以适应切削不同直径的外螺纹。套螺纹时，一般分两次或三次进行。

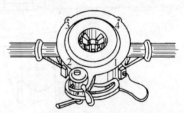

图 1-82　管子板牙架

（3）圆杆直径的确定　同攻螺纹一样，用板牙在工件上套螺纹时，材料同样受到挤压而变形，牙顶将被挤高一些。所以圆杆直径应比螺纹大径稍小一些。

圆杆直径的计算公式为：

$$d_G = d - 0.13P$$

式中　d_G——套螺纹前圆杆直径（mm）；

　　　d——螺纹大径（mm）；

　　　P——螺距（mm）。

（4）切削液的选择　切削液的选择与攻螺纹时相同。

（5）套螺纹的操作注意事项

1）套螺纹前，确定螺杆直径；并在圆杆端头倒角 15°～40°，使板牙容易对准工件中心和便于起削。

2）选择合适的板牙架，并装好板牙，将定位螺钉紧固。

3）将工件装正、夹紧。

4）开始套螺纹时，要保证板牙端面与工件轴线垂直；两手的压力和旋转力要均匀；当套出 3~4 牙后，可不再加压，只要两手均匀旋转板牙架即可。

5）套螺纹时，为了断屑，要随时倒转板牙架，每次倒转 1/4 到 1/2 圈。

6）在使用可调式板牙时，应先用标准螺杆进行矫正；矫正时，两个螺钉应旋得均匀，否则切出的螺纹不圆，螺纹也不会符合要求。

7）在套 12mm 以上的螺纹时，为防止板牙扳裂，最好用相对调节式板牙，分两次或三次进行套螺纹。

1.5 常用量具、设备和工具

1.5.1 常用量具的结构和使用方法

1. 游标卡尺的结构和使用方法（初级）

（1）结构 图 1-83 所示为分度值为 0.02mm 的游标卡尺。由尺身、制成刀口形的内、外测量爪、尺框、游标尺、紧固螺钉和深度尺组成。它的测量范围为 0~125mm。

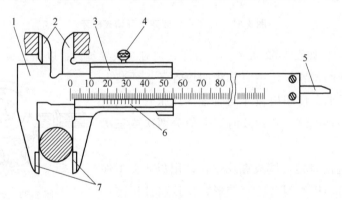

图 1-83 分度值为 0.02mm 的游标卡尺

1—尺身 2—内测量爪 3—尺框 4—紧固螺钉 5—深度尺 6—游标尺 7—外测量爪

（2）刻线原理 图 1-84 所示的尺身上每小格为 1mm。当两测量爪并拢时，尺身上的 49mm 刻度线正好对准游标尺上的第 50 格的刻度线，则：

$$游标尺每格长度 = 49mm/50 = 0.98mm$$

$$尺身与游标尺每格长度相差 = 1mm - 0.98mm = 0.02mm$$

（3）使用方法

1）测量前应将游标卡尺擦干净，测量爪贴合后，游标尺的零线应和尺身的零线对齐。

2）测量时，所用的测力应使两测量爪刚好接触零件表面为宜。

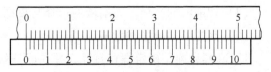

图 1-84 刻线原理

3）测量时，防止游标卡尺歪斜。

4）在游标尺上读数时，尽量减少视线误差。

2. 千分尺的结构和使用方法（初级）

（1）结构　图1-85所示是测量范围为0~25mm的千分尺。它由尺架、测微螺杆、测力装置等组成。

（2）刻线原理　千分尺测微螺杆上的螺纹，其螺距为0.5mm。当微分筒转1周时，测微螺杆就轴向移进0.5mm。固定套筒上刻有间隔为0.5mm的刻线，微分筒圆周上均匀刻有50格。因此，当微分筒每转1格时，测微螺杆就移进：0.5mm/50 = 0.01mm，故该千分尺的分度值为0.01mm。

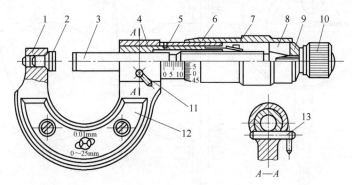

图 1-85　千分尺

1—尺架　2—测砧　3—测微螺杆　4—螺纹轴套　5—固定套管　6—微分筒　7—调节螺母
8—接头　9—垫片　10—测力装置　11—锁紧机构　12—绝热片　13—锁紧轴

（3）使用方法

1）测量前，转动千分尺的测力装置，使两侧砧面靠合，并检查其是否密合；同时看微分筒与固定套管的零线是否对齐，如有偏差应调整固定套管对零。

2）测量时，用手转动测力装置，控制测力，不允许用冲力转动微分筒。千分尺测微螺杆的轴线应与零件表面贴合垂直。

3）读数时，最好不取下千分尺进行读数。如需要取下再读数，则应先锁紧测微螺杆，然后轻轻取下千分尺，防止尺寸变动。读数时要看清，不要错读。

3. 百分表的结构和使用方法（中级）

（1）结构与传动原理　图1-86所示的百分表由表盘、大指针、小指针、测量杆、测量头、弹簧及游丝等组成。测量时，带有齿条的测量杆上升，带动小齿轮 Z_2 转动，与 Z_2 同轴的大齿轮 Z_3 及小指针也跟着转动，而 Z_3 又带动小齿轮 Z_1 及其轴上的大指针偏转。游丝的作用是迫使所有齿轮进行单向啮合，以消除由齿轮间隙引起的测量误差。弹簧是用来控制测量力的。

（2）刻线原理　测量杆移动1mm时，大指针正好回转一圈。而在百分表的表盘上沿圆周刻有100个等分格，则其刻度值为1mm/100 = 0.01mm。测量时当大指针转过1格刻度时，表示零件尺寸变化0.01mm，即该百分表的分度值为0.01mm。

（3）使用方法

1）测量前，检查表盘和指针有无松动现象及其平稳性。

2）测量时，测量杆应垂直于零件表面。如果测圆柱，测量杆还应对准圆柱中心轴。测量头与被测表面接触时，测量杆应预先留有 0.3~1mm 的压缩量，保持一定的初始测力，以免由于存在负偏差而导致测不出值。

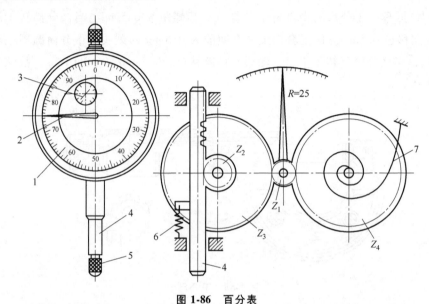

图 1-86 百分表

1—表盘 2—大指针 3—小指针 4—测量杆 5—测量头 6—弹簧 7—游丝

4. 游标万能角度尺的结构和使用方法（中级）

（1）结构 图 1-87 所示是分度值为 2′的游标万能角度尺。在它的扇形板上刻有间隔 1°的刻线。游标固定在底板上，它可以沿着扇形板转动。用夹紧块把角尺和直尺固定在底板上，从而使可测量角度的范围为 0°~320°。

（2）刻线原理 扇形板上刻有 120 格刻线，间隔为 1°。游标尺上刻有 30 格刻线，对应扇形板上的度数为 29°，则：

游标尺上每格度数 = 29°/30 = 58′

扇形板与游标尺每格角度相差 = 1° − 58′ = 2′

（3）使用方法

1）使用前检查零位。

2）测量时，应使游标万能角度尺的两个测量面与被测件表面在全长上保持良好接触。

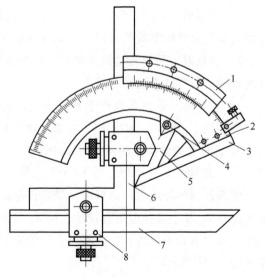

图 1-87 游标万能角度尺

1—游标尺 2—扇形板 3—基尺 4—制动器
5—底板 6—角尺 7—直尺 8—夹紧块

然后拧紧制动器上的螺母进行读数。

3）测量角度在 0°~50° 范围内，应装上角尺和直尺；在 50°~140° 范围内，应装上直尺；在 140°~230° 范围内，应装上角尺；在 230°~320° 范围内，不装角尺和直尺。

1.5.2 常用设备、工具的结构与使用、维护

1. 台虎钳（初级）

台虎钳是钳工用来夹持工件以进行加工的必备工具。其规格是以钳口的长度来表示的，有 100mm、125mm 和 150mm 等几种。

（1）台虎钳的结构　台虎钳有固定式和回转式两种，如图 1-88 所示。回转式台虎钳使用方便，应用较广。

回转式台虎钳的主要零件，如固定钳身、活动钳身、夹紧盘和转盘盘座均由铸铁制成。转盘座与钳台用螺栓固定。固定钳身可在转盘座上绕其轴线转动，扳动手柄 4 旋紧夹紧螺钉，可使固定钳身紧固。螺母 3 固定在固定钳身上，丝杆 5 与之相配合。摇动手柄 6，丝杆旋转即可带动活动钳身前后移动，从而夹紧或放松工件。固定钳身和活动钳身上各装有经过淬硬的钢质钳口 1，可延长使用寿命，磨损后可以更换。

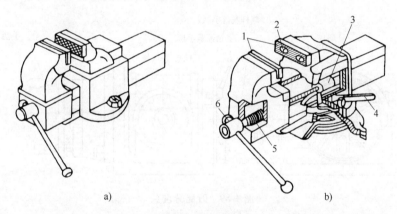

图 1-88　台虎钳
a）固定式　b）回转式
1—钳口　2—螺钉　3—螺母　4—手柄　5—丝杆　6—手柄

（2）台虎钳的正确使用和维护

1）台虎钳的正确使用。

① 台虎钳安装在钳台上时，必须使固定钳身的钳口工作面处于钳台边缘之外，以保证可以夹持长条形工件。

② 夹持工件时，只允许用双手的力量来扳紧或放松手柄。决不允许用套管接长手柄或用锤子敲击，以免损坏工件。

③ 活动钳身的光滑平面不准用锤子敲击，以免降低它与固定钳身的配合性能。

④ 台虎钳必须牢固地固定在钳台上，扳动手柄使夹紧螺钉旋紧，工作时应保证钳身无松动现象。否则易损坏台虎钳和影响工作质量。

2）台虎钳的维护 台虎钳的丝杆、螺母和其他活动表面都要经常加油润滑，保持清洁，防止锈蚀。

2. 分度头（中级）

分度头根据结构及原理的不同，可分为机械、光学和电磁等类型。应用较普遍的是万能分度头。分度头的规格是以主轴中心到底面的高度，即中心高表示的。

（1）万能分度头的结构 万能分度头如图 1-89 所示。

主轴的前端有莫氏锥度 4 号的锥孔，可插入顶尖。主轴前端的外螺纹可用来安装自定心卡盘。松开壳体上部的两个螺钉，可使装有主轴的球形扬头在壳体的环形导轨内转动，从而使主轴轴线相对于工作台平面在向上 90° 和向下 10° 范围内转动任意角度。主轴倾斜的角度可从球形扬头侧壁上的刻度看出。刻度盘固定在分度头主轴上，和主轴一起旋转。刻度盘上有 0°～360° 的刻度，可用于直接分度。

在分度头的左侧有两个手柄。一个是用于紧固主轴的，在分度时应松开，分度完毕后应紧固，以防止主轴松动；另一个是脱落蜗杆手柄，它可以使蜗杆与蜗轮连接或脱开。蜗杆与蜗轮之间的间隙，可用螺母调整。

刻度盘上有 0°～360° 的刻度，可用于对分度精度要求不高的直接分度。

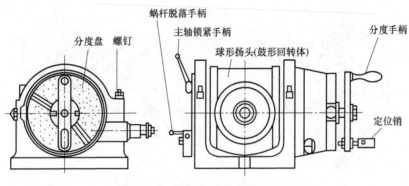

图 1-89 万能分度头

（2）万能分度头的使用 万能分度头的主要功能是按要求对工件进行分度加工或划线，分度方法有直接分度法、简单分度法、角度分度法、复式分度法和差动分度法等。其中简单分度法和差动分度法是常用的两种分度法。

1）简单分度法。工件的等分数若是一个能分解的简单数，可采用简单分度法分度。由分度头传动关系可知，当手柄转过 1 周，分度头主轴便转过 1/40 周。如果要求主轴上支承的工件做 Z 等分，即应转过 $1/Z$ 周，则分度头手柄的转数可按传动关系式求出，即

$$1:40 = \frac{1}{Z}:n$$

即：

$$n = \frac{40}{Z}$$

式中 n——分度头手柄转数（周）；

Z——工件的等分数。

在使用过程中，经常会遇到手柄需转过的不是整周数，这时可用下式计算

$$n = \frac{40}{Z} = a + \frac{P}{Q}$$

式中　a——分度手柄的整周数（周）；

　　　Q——分度盘上某一孔圈的孔数（孔/周）；

　　　P——手柄在孔数为 Q 的孔圈上转过的孔距数（孔）。

2）差动分度法。当分度时遇到的等分数是采用简单分度法难以解决的较大质数时（如61、67、71 和 79 等），就要采用差动分度法来分度。

采用差动分度法在计算手柄转数和确定分度盘的旋转方向时，可先选取一个与工件要求的实际等分数 Z 接近、又能进行简单分度的假设等分数 Z_0；当假设等分数 Z_0 大于工件实际等分数 Z 时，装交换齿轮时应使分度盘与手柄的旋转方向相同；当假设等分数 Z_0 小于工件实际等分数 Z 时，应使分度盘与手柄的旋转方向相反。分度盘的旋转方向可通过在交换齿轮板上增加中介轮来控制。即当主轴每转过 $1/Z_0$ 周时，就比要求实际所转的 $1/Z$ 周多转或少转了一个较小的角度。这个角度就要通过交换齿轮使分度盘正向或反向转动来补偿。由此可得到差动分度的计算公式：

$$\frac{40}{Z} = \frac{40}{Z_0} + \frac{i}{Z}$$

即

$$i = \frac{40(Z_0 - Z)}{Z_0}$$

式中　Z——工件实际等分数；

　　　Z_0——工件假设等分数；

　　　i——挂轮传动比。

分度时手柄转数 n 可用下式计算：

$$n = \frac{40}{Z_0}$$

交换齿轮传动比 i 为负值时，表示分度盘和分度手柄转向相反。

3. 砂轮机（初级）

砂轮机主要用于刃磨各种刀具，也可用来清理较小零件的毛刺和锐边等。砂轮机主要由机体、电动机和砂轮组成。按外形可分为台式砂轮机和立式砂轮机两种。

由于砂轮质地较脆，使用时转速较高（一般为 35m/s 左右），因此，在使用砂轮机时，必须严格遵守安全操作规程，防止砂轮碎裂造成安全事故。使用砂轮机时，应注意以下事项：

1）砂轮机的旋转方向必须与砂轮罩上的旋转方向指示牌相符，从而使磨屑向下方飞溅。

2）起动后，应待砂轮达到正常转速时才能进行磨削。

3）使用砂轮机时，不准将磨削件与砂轮猛撞及施加过大的压力，以防砂轮碎裂。

4）使用砂轮机时，发现砂轮表面跳动严重时，应及时用砂轮修整器修整。

5）砂轮机的搁架与砂轮的距离一般应保持在 3mm 之内，过大则容易造成磨削件被砂轮轧入而发生事故。

6）使用砂轮机时，操作者不可面对砂轮，以防伤人。应站在砂轮的侧面或斜侧位置。

7）刃磨各种工具钢刀具和清理工件毛刺时，应使用氧化铝砂轮；刃磨硬质合金刀具时，则应使用碳化硅砂轮。

4. 剪板机（初级）

剪板机是钳工用于板材落料的一种重要设备。它具有落料质量好、生产率高及劳动强度小等优点。钳工常用的剪板机有手掀式、双盘式和龙门式三种。

（1）手掀式剪板机　手掀式剪板机是以人力为动力进行剪切的，劳动强度大，剪切质量差，一般只用来剪切质量要求不高的薄、小型板料。

（2）双盘式剪板机　双盘式剪板机主要用来进行环形、圆形、圆弧和曲线等板料的剪切。由于它具有较大的喉口，因此适用于大型的曲线板料的剪切。

（3）龙门式剪板机　龙门式剪板机可用来剪切不同长度的较大型金属板材。具有落料平整，使用方便等优点。它是钳工在进行板材落料时经常使用的一种剪板设备。

5. 带锯机（初级）

带锯机是钳工在制作样板及冲模时的常用设备，能在手工操作的配合下，用来锯切各种曲线形状的工件。钳工带锯机的结构与木工带锯机的结构基本类似，所不同的是它还附有焊接修整装置和切屑清除装置。

（1）带锯机的焊接修整装置　为便于调换带锯条，在带锯机的左侧附有一套由焊机和砂轮组成的焊接修整装置。

当带锯条出现用钝和崩齿等缺陷以及需要调换不同齿距的带锯条时，都应将带锯条放松脱落后，在原焊缝处用砂轮磨断，再进行更换。当需要锯削工件上封闭式的内表面时（工件上有孔），也同样将带锯条在原焊缝处磨断，再穿入工件孔中。新更换的或已磨断的带锯条应在对焊机上重新焊接和回火。焊接后应用砂轮仔细修磨焊疤，直到带锯条的两平面平整光滑、可以正常运转，再重新装上使用。

（2）切屑清除装置　带锯机上附有气泵和装有风嘴的切屑清除装置。当带锯机开动时，气泵同时起动，压缩空气通过风嘴将切屑从工件锯切处吹去，以保证锯削顺利进行。

（3）带锯机的安全使用和维护

1）开机前，应按说明书规定向各注油孔注入润滑油。

2）锯削前，应先开空车运转几分钟，观察其运转是否正常。

3）锯削前，应检查带锯条的松紧程度是否适中；否则，不但会影响锯削质量，而且可能发生带锯条脱出或断裂而造成事故。

4）带锯条在修整焊缝前同样应先使砂轮空转 3~5min，观察其跳动情况，进行砂轮修整，然后再进行带锯条的修磨。

6. 常用电动工具（初级）

（1）常用电动工具及其正确使用方法

1）电钻。电钻是一种手提式电动工具，它具有体积小、重量轻、使用灵活、携带方便、操作简单等优点，常用的有手枪式和手提式两种。在大型夹具和模具的装配及维修中，当受到工件形状或加工部位的限制不能使用钻床钻孔时，电钻就能充分发挥其优势。

电钻的电源电压分单相（220V 或 36V）和三相（380V）两种，规格是以最大钻孔直径来表示的。

电钻在使用前须先空转 1min，检查传动部分运转是否正常。钻孔时不宜用力过猛，当孔即将钻穿时，应相应地减轻压力，以防发生事故。

2）电磨头。电磨头属于磨削工具，适用于在工具、夹具、模具的装配调整过程中，对各种形状复杂的工件进行修磨或抛光。使用电磨头时应注意以下几点：

① 使用前须空转 2~3min，检查其运转及响声是否正常。如有异常的振动或噪声，应立即进行调整，排除故障后再使用。

② 新安装的砂轮必须进行修整。

③ 砂轮的外径不能超过磨头铭牌上规定的尺寸。

④ 使用时砂轮和工件的接触力不宜过大，既不能用砂轮猛压工件，更不准用砂轮冲击工件，以防砂轮爆裂而造成事故。

3）电动曲线锯。电动曲线锯可用来锯削各种不同形状的金属薄板和塑料板，具有体积小、重量轻、携带方便、操作灵活等优点，适用于各种形状复杂的大型样板的落料工作。

使用电动曲线锯可根据工件材料的不同，选用不同粗细的锯条。使用前，应先空转 2~3min，检查传动部分的工作是否正常。在使用过程中如发现响声异常或温升过高的情况，应立即停止使用，切断电源进行检查，检修后再继续使用。锯削时向前推力不宜过猛，转角半径不宜过小，防止锯条崩断，发生事故。若锯条卡住，则应立即切断电源，退出后再缓慢进行锯削。

4）电剪刀。电剪刀使用灵活、携带方便，可用来剪切各种几何形状的较薄的金属板材。用电剪刀剪切成形的板材具有板面平整、变形小、质量好等优点。因此，电剪刀也是钳工用来对各种复杂大型样板进行落料加工的主要工具之一。使用电剪刀时应注意以下几点：

① 应根据板材的厚度来选用不同规格的电剪刀。

② 开机前应先检查各部的紧定螺钉是否牢固可靠。

③ 使用前，须先试运转 2~3min。待确定为正常运转后再开始使用。

④ 作小半径剪切时，须将两刃口间距调整至 0.3~0.4mm。

（2）电动工具的安全技术要点

1）长期搁置不用的电动工具，在起用前必须先进行电气检查。

2）电源电压不得超过额定电压的 10%。

3）各种电动工具的塑料外壳要妥善保护，不能碰裂，不能与汽油及其他溶剂接触。不准使用塑料外壳破损的电动工具。

4）使用非双重绝缘结构的电动工具时，必须戴橡皮手套、穿胶鞋或站在绝缘板上，以防漏电。

5）使用电动工具时，必须握持工具的手柄，不准拉着软线拖动工具，以防因软线擦破或割伤而造成触电事故。

1.6 机械连接紧固件基础知识

1.6.1 紧固件在机械连接中的应用

任何一台设备、一台机械、一台机车，乃至其中的一个部件都是用各种不同规格的紧固件将零部件组装而成的，可想而知紧固件在机械行业中的应用非常广泛。紧固件的可靠性是机器设备正常运行的基本保证。针对机车机械部分来说，机械连接紧固件的安装质量是保证机车使用过程中各种机械部件是否能正常发挥其性能和稳定性的关键因素之一，确保行车安全。

下面以紧固件在机车（转向架部分）上的应用为例，阐述其在机械连接中的应用。

机车转向架是机车的走行部分，它对机车的动力学性能、牵引性能和安全性能起着重要的决定性作用。HXD1C 型机车转向架如图 1-90 所示。该转向架主要由驱动单元、牵引装置、连杆组装、砂箱装置、电动机悬挂装置、制动器装配、一系悬挂装置、二系悬挂装置及轴箱等组成。

（1）驱动单元 抱轴箱（见图 1-91）与电动机安装用螺栓规格：六角头螺栓 M30×140。等级：10.9 级。拧紧力矩：2050N·m。工具名称：液压扭力扳手或增力扳手（392N）、扭力扳手（730-40、730-80）、套筒（S-46）。

图 1-90　HXD1C 型电力机车转向架

图 1-91　抱轴箱

（2）牵引装置 牵引杆与构架牵引座安装（见图 1-92）用螺栓规格：内六角圆柱头螺栓 M24×130。等级：8.8 级。拧紧力矩：460N·m。工具名称：扭力扳手（730-80）、内六角旋具套筒（S-19）。

（3）连杆组装 连杆组装安装（见图1-93）用螺栓规格：六角头螺栓 M20×1.5×130、六角头螺栓 M20×1.5×60。等级：8.8级。拧紧力矩：380N·m。工具名称：扭力扳手（730-40）、套筒（S-30）。

图1-92 牵引杆与构架牵引座安装

图1-93 连杆组装安装

（4）砂箱装置

1）砂箱与构架安装（见图1-94）用螺栓规格：六角头螺栓 M24×2×100、六角头螺栓 M24×2×110。等级：8.8级。拧紧力矩：640N·m。工具名称：扭力扳手（730-80）、套筒（S-36）。

2）撒砂器与砂箱安装（见图1-95）用螺栓规格：六角头螺柱 M12×70。拧紧力矩：79N·m。工具名称：扭力扳手（730-20）、套筒（S-18）。

图1-94 砂箱与构架安装

图1-95 撒砂器与砂箱安装

（5）电动机悬挂装置 电动机吊杆与构架和电动机安装（见图1-96）用螺栓规格：六角头螺杆带孔螺栓 M30×200。材料：35CrMo。拧紧力矩：1370N·m。工具名称：增力扳手391N、扭力扳手（730-20）、套筒（S-46）。

（6）制动器装配

1）制动器与构架安装（见图1-97）用螺栓规格：六角头螺栓 M16×70。等级：10.9级。拧紧力矩：250N·m。工具名称：扭力扳手（730-40）、套筒（S-24）。

2）制动器闸片托与构架吊座安装（见图1-98）用自带螺栓。拧紧力矩：70N·m。工具名称：扭力扳手（730-20）、套筒（S-24）。

图1-96 电动机吊杆与构架和电动机安装

图1-97 制动器与构架安装

（7）一系悬挂装置

1）轴箱拉杆安装（见图1-99）用螺栓规格：六角头螺栓 M24×2×150 、六角头螺栓 M24×2×19。材料：35CrMo。拧紧力矩：730N·m。工具名称：扭力扳手（730-80）、套筒（S-36）、弯柄工具头。

图1-98 制动器闸片托与构架吊座安装

图1-99 轴箱拉杆安装

2）一系垂向油压减振器的安装（见图1-100）用螺栓规格：六角头螺栓 M16×60、六角头螺栓 M16×80。等级：10.9 级。拧紧力矩：250N·m。工具名称：扭力扳手（730-40）、套筒（S-24）。

（8）二系悬挂装置

1）二系横向油压减振器的安装用螺栓规格：六角头螺栓 M20×1.5×120。材料：35CrMo。拧紧力矩：396N·m，工具名称：扭力扳手（730-40）、套筒（S-24）。

2）二系垂向油压减振器的安装用螺栓规格：六角头螺栓 M16×100。材料：35CrMo。

图1-100 一系垂向油压减振器的安装

拧紧力矩：170N·m。工具名称：扭力扳手（730-40）、套筒（S-24）。

（9）轴箱

1）内、外端盖与轴箱体安装（见图1-101）用螺栓规格：六角头螺栓 M16×40。材料：35CrMo。拧紧力矩：内端盖连接螺母拧紧力矩 160N·m，外端盖连接螺母拧紧力矩 70N·m。工具名称：扭力扳手（730-20）、套筒（S-24）、叉口扳头（24）。

2）轴承压盖安装（见图1-102）用螺栓规格：内六角圆柱头螺钉 M24×90。材料：35CrMo。拧紧力矩：360N·m。工具名称：扭力扳手（730-40）、内六角旋具套筒（S-19）。

图 1-101　内、外端盖与轴箱体安装

图 1-102　轴承压盖安装

1.6.2　螺纹紧固件

1. 螺栓

（1）六角头螺栓　用于螺母配合和部件连接，利用螺纹连接方法，使两个零件（结构件）连接成一个整体。这种连接的特点是可拆卸的，即若把螺栓、螺母拆卸下来，可使两个零件分开。螺栓上的螺纹，一般均为粗牙普通螺纹、细牙普通螺纹。螺栓的自锁性能较好。部分螺纹的六角头螺栓如图1-103所示。全螺纹的六角头螺栓如图1-104所示。

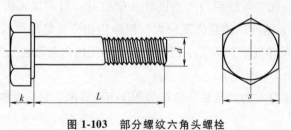

图 1-103　部分螺纹六角头螺栓

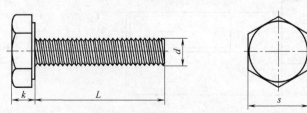

图 1-104　全螺纹的六角头螺栓

细杆六角头螺栓如图 1-105 所示。

（2）六角法兰面螺栓　六角法兰面螺栓是一种新型六角头螺栓，其特点是扳拧部分为六角头与法兰面（支承部分）组成，比同一公称直径的六角头螺栓具有更大的"支承面积与应力面积的比值"，能承受更高的预紧力，六角法兰面螺栓结构如图 1-106 所示。

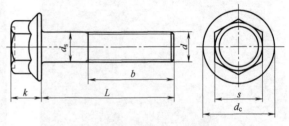

图 1-105　细杆六角头螺栓

2. 双头螺柱

双头螺柱两端都有螺纹，一端拧入并固定在被连接件的螺纹孔中，带标准螺纹长度一端穿过另一被连接件的通孔，再旋上六角螺母，使两个被连接件连接成一个整体。把螺母旋下，又可以使两个被连接件分开。它主要用于带螺纹孔的被连接件不能或不便安装带头螺栓的场合。双头螺柱结构如图 1-107 所示。

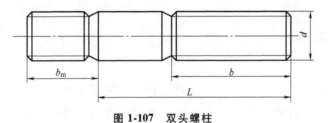

图 1-106　六角法兰面螺栓

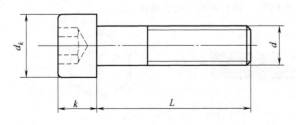

图 1-107　双头螺柱

3. 螺钉

（1）内六角圆柱头螺钉　使用内六角圆柱头螺钉时，钉头埋入机件中（机件中加工出相应尺寸的圆柱形孔），这样的连接强度较大，但需用相应规格的内六角扳手装拆螺钉。例如：HXD1B 型机车驱动单元中的大、小齿轮箱就是利用内六角圆柱头螺钉进行合箱连接的，内六角圆柱头螺钉如图 1-108 所示。

（2）内六角紧定螺钉　内六角紧定螺钉如图 1-109 所示。它是专供固定机件相对位置的

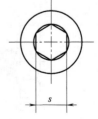

图 1-108　内六角圆柱头螺钉

一种螺钉。使用时，把紧定螺钉旋入待固定的机件螺纹孔中，以螺钉的末端紧压在另一机件的表面上，使前一机件固定在后一机件上。该螺钉适用于钉头不允许外露在机件上的情况，但需用相应规格的内六角扳手装卸螺钉。

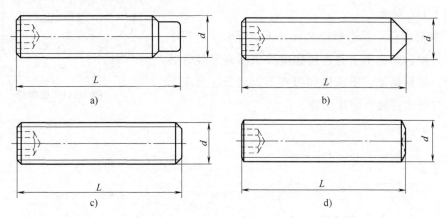

图 1-109　内六角紧定螺钉

a）内六角平端紧定螺钉　b）内六角锥端紧定螺钉　c）内六角圆柱端紧定螺钉　d）内六角凹端紧定螺钉

4. 螺母

（1）六角螺母　六角螺母利用螺纹连接方法，与螺栓、螺钉配合使用，起连接、紧固机件（零件）的作用。六角开槽螺母专供与螺杆末端带孔的螺栓配合使用，以便把开口销从螺母的槽中插入螺杆的孔中，防止螺母松动，主要用于具有振动载荷的场合。六角螺母的各种形式，如图 1-110 所示。

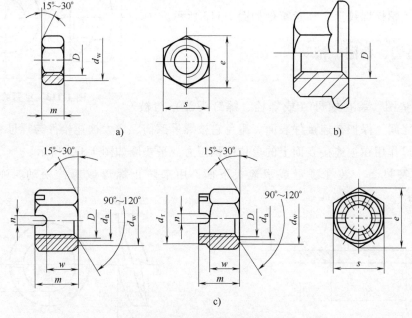

图 1-110　六角螺母

a）六角螺母　b）六角法兰面螺母　c）六角开槽螺母

（2）圆螺母　通常成对用于机器的轴类零件上，用以防止轴向位移；也常配合止动垫圈用于滚动轴承的轴上。圆螺母的拆装需用专业扳手或专用套筒。圆螺母结构，如图 1-111 所示。

（3）翼形螺母　翼形螺母如图 1-112 所示，能用手直接装拆，配合螺栓用于对连接强度要求不高和经常装拆的场合，如钢锯架、手虎钳和报夹等，以及在机车上的应用，如速度传感器的接线盒。

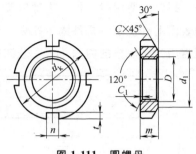

图 1-111　圆螺母

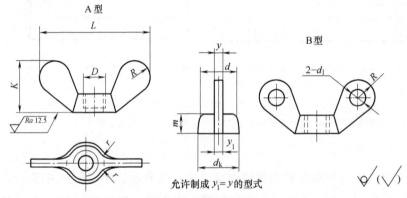

图 1-112　翼形螺母

（4）锁紧螺母　锁紧螺母与螺栓配合使用，由于其本身结构具有自锁功能，安装时具有方向性，需用扳手配合才能完全旋入螺栓螺纹上。锁紧螺母如图 1-113 所示。

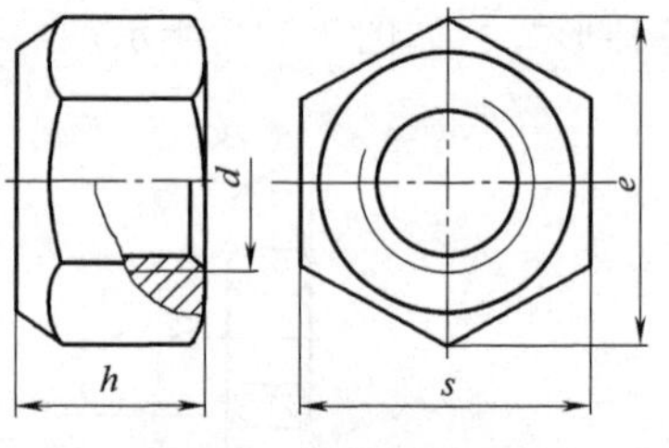

1.6.3　垫圈、挡圈、销

1. 垫圈

（1）平垫圈　装在螺母（或螺栓、螺钉头部）与被连接件表面之间，保护被连接件表面，避免它被螺母擦伤，增大被连接件与螺母之间接触面积，降低螺母作用在被连接表面上的单位面积压力。平垫圈如图 1-114 所示。

（2）弹簧垫圈　装在螺母或螺栓头下面，用来防止螺母或螺栓松动。弹簧垫圈如图 1-115 所示。

图 1-113　锁紧螺母

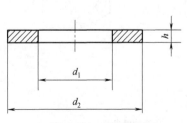

图 1-114　平垫圈

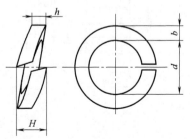

图 1-115　弹簧垫圈

（3）止动垫圈　配合圆螺母或六角螺母使用，是用来防止螺母松动的一种专用垫圈。常用止动垫圈如图 1-116 所示。

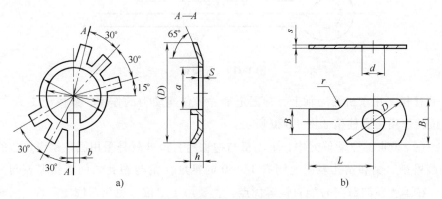

图 1-116　止动垫圈

a）圆螺母用止动垫圈　b）单耳止动垫圈

2. 挡圈

（1）孔用弹性挡圈　用于固定装在孔内的零件（如滚动轴承的外圈）位置，防止零件退出孔。装拆挡圈时应采用专用工具——孔用挡圈钳来进行。孔用弹性挡圈如图 1-117 所示。

例如：HXD1B 型电力机车的小齿轮箱组装中的圆柱滚子轴承安装后就采用孔用弹性挡圈来防止外圈退出。

（2）轴用弹性挡圈　用于固定在轴上或销上的零件（如滚动轴承内圈）位置，防止零件退出轴或销。装拆挡圈时应采用专用工具——轴用挡圈钳来进行。轴弹性挡圈如图 1-118 所示。

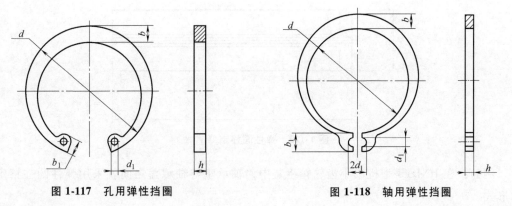

图 1-117　孔用弹性挡圈　　　　　**图 1-118　轴用弹性挡圈**

3. 销

（1）开口销　用于经常拆卸的轴、螺杆带孔的螺栓上，使轴上的机件和螺柱上的螺母不能脱落。开口销如图 1-119 所示。

例如：某车型驱动单元部分齿轮箱上的安全杆安装就采用轴上带开口销的形式。HXD1B 型机车车载过分相装置安装座就采用带孔螺栓穿开口销防止螺母脱落的形式。

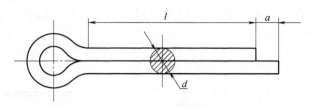

图 1-119　开口销

（2）圆柱销　用于机器的轴上，起固定零件、传递动力的作用，或用于工具、模具上，起零件定位的作用。圆柱销如图 1-120 所示。

例如：在 7200kW 驱动单元中，电动机与抱轴箱合口处就是采用圆柱销来定位的。

（3）圆锥销　销和销孔表面上制有 1∶50 的锥度，销与销孔之间连接紧密可靠，具有对准容易、在承受横向载荷时能自锁等优点。主要用于定位，也可起固定零件、传递动力的作用。多用于经常拆卸的场合。圆锥销如图 1-121 所示。

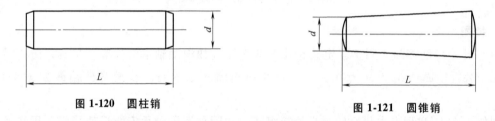

图 1-120　圆柱销

图 1-121　圆锥销

例如：圆锥销用于机车各种齿轮箱上、下箱合面的定位，能保证齿轮箱在组装中两个半圆的同轴度，也可保证齿轮箱合箱后不产生位移。

（4）弹性圆柱销　具有弹性、装入销孔后不易松脱、对销孔精度要求不高、可多次使用等优点，但不适用于高精度定位及不穿通的销孔。弹性圆柱销（直槽）如图 1-122 所示。

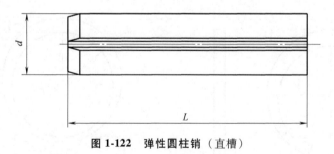

图 1-122　弹性圆柱销（直槽）

例如：在 HXD1B 型机车小齿轮箱组装中，轴承座与轴承盖之间就采用弹性圆柱销定位的形式。

1.6.4　紧固件的组装

1. 常用工具

（1）扭力扳手

1）扭力扳手的规格型号和扭矩见表 1-8。

表 1-8　扭力扳手的规格型号和扭矩

规格型号	扭矩/(N·m)
730-5	6~50
730-10	20~100
730-20	40~200
730-40	80~400
730-80	160~800

2）性能。杠杆式扭力扳手具有适用于任何工作环境、操作简单、使用方便的优点。具有杠杆式锁制能自动锁定扭力设值，备有各种工具头，能快速更换，无需任何运算，工具头内设保险锁针，确保工具头稳固地锁紧。

3）操作方法。

① 根据不同规格的螺栓、螺母规定的扭矩，将扭力扳手设定为所需的扭力值，按照各种紧固件的规格型号装配上各种规格型号的工具头及套筒。

② 将扭力扳手上的工具头或套筒，套装或插入螺母或螺栓六方头上，按顺时针方向（普通螺纹一般式采用右旋）用力旋动螺母或螺栓以达到设定的扭紧力矩值。

（2）气动冲击扳手

1）气动冲击扳手的品牌很多，目前一般采用的品牌有美国英格索兰和日本三研。

2）气动冲击扳手规格型号和扭矩见表 1-9。

表 1-9　气动冲击扳手的规格型号和扭矩

规格型号	扭矩/(N·m)
730-5	6~50
730-10	20~100
730-20	40~200
730-40	80~400
730-80	160~800

3）性能。气动冲击扳手具有出力大、重量轻、效率高、能产生旋转、往复及冲击力，及可安全地使用于高温、潮湿的工作环境等优点，但必须配以具有一定压力的空气的空气管路系统。气动冲击扳手还设有扭力档位调整旋钮，具备正反可旋转功能。

4）操作方法。

① 根据不同规格的螺栓、螺母规定的扭矩，选用不同型号的气动冲击扳手。

② 选用内孔直径大于 8mm 的带尼龙布筋的橡胶风管，并装有快速接头，以便于拆装。

③ 将气动冲击扳手调整到所需的扭矩范围（因为气动冲击扳手输出的扭矩误差大，所以使用时只能作为螺栓、螺母的预紧，给扭力板紧固时预留一定的扭力角度）。

（3）增力器与增扭器

1）增力器是一种能够增加力量的装置，通过改变力的方向或大小来增加力的作用效果。增力器是基于物理学的力学原理，可参照杠杆、滑轮、斜面等简单机械原理。增力器的规格型号、扭矩及扭矩比见表1-10。

表 1-10 增力器的规格型号、扭矩及扭矩比

型号	扭矩/（N·m）	扭矩比
STW390N	200~800	1∶3.5
STW391N	400~2000	1∶12
STW392N	400~3000	1∶12
STW393N	1000~5000	1∶16

2）增扭器也称为扭力倍增器或扭矩倍增器，是一种可以提高扭矩的装置。它用于拧紧和松开螺栓连接，而且操作非常简单，是高扭矩作业较为理想的工具。在使用之前，有六点注意事项：

① 不要将增扭器和冲击型扳手一起使用。

② 留意增扭器的最大输入扭矩，不要超载使用。

③ 根据扭矩值大小，正确选择扭力扳手。

④ 最好使用带棘轮的扭力扳手。

⑤ 在每次使用前，必须检查输出和输入四方驱动头能否顺畅转动，确认在前一次使用时没有造成损坏。

⑥ 每次工作完后，必须检查外壳螺栓是否松脱，要及时锁紧。

3）操作方法。

① 连接反作用方管到增扭器箱体（增扭器主体）。确保锁紧销咬紧方管（在有限空间里，不安装反作用方管也可以使用）。

② 固定正确的套筒在增扭器上，将增扭器套筒套在螺栓或螺母上，准备锁紧或松开螺栓或螺母。

③ 使反作用力方管顶着一个固定物件，确保支承臂的旋转方向和驱动工具（扭力扳手）的选择方向相反。

④ 用扭力扳手拧紧增扭器，直至达到需要的输入扭矩。注意不要用手握住增扭器的反作用方管，因为有力作在上面，以免造成手指划伤。

4）操作示例。

【例】 某部件上的六角头螺栓 M30×100，拧紧力矩为 1380N·m，求出扭力扳手设定的扭矩值是多少？应选用哪种型号的增扭器和扭力扳手？

解：根据表 1-10 知扭矩比为 12

扭矩＝拧紧力矩/扭矩比＝1380N·m/12＝115N·m

答：扭力扳手设定的扭矩值为 115N·m。应选用 STW391N 增扭器、730-20 扭力扳手。

2. 紧固件刻线标记

1）六角头螺栓、弹性垫圈（或平垫圈）连接方式的刻线标记如图1-123所示。

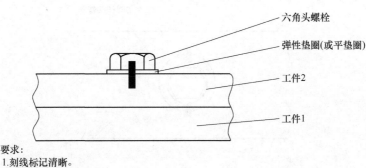

要求：
1. 刻线标记清晰。
2. 刻线宽度为2～4mm。
3. 刻线不得歪斜。

图1-123 六角头螺栓、弹性垫圈（或平垫圈）连接方式的刻线标记

2）六角头螺栓、弹性垫圈（或平垫圈）、螺母连接方式的刻线标记如图1-124所示。

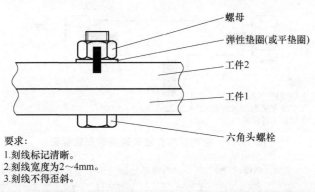

要求：
1. 刻线标记清晰。
2. 刻线宽度为2～4mm。
3. 刻线不得歪斜。

图1-124 六角头螺栓、弹性垫圈（或平垫圈）、螺母连接方式的刻线标记

3）内六角圆柱头螺栓、弹性垫圈（或平垫圈）连接方式的刻线标记如图1-125所示。

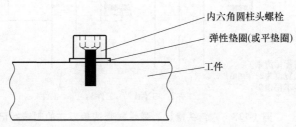

要求：
1. 刻线标记清晰。
2. 刻线宽度为2～4mm。
3. 刻线不得歪斜。

图1-125 内六角圆柱头螺栓、弹性垫圈（或平垫圈）连接方式的刻线标记

4）内六角圆柱头螺栓凹进连接方式的刻线标记如图1-126所示。

5）空气管路管接头连接的刻线标记如图1-127所示。

6）六角头螺栓、弹性衬套连接方式的刻线标记如图1-128所示。

3. 螺纹锁固胶的涂装方法及要求

（1）螺纹锁固胶的涂装方法 应确定螺纹锁固胶的涂胶长度（单位为mm）。涂胶长

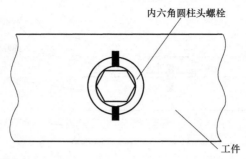

要求：
1.刻线标记清晰。
2.刻线宽度为2～4mm。
3.刻线不得歪斜。

图 1-126　内六角圆柱头螺栓凹进连接方式的刻线标记

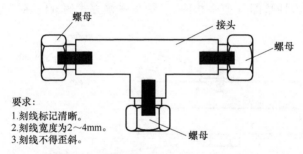

要求：
1.刻线标记清晰。
2.刻线宽度为2～4mm。
3.刻线不得歪斜。

图 1-127　空气管路管接头连接的刻线标记

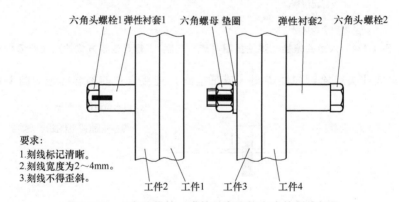

要求：
1.刻线标记清晰。
2.刻线宽度为2～4mm。
3.刻线不得歪斜。

图 1-128　六角头螺栓、弹性衬套连接方式的刻线标记

度=螺纹直径×(1.2～1.5)。例如：M20 六角头螺栓涂胶长度为 20×1.2 或 20×1.5，即 24mm 或 30mm。

（2）要求

1）在螺栓螺纹端头部向下涂抹 24～30mm 即可。

2）螺纹锁固胶的固化时间见表 1-11。

表 1-11　螺纹锁固胶的固化时间

名称	242、243	245	262	272
固化时间/min	约 12	约 15	约 15	约 45

4. 止动垫圈的安装方法

1）三角形止动垫圈的安装方法如图 1-129 所示。

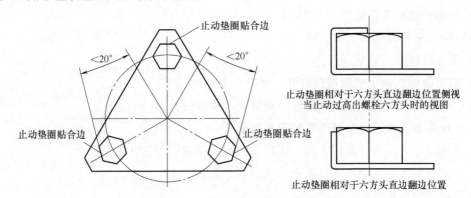

图 1-129　三角形止动垫圈的安装方法

① 将三角形止动垫圈三角约 2~3mm 处折弯少许，便于使用扁錾翻边。

② 将扁錾插入三角形止动垫圈折弯处，用锤子适当用力敲击扁錾，使止动垫圈翻边翘起一定角度而尚未完全贴住螺栓头部。

③ 用扁錾侧面或专用平口冲铁贴住止动垫圈翘起部位，用锤子敲击扁錾或敲击平口冲铁将止动垫圈紧贴螺栓头部的一条直边。

2）多齿形止动垫圈的安装方法。

① 先将多齿形止动垫圈的一个齿形预折弯约 90°。

② 将多齿形止动垫圈套在轴上，将折弯的齿插入轴槽处。

③ 螺母拧紧后、用扁錾、锤子将多齿形止动垫圈上其他齿形（选择合适部位的齿形）撬起，贴紧螺母的一条直边或槽口内。

3）单耳止动垫圈及双耳止动垫圈的安装方法如图 1-130 所示。

① 先将止动垫圈的单耳用锤子打倒，使其贴紧工件。

② 用锤子、扁錾将止动垫圈撬起、翻边，使其贴紧螺栓头部一条直边。

5. 开口销的安装方法

（1）六角开槽螺母开口销的安装方法

1）用扳手将六角开槽螺母拧紧，需将六角开槽螺母其中一个槽口对准开口销的孔。

2）将开口销穿入孔，沿六角开槽螺母六方边开口，使其紧贴螺母。

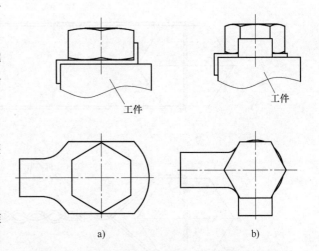

图 1-130　单耳止动垫圈及双耳止动垫圈的安装方法

a）单耳止动垫圈　b）双耳止动垫圈

（2）六角头螺杆带孔螺栓开口销的安装方法

1）螺栓螺母拧紧后，将开口销穿入螺栓的孔内。

2）用小撬棍将开口销打开 60°以上。

（3）销轴穿开口销的安装方法

1）将开口销穿入销轴的孔内。

2）用小撬棍、锤子或钢丝钳将开口销打开 60°以上。

（4）蝶形销的安装方法　将蝶形销直接穿入销轴的孔内。

6. 六角头带孔螺栓穿钢丝防松的安装方法

1）安装方法（一）：适用于两个螺栓为一组的情况，如图 1-131 所示。

① 将钢丝交叉穿入螺栓头部的孔内并拉直，形成"8"字形。

② 用钢丝钳将钢丝两端夹紧。

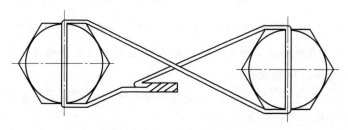

图 1-131　安装方法（一）

2）安装方法（二）：适用于两个螺栓为一组的情况，如图 1-132 所示。

① 将钢丝穿入螺栓头部的孔内后，使其呈平行状，要求保留一定松弛状态，用钢丝钳将钢丝两搭口咬紧。

② 用专用工具将平行的两根钢丝铰制成"麻花"状。

先打结点

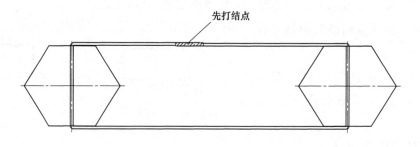

再拧紧

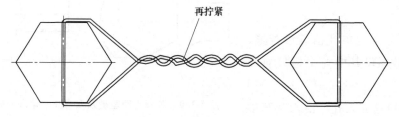

图 1-132　安装方法（二）

3）安装方法（三）：适用于多个螺栓为一组的情况，如图 1-133 所示。

① 将钢丝穿入螺栓头部的孔内，并将其串联起来；

② 用钢丝钳将两端钢丝头分别拉紧，然后将钢丝头铰在钢丝上。

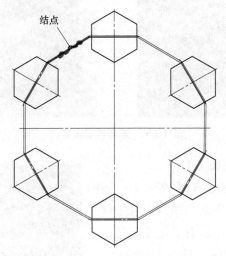

结点

图 1-133　安装方法（三）

7. 螺纹连接扭矩

推荐的螺纹连接扭矩见表 1-12。

表 1-12　推荐的螺纹连接扭矩表

螺栓规格	不同等级螺栓的扭矩（N·m）			螺栓规格	不同等级螺栓的扭矩（N·m）		
	4.8 级	8.8 级	12.9 级		4.8 级	8.8 级	12.9 级
M6	4.9	9.8	17	M22	230	518	874
M8	10.5	24	40	M24	295	665	1120
M10	21	47	79	M27	435	961	1620
M12	36	81	136	M30	590	1310	2210
M14	58	128	217	M36	1030	2280	3850
M16	88	197	333	M42		3640	6140
M18	121	275	463	M45		4510	7610
M20	170	385	648	M48		5450	9190

1.6.5　常见紧固件组装质量问题

1. 紧固件漏装案例（见图 1-134）

（1）制动器闸片托吊挂螺销锁紧螺母漏装　HXD1B、HXD1C 型机车采用的是同一种型号的制动器，由于锁紧螺母漏装，造成机车出厂后螺销脱落。

（2）齿轮箱合口连接螺栓未装　HXD1B 型机车的大小齿轮箱合箱中，六角头螺栓 M16 漏装 1 个。

图 1-134　紧固件漏装案例

2. 紧固件漏紧案例（见图 1-135）

轴箱拉杆与构架拉杆座连接螺栓未紧：SS4
改机车轴箱拉杆与构架拉杆座是用 M20×180 的六
角螺栓连接，在螺母根本未紧状态下划线标记。

3. 紧固件标记不规范案例（见图 1-136）

在生产中，各种车型转向架组装紧固件都存
在紧固标记漏划、不规范的现象。

4. 紧固件失效案例原因分析

1）HXD1、HXD1B、HXD1C 型机车牵引装
置中内六角圆柱头螺栓 M24×130 紧固标记位移原

图 1-135　紧固件漏紧案例

因分析：由于牵引杆与牵引座是锥面配合连接，当牵引杆与牵引座安装时，下部用盖板和
M24×130 内六角圆柱头螺栓连接紧固后，其锥面配合处具有一定的弹性变化，机车在运行
过程中的振动将导致其配合发生变化，使紧固后的螺栓发生轻微转动，刻线标记产生位移。

图 1-136　紧固件标记不规范案例

整改措施：将连接螺栓按规定的扭矩分别紧 3 遍，使其配合锥面接触在最佳状态。紧固
件失效案例 1 如图 1-137 所示。

2）机车轴箱拉杆连接螺栓松动紧固失效原因分析：HXD1 型机车轴箱拉杆两端分别与
轴箱体和构架拉杆座连接安装。紧固件采用六角头螺栓 M24×150、平垫圈、螺母、弹性套，
紧固力矩为 730N·m。轴箱拉杆的作用是传递机车的牵引力和制动力，属于关键连接部位。

该部位连接用的紧固件长期受到力的作用，连接状态很容易发生变化，导致紧固件松动失效，甚至脱落。

整改措施：将平垫圈改为弹簧垫圈，螺母与螺栓连接处增加涂螺纹锁固胶以防松。紧固件失效案例2如图1-138所示。

图1-137　紧固件失效案例1

图1-138　紧固件失效案例2

大师谈经验：

　　本章主要介绍了机车钳工需要掌握的基础知识，主要涉及机械制图、机械基础、材料及金属热处理基础、钳工基础，以及常用量具和设备、工具，还涉及机械连接紧固件基础。通过学习能掌握并灵活运用本章知识点，是成为一名合格钳工的基础。

第**2**篇

技能知识篇

第2章

机车钳工技能知识

> ☺ 学习目标:
> 1. 了解交、直流机车总成各部分的结构与作用。
> 2. 了解机车总成及部件的设计原则、要求及关联知识点。
> 3. 掌握机车钳工作业内容及作业要点。
> 4. 掌握机车钳工工序中的故障分析、处理及相关设备维护、保养。

2.1 机车简介

机车是一种由外部接触网供电，由牵引电动机驱动的现代化的交通装备。机车根据相应设备的特性可简单地分为电器系统、机械系统等。电器系统可分为主传动系统、控制系统等。电器系统的作用是将接触网的电能通过受电弓引入机车，并将引入的电能转化为电力机车实施牵引所需的机械能，实现能量的转换及对机车的监控。机械系统可分为制动系统、管道系统、车体总成和走行部等。走行部主要指机车转向架总成。转向架总成不仅承担机车重量，还传递机车牵引力和制动力，保证机车能适应曲线通过、衰减振动等。车体总成是机车的重要组成部分。

机车车体总成包括车体钢结构、各类机械设备、空调与通风装置、装饰与标志等。车体总成可分为司机室和机械间两大部分。司机室为司机和乘员提供相应的工作和活动空间。机械间按设备布置的方式可分为中央走廊和两侧走廊两种。

1. 机车车体总成的主要作用

1) 机车各种设备安装的基础。

2) 通过发挥机车空调与通风装置的作用，保护车内的各种设备不受风、沙、雨、雪的消极影响。

3) 为机车司乘人员提供操纵、维护、保养的工作场所和活动空间。

4) 承受牵引力和制动力。

5）在机车运行过程中承受各种冲击力。

2. 车体钢结构必须满足的要求

1）车体必须有足够的强度和刚度，以保证其在受力最严重的情况下结构不致破坏和变形量最小，确保行车安全可靠。

2）在保证车体强度和刚度的前提下，应适当减轻自重，而且要求其重量分布前后、左右均匀对称，满足重量分配要求；重心应尽量低，以适应高速行车的需要。

3）车体在结构上，应保证设备的安装、维护、保养、更换方便。

4）为司乘人员提供舒适的工作和活动环境。在通风、采光、取暖、隔音、隔热、降噪、密封等方面都要为其提供良好的条件。

5）高速机车要有流线型的外壳，以减小空气阻力。

6）车体应能通过国家铁路行业标准规定的机车车辆限界尺寸。

3. 机车的车体总成设备布置要遵循的原则

1）必须保证合理的重量分布。机车上的各种设备大小不一、形态各异、质量也不一样，所有的电气设备、管道制动设备均安装在车体总成上，全部重量均通过车体总成与转向架的支承系统传递给转向架的各轮与各轴。要保证机车牵引性能的正常发挥，则必须保证转向架上各轮轮差与各轴轴差均在国家标准要求的范围之内，并且它们之间的差别应尽量小。因此在车体内的设备布置上，必须保证设备安装后各轮、各轴的重量均匀。因此，在设计时，一般采用左右对称或斜对称、前后对称的设备布置原则，以保证机车整车的轮差和轴差符合要求，在设备布置设计无法达到重量分配要求时，在总重达标的情况下，可以在车体适当位置增加重块进行配重。

2）尽量考虑到各种设备的拆装方便。所有设备在机车运用和运行过程中，均可能会产生各种各样的故障，为了保证机车的正常运行，都需要对机车上的设备进行日常维护、保养、检修，并且，机车在运行相应的里程后，需要对机车进行相应的小、中、大修程修理，因此在设计机车的设备布置时，应考虑到机车上各种设备的拆卸、安装、检修、更换与日常维护、保养。

3）考虑司乘人员工作的最大方便。司机室及机械间的设备布置要考虑给予司乘人员在工作、安全、舒适度等方面带来最大的方便和保护。

4）尽量缩短电动机、电器连接导线的长度。

5）尽量缩短冷却风道和压缩空气管路的长度。在机车设备布置时，要进行冷却系统的设计，通风机和各冷却目标的位置布局要合理，要保证冷却风道尽量的短，并且，冷却风道尽量不要有过多过大的弯道，以免增加风道阻力，影响冷却效果，造成能源损失。同时，也要使风源管道系统的布置尽量简洁，避免管材的浪费，也可能因此而增加过多的管路过渡接头而增加机车在运行过程中的质量风险。

总之，设备布置是机车总体设计的重要项目之一，必须从以上各方面进行综合考虑。

机车在进行完转向架总成、车体总成组装后，将进行机车落车工序，该工序是实现机车车体总成与转向架的连接，其中包括牵引装置、二系悬挂装置、电动机冷却风道（帆布连管或软风道)、牵引电动机线、制动、轮喷系统风管等的连接。机车通过后续的高压、低压、耐压、试雨、交闸、称重调簧、试运及整车的性能试验,开具相应的机车合格证,进行相应的机车走车资料、随车工具、随车配件的发放后,发送到各配属的机务段进行上线前的整备,才能正式上线运营。

2.1.1 直流机车概述

韶山系列机车均属于直流机车,其主要产品型号有 SS1、SS3、SS4、SS6、SS7、SS8、SS9 等,其中同型号产品中由于改进而衍生了 B 型、C 型,如 SS4B、SS7C、SS3B、SS6B 等。下面根据机车转向架的轴式,对各型号机车的技术参数进行简单的介绍。

1. SS4、SS8 型机车的技术参数

(1) SS4 型机车 图 2-1 所示为 SS4(韶山 4)型机车。SS4 型机车是由各自独立且又互相联系的两节车组成,每节车均为一个完整的系统。主电路采用四段经济半控桥式相控调压。它具有恒压或恒流控制的牵引特性和恒速或恒励磁控制的电阻制动特性。空气制动采用 DK-1 型电空制动机。

图 2-1 SS4 型机车

每节车有两个两轴转向架。牵引电动机采用抱轴悬挂式。垂直力传递系统由两系悬挂装置组成,其中第二系采用了橡胶-金属叠层弹簧。牵引力传递系统则采用斜拉低位牵引杆,有较高的黏着性能。车体广泛使用高强度低合金结构钢。

该机车牵引及制动功率大、起动平稳、加速快、工作可靠、司机室工作条件良好、污染少、维修简便。

SS4 型机车主要生产有 SS4、SS4 改、SS4B、SS4C 等型号,其中 SS4C 机车轴重为 25t。在车体结构方面,SS4 型机车各型号的区分重点在司机室钢结构及内装饰,SS4 改目前采用标准化司机室。

SS4 型机车主要技术参数见表 2-1。

(2) SS8 型机车 图 2-2 所示为 SS8(韶山 8)型机车。SS8 型机车是"八五"期间国家重点科技攻关项目,由株洲电力机车厂("中车株洲电力机车有限公司"前身)于 1994 年研制成功。它的成功填补了我国快速客运机车的空白。随着电气化铁路的不断发展,SS8 型机车目前与其后研制并批量生产的 SS9 型机车成为我国快速客运的主型机车。SS8 型机车具有强大的牵引动力。

SS8 型机车所用的牵引电动机为 ZD115 型脉

图 2-2 SS8 型机车

流牵引电动机，如图 2-3 所示。它是带有补偿绕组的串励电动机。采用全叠片，H/H 绝缘等先进技术，持续制功率为 900kW，机车总功率为 3600kW。

图 2-4 所示为 SS8 型机车转向架。该转向架采用轮对空心轴式六连杆弹性传动机构，架悬式传动，牵引装置为平拉杆结构，采用单边直齿传动，二系为高绕金属弹簧。

图 2-3　ZD115 型脉流牵引电动机

图 2-4　SS8 型机车转向架

SS8 型机车主要技术参数见表 2-1。

2. SS3B、SS6、SS9 型机车的技术参数

（1）SS3B 型机车　图 2-5 所示为 SS3B 型机车。SS3B 型机车为株洲电力机车厂于 2002 年开发的一种新型重载货运机车，是在 SS3 系列机车的设计基础上开发的一种 12 轴重载货运机车，用作货运列车的牵引动力。

图 2-5　SS3B 型机车

SS3B 型机车是由两节完全相同的 6 轴机车通过内重联环节连接组成的 12 轴重载货运机车，每节机车为一完整系统。每节机车都装有一台牵引变压器、两台整流器，每台整流器给三台并联的直流牵引电动机供电。每台牵引电动机在故障时均可单独隔离，保证其他电动机能正常工作，以提高机车的利用率。

机车空气制动采用 SS3 系列机车使用的 DK-1 型电空制动机，机车制动采用加馈电阻制动。

控制系统由列车总线和车辆总线两级网络构成。两节机车之间的重联控制及信息交换采用 WTB（绞线式列车总线），双份冗余并自动转换。单节机车内部采用 MVB（多功能列车总线），连接本节车内各控制单元。

SS3B 型机车主要技术参数见表 2-1。

（2）SS6 型机车　SS6B 型机车是株洲电力机车厂于 1994 年研制成功的，该型机车是在 SS6 系列机车的设计基础上开发的一种交直型 6 轴货运机车。

图 2-6 所示为 SS6 型机车。机车装有如图 2-7 所示的两台相同的 CO-CO 转向架，牵引电动机的悬挂方式为滚动抱轴承半悬挂，并采用单边直齿刚性齿轮传动方式。

图 2-6　SS6 型机车

图 2-7　SS6 型机车转向架

　　SS6 型机车车体为整体承载结构，用高强度低合金钢焊制而成。每台机车装有一台牵引变压器、两台整流器。每台整流器给三台并联的直流牵引电动机供电，每台牵引电动机在故障时均可单独隔离，保证其他电动机能正常工作，以提高机车的利用率。

　　机车空气制动采用 SS3 系列机车使用的 DK-1 型电空制动机，动力制动采用加馈电阻制动。机车采用相控调压、有级磁场削弱方式，实现恒流、准恒速特性控制，机车司机室布置符合 GB/T 6770《机车司机室特殊安全规则》规定。

　　（3）SS9 型机车　图 2-8 所示为 SS9 型机车。SS9 型六轴干线大功率准高速客运机车以成熟的韶山型系列机车技术为基础，采用了许多国际客运机车的先进技术，是我国干线铁路牵引旅客列车功率最大的机车。

　　SS9 型机车持续功率为 4800kW，最大功率为 5400kW，采用 CO-CO 转向架，牵引工况恒功速度范围为 99～160km/h，最高速度为 170km/h。机车主电路采用三段不等分半控桥整流电路，三台电动机并联，无级磁场削弱及加馈电阻制动，实现了机车全过程的无级调速。

图 2-8　SS9 型机车

　　该机车内装有 8668kV·A 的大容量主变压器，实现了六轴机车主变压器与平波电抗器及滤波电抗器的一体化。机车具有向列车供电能力，供电电压为 DC 600V、容量为 2×400kW。

　　该机车采用了轮对空心轴六连杆弹性传动机构和牵引电动机架承式全悬挂三轴转向架，并装有全叠片机座机构的 900kW 脉流牵引电动机；一、二系悬挂系统及基础制动系统等结构设计合理，能满足 170km/h 运行的要求，动力学性能良好。

　　该机车进行了外形气动力学优化设计及轻量化设计，采用侧壁承载式全钢焊接结构的车体及各部件轻量化设计，满足了机车轴重 21t 的要求；机车司机室应用了人机工程学原理设计，采用全包结构装饰，环境优雅，操纵方便。

该机车采用恒流准恒速的特性控制方式，能较好地发挥机车最大起动牵引力，机车装有防空转/滑行保护系统、轴重转移补偿控制、轮轨自动润滑系统、列车安全监控装置。采用LCU（逻辑控制单元）及微机控制系统，使机车控制系统具有控制、诊断、监测功能，并能方便地改变软件以满足机车控制要求。

SS9 型机车转向架，采用轮对空心轴电动机全悬挂，减小了簧下重量。通过单边直齿传动装置，将电动机的转矩变为轮牵引力，由低位平拉杆传至车体，提高机车的牵引力。

SS9 型机车运行速度可达 170km/h，只要运行速度不超过 170km/h，SS9 型机车便是目前直流机车中最好的。不仅如此，该车型有强大的牵引动力，可牵引 18 节客车在 16‰、14‰、12‰、10‰ 的长大坡道上，分别以 84km/h、92km/h、96km/h、105km/h 的速度匀速上坡，大大地提高了平均运营速度。而且，SS9 型机车司机室应用了合理的优化设计，采用了圆弧微流线头型的外观造型。

直流机车主要技术参数见表 2-1。

表 2-1　直流机车主要技术参数

参数车型	SS4 型机车	SS8 型机车	SS3B 型机车	SS9 型机车
用途	干线货运	干线客运	干线货运	干线客运
最大牵引力/kN	2×628	208	2×470	286
电制动功率/kW	5570	2700	4000	4000
轴式	2(BO-BO)	BO-BO	2(CO-CO)	CO-CO
持续速度/(km/h)	51.5	100	48	99
机车整备质量/t	2×92	88	2×138	126
网压/(kV,Hz)	25,50			
最大速度/(km/h)	100	170	100	170
轴载荷/t	23	22	23	21
额定功率/kW	2×3200	3600	2×4350	4800
悬挂方式	抱轴式半悬挂	架悬式	半悬挂	架承式
车钩中心距/mm	2×16416	17516	2×21416	22216
持续牵引力/kN	2×436.5	126	2×318	169
制动方式	电阻制动、空气制动	电阻制动、空气制动	电阻制动、空气制动	电阻制动、空气制动
轨距/mm	1435	1435	1435	1435

2.1.2　交流机车概述

交流机车主要产品有 DJ2 型机车、乌兹别克斯坦机车、出口哈萨克斯坦的 KZ4A 型电力机车、DJ1 型机车、HXD1 型机车、HXD2 型机车、HXD3 型机车等。

1. DJ2 型机车

图 2-9 所示为 DJ2 型机车。DJ2 型交流机车是我国第一台具有自主知识产权的商用型交流机车，主要用于既有干线客运牵引又有高速专线牵引的场合。它具有黏着好、恒功范围

宽、轴功率大、功率因数及效率高、谐波干扰小、维修率低、节省电能和运营费用低等优点。

DJ2 型机车的优点：通用性强、能适应不同电气化线路的要求；高效节能，是优良的节能产品；通讯干扰小，具有高电磁兼容性能；可适应各种恶劣环境工作的"绿色"牵引动力；模块化结构、维修更换方便，经济性高；采用 GTO 水冷的主变流器的交直交主传动系统；控制方式为架控；采用复合型水油冷却器，散热能力强。

图 2-9 DJ2 型机车

DJ2 型机车为标准流线型头形、大型夹层顶盖、箱形底架组成了轻量化整体承载结构的车体，既满足了设备集成电路化、模块化要求，又保证了足够强度条件下车体设计模块化原则，该车的外观造型大大提升了机车外观造型的档次，给人强烈的视觉冲击感和浓厚的时代气息。包厢式司机操纵台、符合人机工程操作环境的司机室、推拉式主令控制器符合人的操作习惯，还可根据人体需要调节的座椅等，都保证了司机室的方便和美观。

2. 乌兹别克斯坦机车

图 2-10 所示为乌兹别克斯坦机车。乌兹别克斯坦机车（O'zbekiston 型 Bo-Bo-Bo 交流传动机车）的研制严格遵照合同要求，广泛采用国际标准和国外先进标准，并且积极开展与国外知名公司（如西门子公司）的技术合作和交流。因此，乌兹别克斯坦机车是我国研制的技术先进、性能可靠的高科技含量的新型产品。

图 2-10 乌兹别克斯坦机车

该机车实现了国产交流机车在中亚市场零的突破。在设计上，实现了 Bo-Bo-Bo 轴式、轨距为 1520mm 的宽轨转向架、设置整体卫生间、主变压器侧卧式布置、中央线槽布线等新技术上的突破。同时，机车车体采用轻量化、流线型设计并使用了有限元强度分析等先进方法。

该机车的主要技术特点如下：

1）引进国外先进的交流传动系统，调速恒功范围宽、轴功率大、黏着特性好、效率和功率因数高。

2）车体采用整体承载结构，底架采用了中梁结构，车体承载结构改善，车体底架下部小横梁减少，台架直接安装在中梁和侧梁上。

3）机车采用三台两轴转向架，分别由两台端转向架和一台中间转向架组成。一系悬挂为钢圆簧，二系悬挂为钢圆簧加橡胶垫，并配置有垂向和横向液压减振器。采用单侧刚性直齿传动方式，牵引电动机为滚动抱轴鼻式悬挂方式，中央低位推挽式斜拉杆牵引装置。

车体是机车的主要机械部件之一，整个车体是以底架、侧构、司机室等组焊成的全钢焊接结构，顶部是四个可拆卸的活动顶盖。车钩缓冲装置采用 CA-3 型自动车钩装置。该车体采用整体承载结构，底架为中间贯穿纵梁结构，提高了车体的承载能力，车体能支撑 2945kN 的纵向压缩力（在车钩外）且无永久性变形。

车体各部件的材料选用应充分考虑机车的运行环境及车体的承载要求，并且在满足要求的情况下尽量减少规格、品种。乌兹别克斯坦机车主要材料为 Q345E 及 16MnDR。

乌兹别克斯坦机车的主要技术参数见表 2-2。

3. KZ4A 型机车

图 2-11 所示为 KZ4A 型机车。该机车是出口哈萨克斯坦的交流传动高速客运机车，其最高时速可达 210km/h。机车在研制过程中坚持了先进、成熟、经济、适用、可靠的原则。

KZ4A 型机车的主要技术参数见表 2-2。

4. HXD1 型机车

HXD1 型机车是在西门子的"欧洲短跑手"机车平台上，结合其 DJ1 型机车在我国大秦线上的运用经验，研制的一款适用于我国干线铁路重载货运的新型机车，其在设计中尤其考虑到了大秦运煤专线的特殊环境。

图 2-11 KZ4A 型机车

该车型的整备重量为 92t，其允许公差为 -1% ~ +3%；加压车铁后最大达到 100t，其允许公差为 -3% ~ +1%。当机车功率大于 10% 的额定功率时，功率因数 $\lambda \geq 0.97$（网压低于 27.5kV）。机车在额定网压，牵引工况下发挥持续额定功率时，机车总效率 ≥ 0.85。

HXD1 型机车的主要技术参数见表 2-2。

表 2-2 交流机车主要技术参数

参数车型	乌兹别克斯坦机车	KZ4A 型机车	HXD1 型机车
用途	干线客运、干线货运	干线客运	干线货运
最大牵引力/kN	208	264	760
电制动功率/kW	5400	4800	9600
轴式	Bo-Bo-Bo	Bo-Bo	2(Bo-Bo)
持续速度/(km/h)	53	84	70
机车整备质量/t	138	82	92(单节)
网压/(kV,Hz)	25,50		
最大速度/(km/h)	120	210	120
电传动方式	交-直-交	交-直-交	交-直-交
额定功率/kW	3600		9600
车钩中心距/mm	22730	20032	35222
持续牵引力/kN	410	206	532
制动方式	再生制动	再生制动	再生制动
轨距/mm	1435	1520	1435

2.2　机车车体总成

机车车体总成是机车各组成部分中以机械连接组成部分的总称，这里不涉及或极少涉及电气连接、管路或气动元件。机车车体总成主要包括：车体标志总成、车体焊接总成、司机室内装饰、司机室阻尼隔振及防寒隔音材料、车体顶盖装置、司机室地板组成、侧墙百叶窗、过滤器装置、前窗、侧墙固定窗、司机室活动侧窗、机车门总成、走廊地板组成、机车连挂风挡装置（用于单司机室双节机车重联的机车）、机车扶手装置、机车手制动装置等。

2.2.1　车体标志总成

机车车体标志总成的主要作用是标识机车的型号、机车车号（机车序号）、机车生产日期、机车生产制造的公司及相应的公司徽标、司机室端号、铁路徽标等。

我国电气化铁路采用国际先进的单相交流工频25kV的单一供电制式，2006年以前主要采用交直传动型机车。2006年以后开始大批量引进和生产交直交传动机车。交直传动型机车型号用"韶山"命名，机车代号为"SS"，命名表示为：

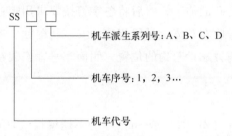

如SS4B，后面再接相应的机车生产厂家代码（0~9）及机车生产序列号。

机车车体标志总成主要由路徽盖板、前端车号牌、侧面车号牌、机车铭牌、司机室端号牌组成。

1. 路徽盖板

路徽盖板根据不同的用户要求及设计改进，目前主要有三种形式。第一种形式的路徽盖板采用铸铝（ZL102）铸造后进行加工，再将铸造表面进行打磨、抛光、喷漆等处理后进行安装。在安装时根据路徽盖板上预加工的六个台阶孔，在车体司机室前端前窗玻璃下部的安装板上钻孔、攻螺纹后，用六个M8×30的内六角圆柱头螺钉将路徽盖板紧固。为了保证路徽盖板安装后的美观，需在螺钉紧固后将路徽盖板上的台阶填充、打磨。第二种形式的路徽盖板在原有铸造方法的基础上进行了相应的改进，采用铝板压型而成，再对压型后的外表面进行相应的打磨、抛光、喷漆等处理后安装。安装时只需按路徽盖板侧面预留的四个安装孔在相应车体的安装位置钻 ϕ4.2 的安装孔，然后用 ϕ4×22 的抽芯铆钉进行铆接。第三种形式的路徽盖板是采用不干胶漏膜、通过油漆涂打的方式形成的油漆路徽标志，主要用于 SS8、SS9 系列机车。这种方式是通过将路徽标志先加工成不干胶的漏膜，将相应的漏膜粘贴在路徽标志的位置，再将油漆涂打在车体的该位置上，在涂打完后将不干胶漏膜去除而形成路徽油漆标志。

以上三种路徽的加工、安装方式各有特点，采用铸造方法加工的路徽盖板较笨重，其加工工序较多、安装比较复杂，但成型工艺较为简单；采用铝板压型成型方法加工的路徽盖板主要通过压模保证加工精度，成型质量和外观较好，安装简单、方便。采用油漆涂打方法加工的路徽标志是几种方法中最简单的一种，并且对加工设备和环境要求较低。但每次机车进行车体油漆的翻新或重新喷涂时需要重新用油漆涂打，不像另两种方法加工的路徽盖板可重复使用。

2. 前端车号牌、侧面车号牌

前端车号牌、侧面车号牌均存在两种加工方法。一种是采用不干胶漏膜、油漆涂打的方法；另外一种是采用铸造方法加工铸件。因为每台机车的车型或车号均不相同，所以每一个车号牌均由统一的车号牌底板与相应的车型字符、车号字符三部分通过螺钉、螺栓连接的方法组成。具体的加工方法和简要的安装过程如下：前端车号牌的底板采用 3mm 厚的铝板压型加工而成，侧面车号牌采用铸铝（ZL102）的铸件；车型字符、车号字符均采用铸铝（ZL102）的铸件，各字符根据字形特点及装配后的稳定性要求在不同的位置均加工了一定数量的安装螺纹孔。车号牌底板也根据安装要求及车号牌上需安装的车型、车号字符上安装螺纹孔的位置要求进行安装孔的加工，然后将各字符按要求用螺钉或螺栓安装在车号牌底板上。再将各组装好后的车号牌在车体上进行相应的安装孔配钻、攻螺纹、安装。其中前端车号牌安装在机车司机室正前方靠近车钩的位置，侧面车号牌安装在各司机室侧面靠近活动侧窗的下部。

3. 机车铭牌

机车铭牌是采用铸造件（ZL102）或 3mm 厚的不锈钢板（1Cr18Ni9Ti）通过化学腐蚀的方法加工而成的。采用沉头螺钉将其安装在机车车体的中部、机车车体底架的底部。或者如 SS4 系列机车安装在机车车体底部与蓄电池箱对中的位置。其上主要有机车的生产制造厂家（或公司）的厂名、厂标及机车生产的具体年份。

4. 司机室端号牌

司机室端号牌采用铸造件（ZL102）或不干胶漏膜、油漆涂打方法加工，其安装位置位于机车侧面车号牌下侧，与侧面车号牌安装位置对中。

当然，部分机车因用户的要求，在车体的其他位置可能还安装有相应用户要求的配属段、配属公司徽标等类型的标志。

2.2.2 车体焊接总成

机车车体焊接总成是机车的主要机械部件之一，一般也称为车体钢结构或车体，以下简称车体。车体作为整个机车的主要承载部件，必须具有足够的强度和刚度。车体各部件均为钢板和钢板压型件组成，其中，司机室、底架总成、侧构、隔墙及后端墙等主要部件组焊成一个箱形壳体结构，顶盖设计成可拆卸的形式，以便于车内设备的吊装。车体设置有车钩缓冲装置、排障器、车体各室门和司机室侧窗等附属部件。整个车体是以底架总成、台架组成、司机室钢结构、侧构、司机室隔墙、后端墙、牵引缓冲装置及其他结构与装置等组焊成的全钢焊接结构。HXD1 型机车车体如图 2-12 所示。

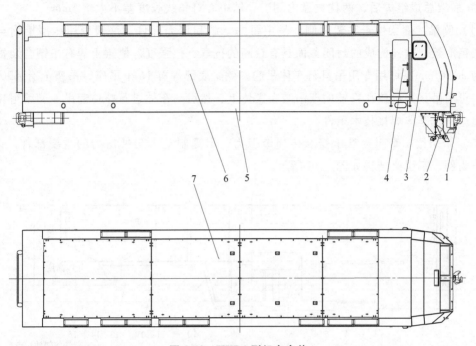

图 2-12　HXD1 型机车车体

1—车钩缓冲装置　2—排障器　3—司机室　4—司机室门　5—车体底架总成　6—侧构　7—顶盖装置

1. 底架总成

机车车体底架总成采用贯通式中央纵梁的框架结构，主要由侧梁、前/后（或Ⅰ/Ⅱ）端牵引梁、枕梁、变压器梁、司机室隔墙梁和一些辅助梁组焊构成。HXD1 型机车车体底架结构如图 2-13 所示。底架总成组装后基本要求：

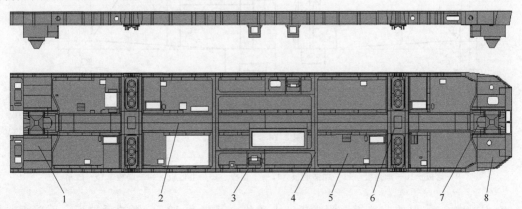

图 2-13　HXD1 型机车车体底架结构

1—后端牵引梁　2—中央纵梁　3—侧梁　4—变压器梁　5—底架盖板　6—枕梁

7—车钩箱　8—前端牵引梁

1）车钩和枕梁中心线相对于底架总成纵向中心线的偏差不大于4mm。

2）组焊后侧梁处旁弯不大于4mm。

3）底架总成各梁的顶面须位于同一平面，其误差不大于3mm。

4）底架总成组焊后，两枕梁靠内侧引导销中心对角线长度差不大于5mm。

（1）侧梁 侧梁位于底架两侧，是主要的承载和传力部件。一般采用压型槽钢与钢板组焊成箱形梁，这样构成的封闭截面具有较高的抗弯、扭强度。侧梁上焊有吊销套装置，吊装孔为 $\phi130$ mm，可用专用吊具将车体吊起。侧梁底部焊有16个吊座，吊座上有 $\phi30.5$mm的孔，可用吊具穿过该孔将转向架吊装在车体上，然后与车体进行整体起吊。侧梁组装的焊接质量应符合车体焊接技术条件。

（2）牵引梁 牵引梁是承受和传递牵引力、承受制动力与冲击力的主要部件，以SS8型机车为例，牵引梁结构如图2-14所示。

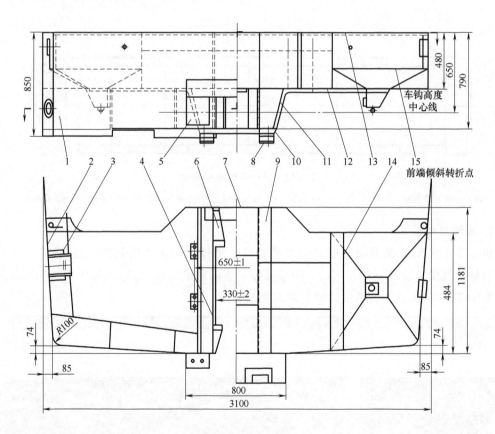

图2-14 牵引梁

1—前端板 2—侧立板 3—吊销套组 4—前从板 5—冲击板 6—后从板 7—后端板 8—拉杆座
9—弯板 10—加强板 11—加强筋板 12—下盖板 13—上盖板 14—筋板 15—砂箱

牵引梁由8mm厚的前端板、侧立板、上盖板、筋板和10mm厚的后端板、下盖板、加强板、加强筋板、弯板等组焊成空腹箱形结构。在梁中间焊有从板座，用来安装牵引缓冲装置。从板座组成是按标准尺寸设计的，以便车钩缓冲装置可以互换。为了使车钩正位，从板座组成应成对进行机械加工，其高度为 330mm±0.5mm，前、后从板座凸缘的前后距离为 635mm±0.5mm，预留 10mm 间隙用以在牵引装置组装时加垫调整车钩尾部与从板的间隙。从板座组成与牵引梁焊接的部位，都要求加工，以保证焊接质量。牵引梁前端焊有前凸的冲击座，冲击座上边设有安装车钩吊杆的长孔。在缓冲器安装处上方中央处焊有限位板，用以限制缓冲装置在机车运行时上跳的范围。在牵引梁下部加强板上焊有拉杆座，其上钻有 8 个 M36 的螺纹孔，用来与走行部的牵引底座相连接，承受机车走行部产生的牵引力和制动力。为了使牵引底座正位，左、右拉杆座应在焊好后同时加工。

牵引梁两侧，设有机车救援用吊销孔。牵引梁左右两侧的箱形空间中装有砂箱。

（3）枕梁　枕梁是承受机车垂直载荷的重要部件，在机车牵引杆断裂时传递牵引力和制动力，如图 2-15 所示。它由 25mm 厚的侧上盖板和 8mm 厚的中上盖板、下盖板和立板以及 6mm 厚的弯板、隔板和加强筋板等组焊成箱形结构。

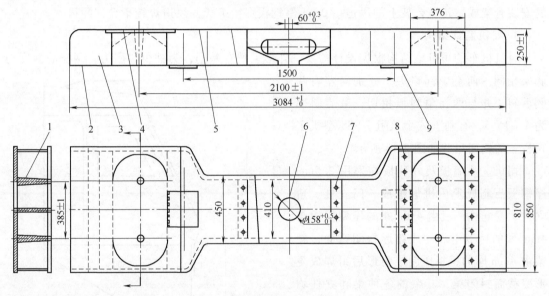

图 2-15　枕梁

1—引导销　2—下盖板　3—立板　4—侧上盖板　5—中上盖板　6—加强筋板　7—隔板　8—弯板　9—限位板

由于机车二系圆弹簧的安装尺寸较大且支承高度较高，加上牵引电动机通风口位置的限制和枕梁承受的载荷较高，因此枕梁设计成变截面形状，近似于钢轨断面形状。枕梁两侧上部焊有较厚的上盖板，并焊装引导销，用于安装机车二系圆弹簧。枕梁下盖板中部钻有用于安装限位装置的圆孔，引导销采用圆孔定位，以保证其左右位置准确。枕梁内部焊有 6~10mm 厚的隔板、弯板和加强筋板，用以增强枕梁的抗弯刚度。在枕梁两侧还焊有限位板，避免转向架直接碰撞枕梁下盖板。

（4）变压器梁　变压器梁位于底架中部，主要承载变压器的重量载荷及冲击载荷，由纵、横梁组焊构成，用于安装主变压器。横梁和两根纵梁由约 10mm 厚的钢板压制成槽形，与立板焊接成箱形结构。纵梁中部焊有很多筋板，用以增强局部抗弯、扭能力，上部焊有 M24 的螺母，用于紧固主变压器。

（5）司机室隔墙梁　司机室隔墙梁由压型槽钢构成，开口朝向机车中心，司机室隔墙骨架和台架前端部焊装在此梁上。

其他各纵梁、横梁除用以加强结构的稳定性外，还分别用作台架、座椅、风缸、干燥器、固定地板等处的连接和基础构件。

2. 台架组成

机车车体台架主要由 3mm 厚钢板压制成槽形梁或乙字形梁并组焊成的骨架、4mm 厚的面板、2mm 厚的底板和各种安装座、风道等焊接组成。机车各室设备都集中安装在台架上。台架的骨架、面板和底板上开有铺装电缆和电线的线孔或线槽，以及通风和设备安装孔；各型号机车根据设备布置不同，Ⅰ、Ⅱ 端台架的骨架外形尺寸稍有差别，其上表面开有各种设备的安装螺栓孔并配焊有螺母和螺母座；台架面板上开有各设备的安装孔；为便于布线，在线槽上方设有可拆卸的活动盖板。靠司机室端的台架上装有风道、风机电动机和压缩机组等的安装骨架或结构。台架上的风道由 2mm 厚钢板焊接组成，风道焊缝不允许漏风。

3. 司机室钢结构

直流机车的司机室结构根据设计需要，外形上稍有差别，为减少风阻力，两侧的斜度与底架相同。前端中部略尖，分别向左右两侧后斜，并与两拐角圆弧相切，其后斜率为 1∶15.5，有利于减小风阻。SS8 型机车司机室的侧面形状如图 2-16 所示。

司机室外墙板及外顶板均采用 2.5mm 厚钢板压制成形后拼焊组成。门立柱、角立柱、窗立柱一般由 4mm 厚的压型槽钢与 4mm 厚的封板组焊构成箱形封闭截面，腰梁由 4mm 厚的钢板压制成角形后组焊成菱形变截面封闭梁，其余的各种梁和立柱均由 3mm 或 4mm 厚的钢板压制成各种折弯形状。由于门窗开口处的应力较高，其周围的骨架一般都具有较大的惯性矩和抗弯截面系数。司机室的各窗口板均由激光切割机下料，窗口尺寸准确，可保证前窗和侧窗的正确安装。

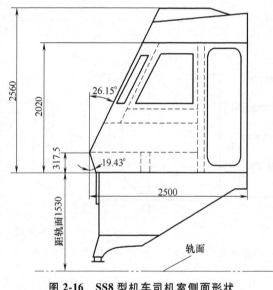

图 2-16　SS8 型机车司机室侧面形状

司机室骨架中封闭断面较大的梁、柱的内部都装填超细玻璃棉，以增强司机室内的防寒、隔音效果。

司机室顶部焊有头灯安装体，它主要由 2mm 和 3mm 厚钢板压型件组焊而成，头灯左右侧和后侧各开有一个小门，底部盖板可以打开，以便更换和调整头灯光源。头灯安装体顶部两侧设有由风罩和防尘网组成的通风窗口，保证头灯散热通风。司机室的前下部焊有标志灯体。

直流机车司机室的设计符合机车安全规则的要求。虽然司机室承受的垂直载荷不大，但由车钩传来的压缩力和列车牵引反作用力都要经由司机室向后传递，机车入口门和侧窗处是车体向上传递纵向载荷的重要路径。因此，要求司机室钢结构具有相当的强度，使其能将作用力传至侧构，以发挥整体承载的作用。

HXD1 型机车司机室采用准流线型外形（见图 2-17），增强了整体外观的视觉效果。司机室前部设有前窗，采用胶粘方式将复合的两块电加热玻璃分别与司机室钢结构粘接。司机室两侧面设有可上下开启的活动侧窗以及入口门。司机室后墙上设有走廊门，通向机械间中央走廊。

HXD1 型机车司机室采用了骨架与蒙皮一起形成整体承载的钢结构形式，因此蒙皮均设计成 6mm 厚的平板或压型曲面板。司机室前端两侧均设计成箱体结构，从底部逐渐过渡到顶部，然后通过司机室侧墙上部梁过渡到侧构的上弦梁，这样就保证了车体在拉伸、压缩工况下力矩有效地通过司机室传递到侧构上弦梁，然后再通过侧构上弦梁传递到车体后端，同时也保证了车体整体一致的外观效果。

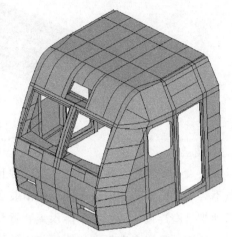

图 2-17　HXD1 型机车司机室

为满足 GB/T 25334.2—2023《铁路机车车体　第 2 部分：电力机车》中关于司机室腰梁处应能承受 300kN 均布载荷的要求，司机室腰梁设计成了较大的箱形结构，并设置了加强隔板，该区域结构得以有效强化。为了应对司机室侧窗窗角结构性的应力集中，侧窗部位采用了 6mm 厚的 HG785E 细晶粒高强度结构钢板。机车入口门门角通常也是应力集中区，因此门角处设计成圆滑过渡结构，并避开焊缝，以保证应力不会过度集中于门角或焊缝区域。

4. 侧构

机车侧墙结构简称为侧构。侧构主要由侧墙板和车顶侧梁及各种纵向、横向梁焊接构成，是车体钢结构的重要组成部件，也是车体牵引力重要的传递结构。侧构的具体结构因不同车型而有差异，但其主要作用均是与车体其他部件焊接后形成设备安装空间、传递机车牵引力、提供机械间设备的通风接口等。直流机车因采用两侧走廊的方式，因此在两侧构上设置有采光用的单层的钢化玻璃，该类玻璃一般采用橡皮压条式的安装方式。HDX1 型机车侧构如图 2-18 所示。

侧构主要由各种压型的纵向、横向梁及侧构蒙皮组成，在专用的工装、夹具上进行焊接后再进行整体吊装，与车体底架、司机室（或车体后端墙）通过焊接方式形成不可拆卸的固定连接结构。

根据各车型车体顶盖装置的结构、技术要求，车体总成两侧构之间除两端与司机室（重联机车一端为司机室，一端为车体后端墙）形成固定的焊接连接结构外，侧构上部还根据顶盖的长度要求，在两顶盖的接合部位采用可拆卸的顶盖支撑横梁结构或固定连接结构，采用固定连接结构的机车主要为 SS3B、SS3B 重联机车，其他车均采用活动横梁结构。采用活动横梁结构的侧构顶部与顶盖连接位置采用单侧的梯形台阶结构，其斜面朝向车体两侧，

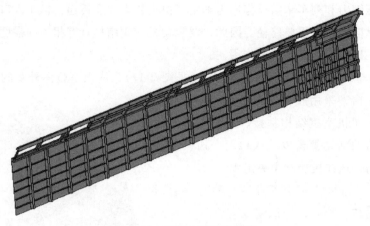

图 2-18　HXD1 型机车侧构

以保证设备安装后车体内部的密封。并且，侧构顶部根据车体各顶盖装置的长度要求开有数量不等的螺栓安装孔，在车体顶盖吊装后，将安装螺栓从车体内部向上与车体顶盖上预留的活动螺母座连接，从而使车体顶盖装置与车体连接，使车体形成一个箱形的设备安装空间。

侧构也是机车牵引力的重要传递结构。机车的牵引力通过车体底架上牵引座传递至车体底架，底架是一个由各种压型梁组焊成的受力结构，在受到机车牵引力及车钩后部的客、货厢的拉、推力这种复杂、严酷的情况下，会产生相应的扭曲等变形，特别是与机车牵引点距离较远的底架中部，而此时侧构、车体顶盖及机车顶盖横梁等部件就发挥传递相应的牵引力、抵抗底架变形的作用，从而保证机车牵引力的传递。

5. 司机室隔墙、后端墙

司机室隔墙将司机室和车内各设备室隔开。HXD1 型机车的司机室隔墙如图 2-19 所示。走廊门设在司机室隔墙，经走廊门可至车内各设备室和另一端的司机室。采用两侧走廊结构的机车，走廊门布置在司机室隔墙两侧；采用中间走廊结构的机车，走廊门布置在司机室隔墙中间位置。

非重联机车的两个司机室隔墙结构基本一致，重联机车的非司机室端称为后端墙。HXD1 型机车的后端墙如图 2-20 所示。后端墙不仅构成车体箱体结构的一个端面，还要与另一节车相连，因此设计有后端墙门和通道。后端墙上还设置了尾照灯、联挂风挡等。

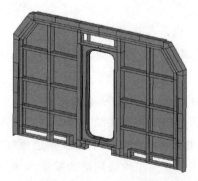

图 2-19　HXD1 型机车的司机室隔墙

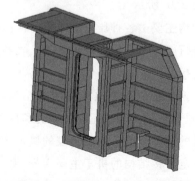

图 2-20　HXD1 型机车的后端墙

6. 牵引缓冲装置

机车牵引缓冲装置包括车钩及缓冲器，它们安装在机车车体底架两端的牵引梁上，共同完成列车联挂、传递牵引力、吸收列车联挂和运行过程中的纵向冲击能量。车钩缓冲装置及变形吸能装置示意如图 2-21 所示。

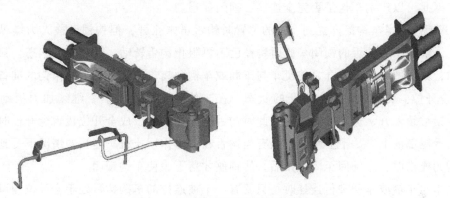

图 2-21　车钩缓冲装置及变形吸能装置示意

（1）车钩　车钩是机车牵引缓冲装置的主要部件之一，起机车重联挂或连挂其他车辆或车箱的作用。车钩的型号比较多，但其作用原理基本相同，结构上也大同小异。不过，现在相当一部分的动车组已改用气动式车钩代替传统的机械式车钩进行动车组的连挂。现在主要使用的机车车钩为 13 号、15 号车钩。

根据车钩的开启方式，可将车钩分为上作用式车钩与下作用式车钩两种。由设在钩头上部的提升机构开启的车钩，称为上作用式车钩；由设在钩头下部的提升机构开启的车钩，称为下作用式车钩。一般来说，货运车辆一般采用上作用式车钩，而客车和机车一般采用下作用式车钩，下作用式车钩虽然在车钩开启方面比上作用式车钩费力，但钩头上部的空间可以得到充分利用，可以用来安装其他装置与设备。

不管机车安装何种型号的车钩，车钩都必须满足以下要求：

1）车钩必须有足够的强度。特别是现在机车正在朝着高速、重载的方向发展，因此这一点非常重要。

2）车钩应容易辨别连接状态，并且在机车运行过程中不会因为机车的振动而自动解锁、脱钩。

3）车钩不会因为各个部件在使用过程中的轻度磨损而影响功能及挂钩的安全。

4）车钩应当结构简单，操作方便，拆装简便，以降低维护、保养成本。

车钩主要由钩体、钩舌、销、钩锁、钩舌推铁、钩锁销及车钩提杆组成。一般为铸钢件或是锻钢件，如车钩钩体采用 ZG230-450 铸钢。

根据车钩、钩尾框相关技术条件规定，必须严格检查车钩的三态作用是否良好。

车钩的各种零部件，组装后成为完整的车钩。各种零部件处于不同的位置、起着不同的作用，从而使车钩具有闭锁、开锁、全开三种作用，可称为车钩的三态。所谓自动车钩，就是具有自动连挂性能，且有三态作用的车钩。

车钩的三态如下：

1）闭锁位。闭锁位又称为关锁位，是车钩连挂好以后的状态。闭锁位时车钩要承受巨大的牵引力，而且锁钩状态一定要可靠。在机车车钩设计时，车钩提杆位置一般设置有防跳装置。车钩处于闭锁位时，钩锁销及钩锁下部应从钩头底部方孔露出少许。这是闭锁位的重要特征，据此可以辨别车钩是否完全连接、锁闭妥当。

2）开锁位。当车钩提杆提到一定的位置时钩舌虽未张开，但钩锁已被人为操纵顶起一定的高度，解除了对钩舌的锁闭。此时钩锁已不再阻止钩舌转动，形成开锁状态。只要机车稍稍移动，钩舌即可向外转开，使机车与车厢或车辆分离。开锁位是摘解车钩的准备位置。

3）全开位。钩舌处于完全张开的状态。在车钩处于开锁位后，继续加力扳动车钩提杆，则钩锁继续上升，达到最高位置，此时钩舌将向外旋转，成全开位置。全开位时，钩锁座落在钩舌尾部的上方，不会落下，只有当钩舌在人为作用或机车连挂的情况下受到车辆或车厢车钩的撞击时，车钩回至闭锁位后，钩锁座才落下，使车钩锁闭。

在机车与车辆或车厢进行连挂时，只要有一个被连挂的车钩钩舌处于全开位即可完成机车的连挂。因此可以说车钩的全开位是机车进行连挂的准备位置。

一般情况下，当相互连接的车钩处于完全锁闭的情况，且相互连接的位置间隙较小时，即使钩锁销出现异常情况——折损或缺失，相互连接的车钩钩舌也不会因此而自动掉落或在机车牵引、制动过程中存在相互脱钩的危险。这是为了保障列车在运行过程中车钩的安全可靠而设计的一种保护结构。但是车钩在机车运行和制动过程中，会受到相应的拉力和推力作用，这些作用力均会作用在车钩相互接触的位置，并且每节机车和车厢在钢轨上的水平位置不一致，因此机车在运行过程中，相互接触的位置在相应的接触应力作用下有相互的位移，在接触位置会产生磨耗。这种磨耗将导致接触部位的强度降低，接触位置的间隙也会随着磨耗时间的增长而变大，可能会造成机车在运行过程中脱钩。因此，为了保证行车，应按照车钩磨耗限度，随时注意检查，及时修复或更换新的车钩。

目前安装的车钩尾部加工成 $R130\text{mm}$ 的圆弧，相应地，从板与其接触面也加工成圆弧形。车钩组装后钩身可以在人力作用下做摆动，以便于在曲率半径不少于 $R250\text{m}$ 的弯道处摘挂。钩头肩部与冲击座距离为 80mm，在冲击座上方安装吊杆装置以增加车钩摆动的灵活性和复原能力。

车钩水平中心线距轨面高度为 880±10mm，其高度可通过在钩尾框托板上加垫或改变冲击座下方吊杆装置均衡梁上的磨耗板厚度来进行调整，必要时也可通过改变吊杆头上的垫板厚度进行调整。

（2）缓冲器　缓冲器主要用来减小和吸收因牵引或制动引起的冲击能量，直流机车一般安装有 MX-1、MT-2、MT-3 缓冲器，其容量直接影响列车的运行性能和安全。在很大程度上，缓冲器影响着列车的运行平稳性，严重的还有可能引起重大的行车事故。

HXD1 型机车也采用了小间隙的 13A 型车钩（E 级钢）和大容量的 QKX100 型弹性胶泥缓冲器，E 级钢车钩的抗拉强度达 4000kN，缓冲器阻抗力不超过 2500kN，最大工作行程与 SS4 系列机车缓冲器一致，缓冲吸收率超过 80%，缓冲车钩小间隙和缓冲器大容量有效地减少了机车纵向冲击，同时也确保HXD1型机车车钩缓冲装置能与既有机车的互换，提高了使用效率，减少了维护工作量；变形吸能装置能在紧急碰撞情况下，通过塑性变形使每节车最大可吸收450kJ的能量，最大限度地保护了车体结构不受破坏以及司乘人员的安全。

7. 其他结构与装置

机车车体焊接总成除了上述主要结构外，从设计的整体结构上考虑，还包括司机室内部用于司机室内设备骨架及司机室装饰材料固定用的各类二次骨架、排障器、扶手杆、登车梯等其他结构与装置。

2.2.3 司机室内装饰

司机室是机车司机及添乘人员在机车使用和行驶过程中主要的活动场所之一。因此，司机室需要进行适当地遮盖和装饰，以保证司机及添乘人员在使用过程中的安全及司机室内各电气设备、元件的正常工作，并给他们提供一个相对较好的工作环境。

目前机车司机室的装饰材料主要采用1.5mm厚的表面喷塑的半硬多孔铝板3A21-LF21、纤维增强塑料（玻璃钢）等，也有部分机车采用其他的装饰材料，如碳纤维增强塑料（如蓝箭动车组）、3~5mm厚的表面喷涂的铝合金压型件（如HXD1型机车）。其中还会牵涉到相应的辅助材料，如PC衬板、胶黏毛毡、5mm厚的聚氨酯泡沫塑料、木料、铝合金型材、装饰性塑料件等。

2.2.4 司机室阻尼隔振、防寒及隔音材料

机车在线上运行时，会产生各种振动及噪声；加之车轮在钢轨上滚动，也会产生各种频率的噪声；并且，机车在运行过程中，各种设备的运作也会产生相应的噪声和振动。对上述的各种振动和噪声不加以控制和消减，将很容易导致司乘人员的疲劳，进而影响机车的行车安全。因此为了保证机车的行车安全及给予司乘人员较好的工作环境，需要在机车的司机室及司机室隔墙、司机室地板下部设置相应的降噪、减振材料。

目前机车司机室的降噪、减振一般采用两种方式：一是在司机室内部各空间铺设相应的防寒、隔音材料；另一种是在司机室的骨架及蒙皮上喷阻尼浆或粘贴阻尼板来减振。

机车司机室内的防寒、隔音材料主要有高发泡聚乙烯泡沫和用锡箔纸包裹或封装的超细玻璃棉两种。当然，随着填充材料的不断发展和司机室噪声标准值的不断降低，现在有部分机车也开始使用三聚氰胺发泡工艺生产的防寒、隔音材料。

聚乙烯泡沫密度小、回复率高，具有独立的气泡结构。表面吸水率低，防渗透性能好。耐酸、碱、盐、油等有机溶剂腐蚀，耐老化性能优良。高温时不流淌，低温时不脆裂。正因为化学交联聚乙烯发泡有其独特的优越性，其应用领域越来越广泛。

阻燃聚乙烯泡沫塑料是由聚乙烯为主体，加入发泡剂、交联剂、混合阻燃剂而制得的。具有发泡倍率高（最高可达45倍）、密度小、保温性好、隔音吸振等优点。特别是阻燃性好（氧指数可达33%~35%）。可广泛应用于建筑业及管道保温等领域。

阻尼隔振材料是将固体机械振动能转变为热能而耗散的材料，主要用于振动和噪声控

制。材料的阻尼性能可根据它耗散振动能的能力来衡量，评价阻尼大小的标准是阻尼系数。为了提高结构的阻尼性能，可将结构材料和阻尼材料组合成复合材料，即结构材料承受应力，阻尼材料产生阻尼作用，以达到控制振动和降低噪声的目的。

阻尼材料按特性分为四类：①橡胶和塑料阻尼板：用作夹芯层材料。应用较多的有丁基橡胶、丙烯酸酯橡胶、聚硫橡胶、丁腈橡胶和硅橡胶，及聚氨酯、聚氯乙烯和环氧树脂等。这类材料可以满足-50~200℃范围内的使用要求。②橡胶和泡沫塑料：用作阻尼吸声材料。应用较多的有丁基橡胶和聚氨酯泡沫，通过控制泡孔大小、通孔或闭孔等方式达到吸声的目的。③阻尼复合材料：用于振动和噪声控制。它将前两类材料作为阻尼夹芯层，再同金属或非金属结构材料组合成各种夹层结构板和梁等型材，经机械加工制成各种结构件。④高阻尼合金：阻尼性能在很宽的温度和频率范围内基本稳定。应用较多的是铜-锌-铝系、铁-铬-钼系和锰-铜系合金。

目前，我国机车上用到的司机室内的阻尼材料有两种：一种是橡胶和塑料阻尼板；一种是复合型阻尼浆（或涂料）。前一种阻尼材料在安装时，粘贴在司机室骨架和蒙皮（司机室内侧）上形式一层黑色的胶层，而后一种阻尼浆为一种凝胶状涂料，可以通过专用的喷枪喷涂在需要喷涂阻尼材料的表面，或是用刮子涂刮在所需的物体表面。因为采用专用喷枪对阻尼浆的黏度及设备的要求比较高，所以目前国内一般采用涂刮的方式来进行，机车车体或零部件的阻尼浆施工工作。阻尼浆和阻尼板的设计要求厚度一般为3~5mm。目前，大部分机车均使用阻尼浆，即通过涂刮阻尼浆的方式来吸音和减振。之所以采用涂刮阻尼浆的方式是因为阻尼板虽然施工较为方便，但由于其采用的方式是粘贴式的胶接方式，粘贴前一般不对粘接的面进行相应的表面处理，因此在机车运行过程中容易与车体分离、脱落，不如阻尼浆牢靠。另外，因为采用的是粘贴工艺，在粘贴设计上只对相应的蒙皮内表面规定粘贴的要求，而对内部骨架没有规定要求，并且粘贴时可能还不会将所有要求粘贴的区域全部贴到位，因此，粘贴的面积相对于涂刮阻尼浆的机车面积要小。

2.2.5 车体顶盖装置

机车车体顶盖装置按照其外形尺寸可分为小顶盖装置与顶盖装置。采用小顶盖装置的机车主要有SS3B、SS3B重联机车，SS8、SS4系列、SS6B、SS9系列等机车均采用的是顶盖装置。

机车采用车体顶盖装置这种结构主要是为了便于机车内部各设备的吊运、安装、维护、检修和更换。机车车体顶盖装置按其下部安装的设备部件和电气元器件的特性不同，一般可分为机械室顶盖、高压室顶盖和变压器室顶盖，当然也有部分车型的顶盖名称有变化。一般来说，机车的每台车或每节车的车体顶盖根据车型的不同而在数量上有差别，顶盖的数量分别为3、4、5、6个不等，其中机械室顶盖2个，位于车体的两端；SS8型机车的车体顶盖装置为3块，分别为第Ⅰ端大顶盖、变压器室顶盖、第Ⅱ端大顶盖，其中变压器室顶盖位于机车中部；SS4系列重联机车车体顶盖装置为4块，从司机室往后其安装顺序依次为：第Ⅰ端高压室顶盖、变压器室顶盖、第Ⅱ端高压室顶盖、机械室顶盖；SS9系列、SS3B机车顶盖装置分为5块，从车体中部往两端依次按变压器室顶盖、高压室顶盖、机械室顶盖对称分布；SS3B重联机车小顶盖装置分为6块，从司机室往车体后端墙其安装顺序依次为：1号辅助室顶盖、高压室顶盖、变压器室顶盖、高压室顶盖、2号辅助室顶盖、3号辅助室顶盖。

机车车体顶盖装置的安装方式主要有两种。

一种为如图2-22、图2-23所示的小顶盖装置的安装方式。该安装方式是在每个车体顶盖装置的四周安装同一种规格的顶盖密封垫。在顶盖安装后，通过顶盖密封垫的压缩来保证车体顶盖装置安装后的密封性。车体与车体顶盖密封垫依靠加工后的一个小平面接触，因此一般不需要在与顶盖密封垫接触的车体平面上再做其他的防止顶盖密封垫损坏的保护措施。

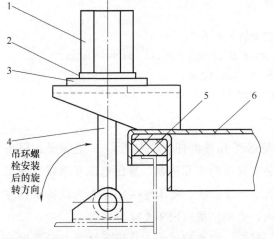

图 2-22　小顶盖装置的安装方式（一）

1—螺母　2—弹簧垫圈　3—平垫圈　4—吊环螺栓
5—顶盖密封垫　6—车体顶盖装置

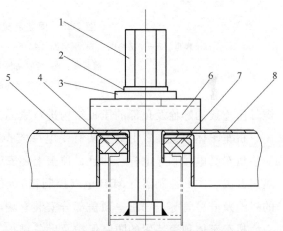

图 2-23　小顶盖装置的安装方式（二）

1—螺母　2—弹簧垫圈　3—平垫圈　4、7—顶盖密封垫
5、8—车体顶盖装置　6—压板

另一种为如图2-24、图2-25所示的顶盖装置的安装方式。这种安装方式是在每个顶盖的两侧用沉头抽芯铆钉将顶盖密封槽铆接在车体顶盖装置下部的台阶上，在顶盖密封槽铆接前应在密封槽与车体顶盖接触面上涂一层有机硅密封胶；铆接好顶盖密封槽后，在密封槽内均匀涂刷一层FN-303（88#胶）胶黏剂，将两侧的密封条安装在车体顶盖的两侧；在车体顶盖装置的两端U形密封槽内各安装一根长度为3200mm的横向密封条。因车体顶盖的活动横梁在顶盖吊装后与密封条的接触面较小，因此在车体顶盖装置吊装前应在车体顶盖横梁的接触面上安装橡胶防护条。该结构的车体顶盖装置主要通过从车体内部朝上与车体顶盖上活动

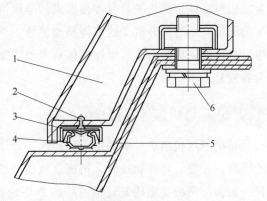

图 2-24　顶盖装置的安装方式（一）

1—车体顶盖装置　2—沉头抽芯铆钉　3—密封槽
4—密封条　5—车体侧构　6—顶盖紧固螺栓

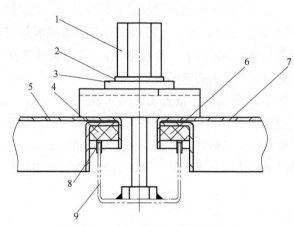

图 2-25 顶盖装置的安装方式（二）

1—螺母 2—弹簧垫圈 3—平垫圈 4、6—横向密封条（长度为 3200mm） 5、7—车体顶
盖装置 8—橡胶防护条 9—车体顶盖横梁

注：件 3、5 之间的方形块为压板。

螺母座连接的螺栓及顶部的压板结构进行紧固。

机车车体顶盖装置上部安装有受电弓支持绝缘子和导电杆（车顶母线）绝缘子，用来安装机车受电弓和导电杆。并且，顶盖上还安装有高压电流互感器、高压电压互感器、高压隔离开关、主断控制器（ADD 电气控制箱）、机车天线系统、高压连接器等电气设备及相应的线缆及升弓管等。司机室顶盖部分安装有喇叭、空调主机（SS9 改机车）等。

机车车体顶盖装置的防腐保护及设备维护。目前，交直型机车车体顶盖装置一般采用耐候钢板及各种压型梁通过焊接的方式加工而成。机车车体顶盖采用在机车顶盖表面喷漆的方式进行保护。为了方便机车车体顶盖装置上各电气设备的维护、保养、日常检修及保证在进行上述工作过程中的作业安全，在车体顶盖装置中的变压器室顶盖上开有一个人孔口及相应的盖板装置，以方便检修及维护人员通过该通道上至车体顶盖装置上；并且，在车体顶盖装置或机车车体顶部均安装有焊接而成的金属网板与角钢结构的过道板，以方便检修、维护人员的通行。还有部分机车的车体顶盖装置，根据机车用户的要求，在车体顶盖的外表面喷涂阻尼材料或防滑涂料，以增加车体顶盖外表面的粗糙程度，更加有效地保证车体顶盖装置上设备检修人员的安全。

2.2.6 司机室地板组成

司机室地板组成一般采用可拆卸的活动结构，以方便司机室内的各种线缆、管道、线槽的铺设、布置、更换和检修。司机室地板一般可分为活动地板、固定地板两种形式，固定地板一般指与司机室座椅安装相关联的 2 块地板。直流机车司机室地板因车型的差异由 3~9块组成，其外形尺寸根据司机室地板下部的支承梁确定。司机室地板的加工材料有 20 胶合板、金属板料、胶合竹、木板与防寒材料构成的复合材料，地板的外表面一般都铺装有耐磨的地板革、内表面做防腐处理以延长司机室地板的使用寿命。司机室地板安装后，应有较好的稳定性，各地板、地板与司机室内各设备骨架、司机室各墙的接合部位应保持较好的密封性，并且大部分的机车在司机室安装好后还在司机室地板上铺装整张能覆盖司机室的阻燃地板革，避免在机车使用过程中生活垃圾进入司机室地板下部空间。交流机车司机室地板一般分为左、中、右3块，各地板表面预先粘贴了阻燃耐磨地板革，各地板与司机室各墙、司机操纵台骨架均安装有铝制或不锈钢材质的地板压条。

2.2.7　侧墙百叶窗、过滤器装置

机车运行过程中，机车上的机械、电气设备均因产生相应的机械损失和电能损失而温度升高，机车通风系统的作用是使发热设备散热，使其在允许温度范围内正常工作。从而保证机车的正常运行及电气设备的使用寿命。机车设计时要充分利用冷却风源，进风速度要低，以减少进入车内的尘埃，风道要尽量短，弯道圆滑过渡，以减少风压损失。通风方式有两种。一种是独立通风，设置专用风道，如SS9改机车44#以后机车采用的是两侧墙的8个独立通风风道为机车部件进行冷却；蓝箭动车组采用的是车体顶盖独立通风的方式给机车部件进行冷却。另外一种是车体通风，风由侧墙吸入车内再自行分配、进入各风道，如SS4系列机车、SS9改机车43#以前机车，及SS3、SS3B、SS6B、SS8机车均通过车体侧构两侧的侧墙百叶窗和过滤器的形式向车体内部整体供风，再通过各需要冷却部件配备的冷却供风系统的运行实现对各部件的冷却。

SS9改机车45#以后机车，牵引电动机和硅机组采用独立风道的侧墙进风方式。车体左右两侧墙上各安装有4个侧墙空气过滤器，全车共计8个。侧墙空气过滤器外表面与车体外表面在同一个平面上，美观大方。侧墙过滤装置承担着非常重要的作用，不仅要具有较好的过滤灰尘的效果，而且必须具有很高的滤水性能。SS9改机车采用的新型过滤装置由两部分组成。前一部分为铝合金百叶窗，是采用离心—沉降—分离除尘的一种机械式除尘装置；后一部分是灰尘过滤装置。前一部分主要针对的是颗粒状物，后一部分主要针对的是机车运行过程中的粉末状或雨雾状物。目前HXD1型机车的通风方式与SS9改机车45#以后机车采用的方式基本一致，除了在车体侧构上部的斜面位置配置了两个与车体外部自动通风的过滤装置外，其百叶窗的结构还与SS9改机车相同，只存在尺寸上的差异。

SS4系列、SS3B、SS6B等直流机车，由于需要强制风冷的电气设备数量比较多（如牵引电动机、变压器、整流硅机组、平波电抗器、制动电阻等），而且它们又分散布置在车体内、外的不同位置，同时上述机车采用了两侧走廊对称布置的方式，因此采用相应的、独立的通风方式会使风道的设计存在一定的困难，也会影响设备的冷却效果或增加相应通风机的功率，造成能源或空间上的浪费。由于上述原因，上述机车均采用了通过车体侧构两侧的侧墙百叶窗和过滤器的形式向车体内部整体供风，再通过各需要冷却部件配备的冷却供风系统的运行实现对各部件冷却的方式。

根据所需冷却设备的发热量及需冷却的效果，配备不同种类的风机。目前，机车上对电气设备的冷却主要采用两种类型的风机：离心通风机和轴流通风机。

1）离心通风机的特点是：风压较大，风力比较集中；可以远距离送风；通风装置体积

较大；转速较低；效率比较低。离心通风机采用的是叶轮送风方式，空气从叶轮中部进入叶轮，并在叶轮旋转产生的离心力作用下沿着叶轮向外甩出，以一定的速度进入风道。

2）轴流通风机的叶片轴与风道平行，甚至可以没有风道，电动机高速旋转时，由于叶片有一定的斜度，所以空气按轴向流动。叶轮后部形成低压状态，空气因此不断由外部补充。这类风机的特点是：风压较小，风力比较分散；不适用于给距离远的设备送风；体积较小；转速较高；效率较高。

牵引电动机安装在转向架上，在机车车体的外部，距离较远，一般采用离心通风机对其进行冷却；制动电阻位置比较受局限，一般采用轴流通风机对其进行冷却。如果冷却设备的体积不受限制，其他设备可以采用两种冷却通风设备中的任意一种，如司机室内安装的电风扇，是一种无风道式轴流通风机。

当然，因为机车本身的电源配置及设备的配置不同，有的通风设备是直流的，有的通风设备是交流的。有时同一台机车可能一部分通风设备采用的是直流冷却通风方式，另一部分采用的是交流冷却通风方式。

2.2.8 前窗、侧墙固定窗、司机室活动侧窗

司机室前窗装有两块电热玻璃，机车在冬季运行时，只需对其通电加热，玻璃上的霜雪就会融化，不会妨碍司机的视线。

侧墙固定窗是机械间采用两侧走廊时在侧构上设置的采光用玻璃的统称。机车机械间采用两侧走廊布置的方式时，会在侧构上部设置用于车内采光的固定窗，窗口安装有钢化玻璃，钢化玻璃安装时采用耐寒橡皮压条和与其配套的压条芯密封。

司机室活动侧窗装配于司机室两侧，用于司机进行瞭望及通风。目前，使用较多的活动侧窗有两种：一种是前、后推拉式；另一种为上、下活动式。两种形式的活动侧窗均设置有压紧装置，在关闭位通过压紧装置的辅助压紧，确保其密封性；活动侧窗玻璃采用 5mm 厚的钢化玻璃。活动侧窗窗框经铝合金成型、表面喷塑处理，采用螺钉固定在司机室侧墙表面，其四周安装面用密封胶密封，应避免漏雨。活动侧窗在窗框的跑道上必须滑动自如。

2.2.9 机车门总成

机车各机车门总成包括机车入口门、走廊门、后端门（只有重联机车才有）。机车门是机车乘员、司机、工作人员等进、出机车及机车车体内各室的主要通道。

机车入口门是人员进、出机车的通道，一般位于机车司机室两侧侧墙后部、靠近机车司机室后墙的位置。目前，机车入口门按安装方式主要分为两种：一种是门框与司机室侧墙采用焊接方式连接的机车入口门；另一种是门框与司机室侧墙采用 M8×35 的内六角圆柱头螺栓定位、用胶接方式安装的标准化机车入口门。

机车走廊门、后端门（只有重联机车才有）分别位于机车司机室隔墙、机车后端墙（只有重联机车才有），是司机或其他相关人员进入机车机械间和重联机车相互重联的两节机车的通道。目前，机车走廊门的安装方式也有两种：一种是机车走廊门、后端门采用与司

机室隔墙、车体后端墙焊接的方式安装；另一种是机车走廊门、后端门采用与司机室隔墙、车体后端墙铰接方式安装。机车走廊门、后端门中、上部一般都安装有双层橡皮压条固定、5mm 厚的钢化玻璃，以便在不开启走廊门的情况下，司乘人员在机车运行过程中、在司机室内可以对机械间内的设备的运行情况进行瞭望。

标准化机车入口门、标准化机车走廊门及其密封条安装结构示意如图 2-26、图 2-27 所示。

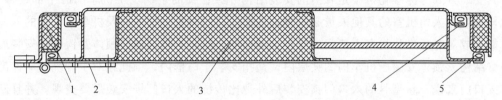

图 2-26　标准化机车入口门及其密封条安装结构示意

1—标准化机车入口门门框及防寒填充材料　2—铰链　3—标准化机车入口门及防寒填充材料

4—入口门密封条一　5—入口门密封条二

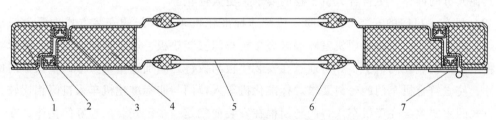

图 2-27　标准化机车走廊门及其密封条安装结构示意

1—标准化机车走廊门门框及防寒填充材料　2、3—走廊门密封条　4—标准化走廊门及防寒填充材料

5—走廊门玻璃　6—走廊门玻璃橡皮压条安装结构　7—铰链

标准化机车入口门、标准化机车走廊门安装示意如图 2-28、图 2-29 所示。

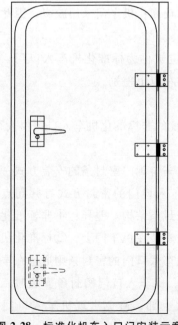

图 2-28　标准化机车入口门安装示意

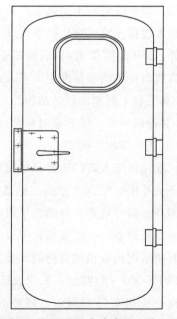

图 2-29　标准化机车走廊门安装示意

目前，各型机车基本采用标准化机车入口门，与传统的非标准化机车入口门比较，它们之间的安装方式及结构存在较大的差异，主要表现在以下几个方面：

（1）入口门锁的结构及安装方式不同　传统的非标准化机车入口门锁的锁体及锁扣在安装后均裸露于机车门或门框外表面；锁的手柄采用的是与机车门对称的内、外共轴的结构，其安装方式与标准化机车走廊门的安装结构一致；锁的手柄位于机车门的中部稍偏下，因此司机或进入司机室的其他人员必须通过机车入口门两侧的扶手杆及机车门下部的入口门梯才能完成对非标准化机车入口门的操作。而标准化机车入口门锁的锁体及锁扣在安装后均为隐藏结构，锁体安装于机车门的夹层内，锁扣安装于门框内，因此相对于传统的非标准化机车入口门来说，新型号的入口门锁安装后外观比传统的入口门锁安装后要美观。并且新型号的入口门锁通过采用联动机构在机车门外表面（司机室外）下部增加了另外一个操作手柄模块，锁的开启、关闭结构均在该增加的操作模块上，因此该新型锁的安装更方便机车司机和其他人员的操作，更符合人机工程的要求，更人性化。

（2）机车入口门的安装方式不同　传统非标准化机车入口门的安装方式主要为门框与车体焊接的方式，在门框靠司机室隔墙侧焊接机车门安装垫板，通过螺栓、螺钉、蝶形对称铰链将机车门安装在门框上，并可通过在安装垫板与铰链之间加适量调整垫调整入口门的安装尺寸，使之符合机车门的密封要求。标准化机车入口门与非标准化机车入口门相比较，其安装方式的主要差异在于机车入口门与门框在安装前就是一个已安装调整好的整体，在机车门安装时标准化机车入口门与门框组成只需以螺钉定位的方式、通过胶黏剂将门框与司机室侧墙胶接好即可，其铰链结构及调整方式与传统非标准化机车入口门基本一致。与传统的非标准化机车入口门的安装方式相比较，标准化机车入口门具有以下特点：机车门与门框的符合性好，因此机车门安装后的密封性较好；机车门通过胶接方式安装，因此门与门框之间的各种装配、焊接应力较小，机车门的外观质量、平整度较高；机车门采用胶接，因此机车门的安装成本较传统非标准化机车入口门的安装成本要高。

另外，SS9改机车45#以后机车安装的机车入口门也被称为标准化机车入口门，其安装的基本方式与传统的非标准化机车入口门相似，但又存在以下差别：

1）其安装了新型的联动结构锁。

2）其铰链采用了蝶形非对称形式，铰链外形较传统的非标准化机车入口门要大得多。

3）其密封结构不同。

非标准化机车入口门密封条的安装方式与标准化机车走廊门密封条的安装方式一致，只是密封条的外形尺寸稍有差别。标准化与非标准化机车入口门的密封方式有共同点也有差异。共同点：两种机车入口门均采用的是双层的橡胶密封条结构。差异：①非标准化机车入口门有两层密封条，一层安装在焊接式门框上，另一层安装在机车门上；②标准化机车入口门的密封条采用的是机械夹持的安装方式，非标准化机车入口门的密封条则通过在嵌入安装槽内辅以FN-303（88#胶），采用胶接的方式进行安装。机车入口门密封条安装时，密封条的接口应位于机车门的两侧，最好的位置是机车门的上部，避免出现机车入口门漏雨的情况。

标准化机车走廊门、后端门与传统的非标准化机车走廊门、后端门相比，除了前者门框采用胶接、后者采用焊接方式安装外，其结构及机车门锁、密封条的安装、机车门的调整方式均一致。

目前，SS3B重联车、SS4B、SS4改等交直机车均采用标准化机车入口门、走廊门、后端门。交流机车车门及门锁虽然没有标准化车门及门锁结构，但其总体的门结构、密封结构及门锁与标准化车门基本一致。

2.2.10 走廊地板组成

走廊地板组成是机车车体机械间内用于机车乘员、维护人员日常检修及设备维护的通行区域，按照机车机械间设备布置，可分为中央走廊地板组成（如SS9改机车、交流机车）和两侧走廊地板组成（如SS4系列等）。机械间内走廊地板组成一般采用可拆卸式的结构，如铰链结构。走廊地板组成与车体底架地板间一般有一个200~400mm的空间，用于机车管排组成、线缆等的布置。采用可拆卸式的活动结构是为了方便走廊地板下部的管路系统、线缆的布置、维护、检修。

2.2.11 机车连挂风挡装置

1. 机车连挂风挡装置结构

机车连挂风挡装置位于重联型机车两节机车或动车组之间重联位置，是两相互重联的机车、动车与动车或拖车之间唯一的内部通道的组成部分，其零部件基本上安装于重联型机车的车体后端墙上。机车连挂风挡装置如图2-30所示。

动车组和车辆的连挂风挡装置在目前所生产的机车中也偶有用到，如蓝箭动车组及出口伊朗的TM型机车，但使用较少，因此在此不做讲述。目前，机车使用的连挂风挡主要为与法国合作生产的8K型重联机车连挂风挡，主要由一个横向折叠橡胶圈、两个竖向折叠橡胶圈、渡板装置组成。

横向折叠橡胶圈结构中的弹簧压板的作用是防止横向折叠橡胶圈安装后因自身重力的作用或因重联后两个橡胶圈互相挤压而下垂，进而导致连接部位漏雨。横向折叠橡胶圈弹簧压板结构示意如图2-31所示。

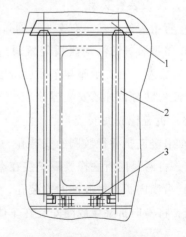

图2-30 机车连挂风挡装置安装示意
1—横向折叠橡胶圈 2—竖向
折叠橡胶圈 3—渡板装置

横向折叠橡胶圈由一块按图样尺寸下料后的橡胶板通过内、外夹板将其接口连接后形成，其结构剖视如图2-32所示。横向折叠橡胶圈内的夹板上焊接有紧固螺栓和与车体连接用的螺栓。纵向折叠橡胶圈的结构与横向折叠橡胶圈的结构基本一致，故不再重复讲述。

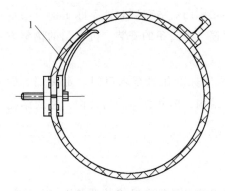

图 2-31　横向折叠橡胶圈弹簧压板结构示意
1—横向折叠橡胶圈弹簧压板

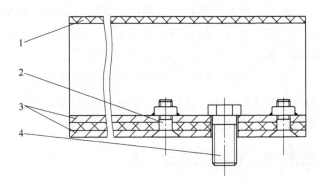

图 2-32　横向折叠橡胶圈结构剖视
1—橡胶板　2—夹板紧固件　3—夹板　4—横向折叠
橡胶圈与车体安装连接紧固件

2. 机车连挂风挡装置基本安装顺序

（1）部件组装

1）渡板装置车下组装：将固定渡板与活动渡板通过销轴、垫圈、开口销组装好，并通过十字头沉头螺钉、螺母、垫圈将左、右支承座与固定渡板连接好。

2）支承座与橡胶支座车下组装：用压板及紧固件将橡胶支座安装在活动渡板装置的左、右支承座上。

（2）渡板装置安装

1）将组装好的左、右支承座通过紧固件固定在车体后端墙的安装位置。

2）将组装好的活动渡板装置通过紧固件安装在车体后端墙机车后端门下部的安装位置，并拧紧左、右支承座与车体后端墙的紧固螺栓，同时，调整左、右支承座的安装位置，使其与渡板贴合，拧紧安装螺栓。

（3）折叠橡胶圈安装

1）沿竖向折叠橡胶圈的安装孔，在安装板的范围内用胶枪注两条连续、交叉的 S 形有机硅胶，将两竖向折叠橡胶圈安装在车体后端墙上。

2）沿横向折叠橡胶圈的安装孔，在安装板的范围内用胶枪注两条连续、交叉的 S 形有机硅胶，将横向折叠橡胶圈安装在车体后端墙上。将活动渡板的链条组成安装。

2.2.12　机车扶手装置

机车扶手装置安装于机车入口门两侧，其结构如图 2-33 所示。

扶手装置是司机进、出机车入口门的辅助装置。每个扶手装置通过 5 个 M12×30 的内六角圆柱头螺栓紧固在车体或机车入口门处侧墙上，一般上安装座使用 3 个紧固螺栓，下安装座使用 2 个安装螺栓，为确保各安装螺栓在使用过程中的紧固，各螺栓安装时需使用螺纹锁固胶。上、下安装座与机车侧墙的接触面在安装时需安装橡胶 O 形密封圈，以保护车体侧墙上的安装孔不易锈蚀。一般来说，上安装座的 3 个螺栓安装孔在进行车体焊接前已加工好，下安装座的两安装孔需在扶手装置安装时根据扶手装置的要求进行配钻、攻螺纹、清理、安装紧固。

扶手装置主要包括扶手杆、安装座、盖、安装座与杆的紧固螺钉、扶手杆安装螺钉、橡胶 O 形密封圈及螺纹锁固胶。扶手杆、安装座、盖目前均采用 1Cr18Ni9Ti 的不锈钢管材或棒料通过弯制、机械加工、焊接、抛光等加工而成。安装座与扶手杆连接时同样需要涂螺纹锁固胶。

目前，SS3B 重联车、SS9 改、SS4 系列机车均采用上述扶手装置。但也有部分车型采用其他结构的扶手装置，如 SS8 机车采用的扶手装置，它的上安装座、下安装座的结构没有上述的结构复杂，仅采用 5mm 厚的钢板冲压成型后与扶手杆通过焊接连接，扶手杆及安装座均采用的是普通的 Q235A 管材和板料，通过弯制、焊接、抛光，然后在表面上镀装饰铬。又如 AC4000 型机车采用的内藏式扶手装置，其结构如图 2-34 所示。

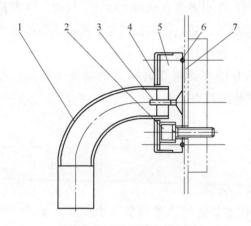

图 2-33　扶手装置结构

1—扶手杆　2—安装座与车体侧墙安装紧固件

3—安装座与扶手杆连接紧固件　4—盖　5—安装座

6—橡胶 O 形密封圈　7—车体侧墙

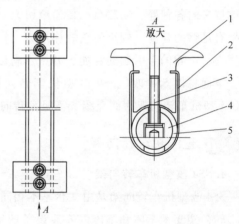

图 2-34　AC4000 的内藏式扶手装置结构

1—车体侧墙焊接安装座　2—套螺纹

3—安装螺栓　4—压块　5—扶手杆

2.2.13　机车手制动装置

当机车较长时间停留在轨道上时，应对机车进行机械制动，以免机车发生溜车，引起事故，这可用手制动装置来实现。

当摇动设置在司机室后墙上的手制动手轮时，手轮带动小链轮、链条、大链轮、丝杆、横杠杆、拉杆、竖杠杆，作用在第二位轮对上的制动器手轮上，手轮推动传动螺母，传动螺母带动螺杆，螺杆推动闸瓦托使闸瓦制动。

为保证拉杆环与竖杠杆对中，在组装时应将大链轮端面与丝杆端部调整为约 18mm，并注意在焊接各托板时，丝杆、横杠杆、拉杆处于水平位置。

各部件组装完毕后应对下列项目进行检查：

1）转动手轮时，各部件应灵活无卡滞现象。

2）拉杆环应对中竖杠杆。

3）手制动竖杠杆与制动器手轮之间的间隙应为 2~3mm。

4）各部件摩擦面应注润滑剂。

当手制动手轮作用力为 500N 时，机车手制动率为 27%。另外，应指出除大小链轮和拉伸弹簧通用外，其余绝大部分不通用，但结构型式均为手轮杠杆机械制动。

在手制动系统中采用了链传动、螺旋传动两种传动方式并利用了杠杆原理。

2.3 机车转向架总成

转向架总成（以下简称为转向架）是机车高速运行时最关键的部件之一，它对机车的安全性、舒适性、可靠运行、延长寿命及减少对轨道的破坏均起着极其重要的作用。它承受车体传来的各种静、动载荷，传递牵引力、制动力，牵引机车在轨道上运行。因此，要求转向架有足够的强度，较小的轮轨作用力，较好的平稳性、稳定性和曲线通过性能，高的黏着利用率，可靠的牵引制动性能，并尽量满足标准化、简统化的要求。

下面将以 SS4 改、SS9 改型机车转向架为例介绍直流机车转向架的结构及特点，以 HXD1 型机车转向架为例介绍交流机车转向架的结构及特点。

2.3.1 直流机车转向架

1. SS4 改型机车转向架

SS4 改型机车转向架是由 4 台基本相同的转向架组成。

转向架支承车体和车体内安装设备的重量，该重量通过二系弹簧（橡皮堆）支承，经构架、一系弹簧均匀地分配到各个轴箱上，最后经轮对作用于钢轨。SS4 改型机车轮对作用于钢轨上的垂直静载荷为 23t。转向架将轮对产生的牵引力或制动力传递给车体，当机车牵引列车时，牵引力产生转矩，通过齿轮传动使轮对转动，轮对与钢轨之间由于黏着的作用而产生轮周牵引力。牵引力由轴箱径轴箱拉杆传至构架，再通过牵引装置传到车体，最后经车体车钩牵引列车运行。当闸瓦制动时，制动力矩将产生轮周制动力，其方向与牵引力相反，而传递途径相同，最终经车钩对列车施予制动力。

（1）SS4 改型机车转向架的基本结构　SS4 改型机车转向架主要由牵引装置、轮对电动机装置、构架、一系悬挂装置（一系弹簧）、二系悬挂装置（二系弹簧）、电动机悬挂装置、基础制动装置、手制动装置、砂箱装置、轮轨润滑装置、轴温监测装置等装置组成（见图 2-35）。

1）一系悬挂装置是采用轴箱螺旋钢弹簧与弹性定位的独立悬挂结构，并配置垂向油压减振器。

2）二系悬挂装置是采用旁承橡胶堆加横向油压减振器和摩擦减振器的悬挂结构。

3）传递牵引力的方式为中间斜拉杆推换挽式低位牵引。

4）轴箱轴承均采用能承受轴向力和径向力的圆柱滚子轴承。

5）构架受力状态和结构合理，工艺性好。

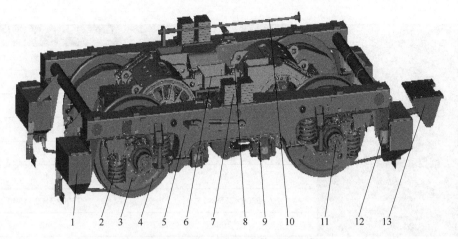

图 2-35　SS4 改型机车转向架总成

1—砂箱装置　2——系弹簧　3——系悬挂装置　4—轮对电动机装置　5—构架　6—二系悬挂装置　7—二系弹簧
8—电动机悬挂装置　9—基础制动装置　10—手制动装置　11—轴温监测装置　12—轮轨润滑装置　13—牵引装置

6）基础制动均采用单边高磨合成闸瓦。

7）电动机悬挂方式采用刚性半悬挂。

（2）主要技术参数　SS4 改型机车转向架的主要技术参数见表 2-3。

表 2-3　SS4 改型机车和 SS9 改型机车转向架的主要技术参数

车型	SS4 改型机车	SS9 改型机车
轴式	2（Bo-Bo）	CO—CO
轨距/mm	1435	1435
轴重/t	23	21
轴距/mm	2900	2150+2150
轮径/mm	1250	1250
通过最小曲线半径/m	125（$v<$5km/h）	125（$v\leqslant$5km/h）
轮对左右轴箱中心距/mm	2110	2110
二系支撑点横向间距/mm	2110	2110
最高速度/（km/h）	100	170
牵引方式	中间斜拉杆推挽式	双侧低位平拉杆
牵引点距轨面高度/mm	120	460
侧梁顶面距轨面高度/mm	1180±10	1218±10
牵引电动机悬挂方式	抱轴式半悬挂	双侧六连空心轴全悬挂/架悬式
转向架总重/kg	21200	31900
传动方式	双侧钢性斜齿轮	单侧直齿轮双侧六连杆万向节驱动
传动比	88：21	75：32
齿轮法面模数/m	10	12
弹簧悬挂装置总静挠度/mm	145	149.5

（续）

车型	SS4 改型机车	SS9 改型机车
一系静挠度/mm	139	53.5
二系静挠度/mm	6	96
转向架相对于车体横动量/mm	20	30±2
基础制动方式	踏面制动	踏面制动
制动倍率	2.85	4
机车制动率(%)	31	42
外形尺寸/mm(长×宽×高)	5300×2750×1510	7100×3100×1500
电动机功率/kW	800	900

（3）SS4 改型机车转向架总装技术要求

1）同一轮对两轮滚动圆直径之差不大于 0.5mm，同一机车八个轮对彼此直径之差不大于 1mm。

2）轴箱拉杆芯轴与轴箱体及构架拉杆座连接时，在 1：10 相配合的斜面用 0.1mm 厚塞尺检查，局部插入深度不得大于 15mm，槽底部间隙应为 3~8mm。

3）每组弹簧选配时，内、中、外三个弹簧分别在工作负荷下，其压缩工作高度之差不大于 3mm。

4）为保证轴重、轮重符合标准，每组弹簧配装时应确定同一轴上的四组弹簧工作高度之差不大于 1mm，同一转向架弹簧工作高度之差不大于 2mm，同一机车弹簧工作高度之差不大于 3mm，可用加调整垫来达到目的。

5）二系橡胶堆也应在测定的工作负荷下，用加垫方法进行配平，使整台机车橡胶堆高度差不大于 1mm。

6）各螺栓连接紧固，达到扭力矩要求。

7）齿轮箱底部距轨面最低不小于 110mm。

8）撒砂管剖口面距轨面高度为 30~50mm。

9）排石器角钢距面高度为 70~80mm。

10）机车称重。机车质量为 184t；单节重量 92^{+3}_{-1}t；轴重：平均轴重±2%；轮重：平均轮重±4%。

2. SS9 改型机车转向架基本结构特点

SS9 改型机车有两台结构完全相同的转向架，转向架的主要结构特点是采用轮对空心轴六连杆驱动装置，牵引电动机架悬在构架上，减小了转向架的簧下质量，降低轮轨冲击及振动，同时改善牵引电动机的工作条件。一系悬挂采用钢圆弹簧加油压减振器结构，二系悬挂采用高圆弹簧支承，配以横向、垂向油压减振器及抗蛇行油压减振器，转向架有较大的静挠度，以满足机车高速运行的要求。基础制动装置采用独立单元式单侧制动，闸瓦间隙可以自动调节，保证机车运行时车轮与闸瓦之间有一定的间隙。停车制动采用弹簧蓄能制动，其结构简单、重量轻、动作准确、安全可靠。牵引方式为双侧平拉杆，以降低转向架牵引点高度，提高机车的黏着利用率。转向架还配有撒砂装置、接地装置、轮缘润滑装置、横向和垂向止挡等附属部件。

1）SS9 改型机车转向架的基本结构。SS9 改型机车转向架主要由轮对驱动装置、构架、一系悬挂装置、二系悬挂装置、基础制动装置、停车制动装置、电动机悬挂装置、牵引装置、砂箱装配、附属装置、轮轨润滑装置、轴温监测装置、整体起吊连接装置、转向架空气管路等装置组成，如图 2-36 所示。

2）SS9 改型机车转向架主要技术参数见表 2-3。

3）SS9 改型机车转向架总装技术要求如下：

① 同一轮对上的车轮的滚动圆直径之差不大于 0.5mm，同一台车各车轮的滚动圆直径之差不大于 1mm。

② 轴箱拉杆芯轴八字面与轴箱局部缝隙用 0.05mm 的塞尺检查，插入深度不大于 10mm。八字面底槽间隙应为 3~8mm。

③ 一系悬挂弹簧组应按弹簧标牌上的工作高进行选配，同一转向架上弹簧工作高之差不大于 1mm，同一机车上各弹簧工作高之差不大于 2mm，可通过加调整垫调整弹簧工作高度。

④ 二系悬挂弹簧组应按弹簧标牌上的工作高度进行选配，同一转向架上弹簧工作高度之差不大于 1mm，同一机车上各弹簧工作高度之差不大于 2mm，可通过加调整垫调整弹簧工作高度。

⑤ 机车落车后，在平直水平轨道上测量构架上平面至轨面高度为（1210±10）mm，同一侧前后高度之差不大于 10mm，同一侧左右高度之差不大于 5mm。

⑥ 闸瓦与车轮踏面间隙均匀，间隙为 6~8mm。

⑦ 蓄能制动器拉杆与制动器拉杆销之间的间隙为 1~1.5mm。

⑧ 齿轮箱底部距轨面最低面不小于 120mm。

⑨ 撒砂管剖口面距轨面高度为 30~40mm。

⑩ 排石器角钢距轨面高度为 70~80mm。

⑪ 机车称重。机车质量为 126t，公差范围为 +3%~-1%；轴重：平均轴重 ±2%；轮重：平均轮重 ±4%。

3. 转向架各组成部件介绍

（1）轮对驱动装置（轮对电动机总装）　轮对驱动装置主要部件包括：轮对组装、齿轮空心轴传动装置（SS4 改采用抱轴箱抱轴瓦结构）、齿轮箱组装、牵引电动机、轴箱组装、接地装置及速度传感器。SS9 型机车轮对驱动装置如图 2-37 所示。

1）轮对组装。主要由车轴、主动车轮和从动车轮组成，如图 2-38 所示。机车的全部重量通过轮对传递到钢轨上，牵引电动机产生的转矩经过齿轮传动至轮对作用于钢轨，通过车轮与钢轨的黏着产生牵引力或制动力，轮对滚动使机车前进，机车在轨道上运行时，轮对还要承受来自钢轨接头、道岔以及由于线路不平顺而产生的全部垂向和横向的作用力。

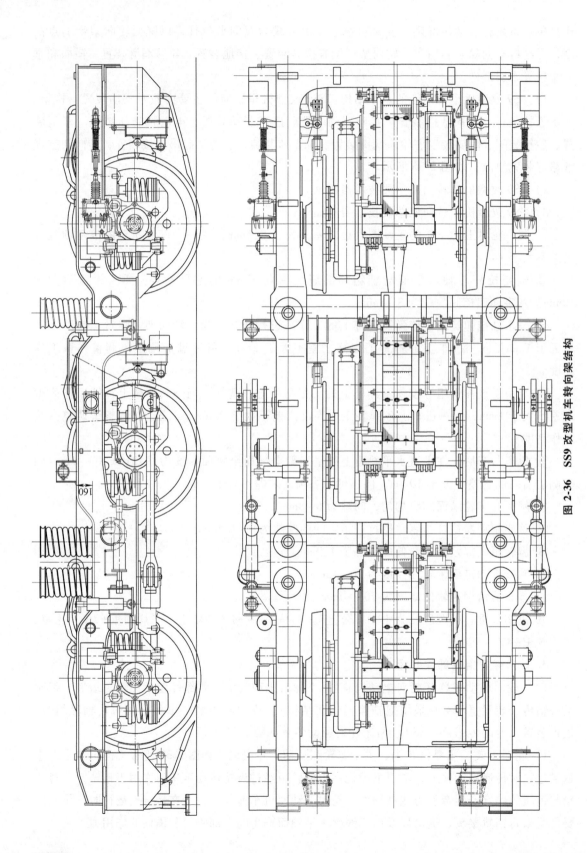

图 2-36 SS9 改型机车转向架结构

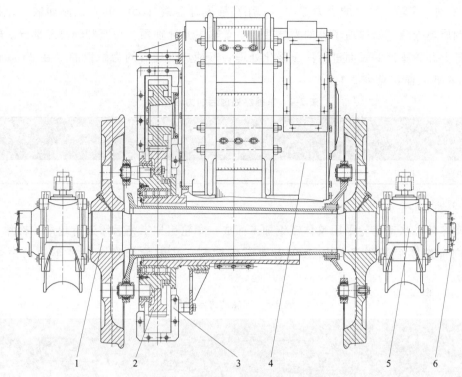

图 2-37 SS9 型机车轮对驱动装置

1—轮对组装 2—齿轮空心轴传动装置 3—齿轮箱组装 4—牵引电动机 5—轴箱组装 6—接地装置及速度传感器

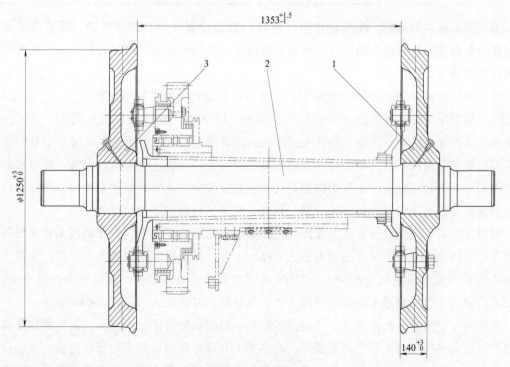

图 2-38 轮对组装

1—主动车轮 2—车轴 3—从动车轮

① 车轴。车轴是重要的受力部件，采用高强度合金钢（35CrMo）锻制而成，经粗加工后进行调质热处理，以提高车轴的力学性能。车轴主要分轴颈、轮座和轴身三部分。轴肩圆弧过渡部分和轮座处的表面进行滚压强化处理。车轴热处理后的力学性能（在 $\phi180$ 试样距表面 $1/2R$ 处取样）见表2-4。

表 2-4   车轴热处理后的力学性能

抗拉强度 R_m/MPa	屈服强度 σ_s/MPa	伸长率 A（%）	断面收缩率 Z（%）	冲击值 ak（J/cm^2）	硬度 HBW
≥647	≥421	≥17	≥53	≥68	≤280

② 主动车轮、从动车轮

主动车轮、从动车轮采用整体辗钢加工而成。车轮粗加工完后需进行超声波检测，确定无不良内部缺陷后再进行精加工和表面磁粉检测，并做静平衡试验。车轮的力学性能见表2-5。

表 2-5   车轮的力学性能

抗拉强度 R_m/MPa	伸长率 A（%）	断面收缩率 Z（%）	轮辋硬度 HBW				辐板冲击值/（J/cm^2）	
			踏面下 30mm 处	轮辋 硬度差	轮辋 表面硬度	轮缘中 部硬度	20℃	−60℃
900~1050	≥13	≥14	269~320	≤20	≥269	≤321	≥20	≥8

为了便于压装和退轮，在车轮轮座（轮毂）部位设有注油孔和注油槽。压装或退轮时用高压油泵向注油孔内注入高压油，不但可降低压入或退出车轮所需压力的吨位，更重要的是可避免配合表面拉伤。

车轮踏面形状采用 JM3 磨耗型踏面，以减少机车运行时的车轮踏面磨损。

轮对组装采用注油压装法，注油油压应为 98~147MPa。在注油压装过程中，允许注油油压在规定范围内波动，注油压装终止时压入力不得超过 196kN。当轮对压装后不是因注油油压超过规定范围而导致退轮，则轮或轴经过处理后允许原轮、原轴重新组装。轮对压装后不限停留时间，允许自由调整轮对内侧距离。压装过程中允许压力机中途停顿。另外，也可采用热套的方法组装轮对，但必须调整过盈量，车轮加热温度不得超过 250℃。

轮对压装后，应检验压装压力曲线、注油油压和轮对电阻，不符合相关技术要求的不允许装车。未注油时合格的压力曲线为压入力逐渐上升，过油槽时允许压入力下降；注油压装过程中允许注油油压在规定的 98~147MPa 范围内波动，对应的压力曲线也允许同步波动，但压入力最大不允许超过未注油时的压入力，压装终止时的压入力须在 196kN 以下。

车轮与车轴组装时允许热装。热装前车轮和车轴的装配表面必须清洁，车轮的加热温度和热装过盈量必须控制在要求的范围内。在热套 15h 后应逐个进行车轮反压检验，反压检验压力应逐渐平稳增加，反压力的最小值应达到标准值的最小值，不允许车轮在车轴上发生任何移动。

轮对电阻检验不应超过 0.01Ω。

轮对组装完后，应在车轮注油孔上装上螺栓，以保护孔道。

轮对组装完后，应检查同一轮对两滚动圆直径，直径之差不大于 0.5mm，同一转向架轮对彼此直径之差不大于 1mm，加工后轮辋宽度不小于 140mm。

2）齿轮空心轴传动装置。

齿轮空心轴传动装置连接牵引电动机与轮对，要求齿轮空心轴传动装置有较大的径向刚度，以传递牵引电动机的转矩给轮对，机车运行时，避免轮对驱动系统产生黏滑振动。同时，要求其有较小的垂向及横向刚度及较大的位移补偿能力，以适应机车的垂向、横向振动位移。

齿轮空心轴传动装置安装在牵引电动机与轮对之间，主要由主动齿轮、从动齿轮、传动轴承、连杆、空心轴、传动盘、空心轴套、橡胶关节、传力销等组成。下面主要介绍主动齿轮、从动齿轮、传动轴承及空心轴套。

① 主动齿轮。主动齿轮材料为 20CrMnMo 低碳合金钢，加工后进行齿顶修缘及齿向修形，以消除齿轮的加工、安装误差及变形，改善齿轮的承载能力和降低传动噪声，延长齿轮的使用寿命。主动齿轮的主要技术参数见表 2-6。

主动齿轮与电动机轴采用过盈配合，装配时，加热主动齿轮到 160~190℃ 后将其热套在电动机轴上，在电动机轴上的轴向进入量为 1.6~2.2mm。

② 从动齿轮

从动齿轮由齿圈、齿轮心、传力销等组成，齿圈与齿轮心通过螺栓连接，齿圈材料为 15CrNi6 低碳合金钢，加工后进行齿顶修缘处理，从动齿轮的主要技术参数见表 2-6。

表 2-6　主动齿轮、从动齿轮的主要技术参数

序号	名称	数据	
		主动齿轮	从动齿轮
1	齿数 Z	31	77
2	模数 m/mm	12	12
3	中心距 A/mm	$650^{+0.2}$	$650^{+0.2}$
4	变位系数 X	0.10215	0.066
5	刀具压力角 α/(°)	22.5	22.5
6	公法线长度 L/mm	（跨测 5 齿）$165.06^{-0.280}_{-0.402}$	（跨测 10 齿）$349.852^{-0.24}_{-0.35}$

③ 传动轴承。传动轴承采用 3E2002876QT、3E2092876QT 两种轴承配对使用，装配前应选配两轴承的径向游隙，两轴承内圈安装在空心轴套上，采用间隙配合，中间用隔环分开。两轴承外圈安装在从动齿轮内孔里，采用过盈配合，其过盈量要求进行选配，两轴承之间用隔环分开。轴承滚子及保持架上应涂上润滑脂，轴承室内应加入相当于轴承室总容量 1/2~1/3 的高速铁道Ⅲ型润滑脂。轴承两侧还装有密封环，防止齿轮油及灰尘等进入轴承室。

④ 空心轴套。空心轴套是关键承载部件，承受复杂的交变载荷。一端通过螺栓紧固在电动机上，另一端安装传动轴承，在电动机端还要安装电动机悬挂臂及齿轮箱座。空心轴套材质采用高强度 ZG25Mn 铸钢。

3）齿轮箱组装。为了使主动齿轮、从动齿轮能有良好的润滑条件并防止异物进入，在主动齿轮、从动齿轮外面装有齿轮箱，齿轮箱内装有 18 号双曲线齿轮润滑油，在冬季或北方寒冷地区采用美孚齿轮油 SHC220 润滑齿轮。齿轮箱通过螺栓固定在电动机及空心轴套上。齿轮箱结构如图 2-39 所示。

齿轮箱由上箱、下箱、放油堵、加油堵、呼吸器等组成。上箱、下箱由压型钢板焊接成形，箱体上焊有各种安装座，焊完后进行整体退火，以消除焊接内应力。上箱、下箱通过螺栓连接后进行整体加工，保证齿轮箱整体的尺寸精度。在齿轮箱上部装有呼吸器，以防齿轮箱内油压过高而造成齿轮箱密封处漏油。在齿轮箱下部装有放油堵，侧面装有加油堵，以便放掉废的齿轮油及给齿轮箱加油，在加油堵上装有油标尺，以检查齿轮箱油位。

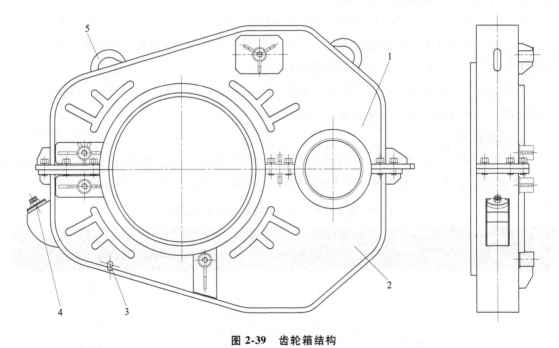

图 2-39　齿轮箱结构

1—上箱　2—下箱　3—放油堵　4—加油堵　5—呼吸器

4）轴箱组装。轴箱安装在车轴两端的轴颈上，它是连接构架和轮对的活动关节，将机车簧上部分的静负荷与动负荷传递给轮对，并将来自轮对的牵引力或制动力传递到构架上，同时传递轮对与构架之间的横向和纵向作用力。

轴箱采用独立悬挂弹性定位拉杆式结构，它具有提高机车运行稳定性、改善机车动力曲线通过的优点。轴箱轴端共有 3 种结构：第一种为普通轴端，第二种轴端设有速度传感器，第三种轴端设有接地装置。图 2-40 所示为轴端设有速度传感器的轴箱组装，它主要由内端盖、外端盖、轴箱体、轴承、吊座、轴圈、隔环、挡油环、挡板、速度传感器等组成。

轴箱内侧采用迷宫式密封，外侧采用挡油环式密封。一方面防止润滑脂泄漏，另一方面防止灰尘进入轴箱体内污染润滑脂，从而保证轴箱轴承的良好润滑和正常运转。

下面主要介绍内端盖、外端盖、轴箱体和轴承。

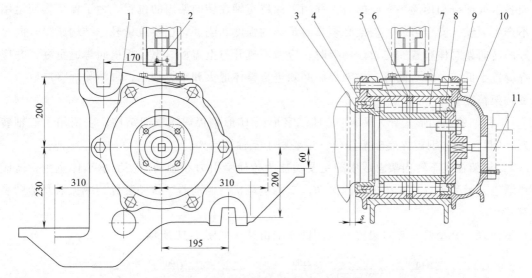

图 2-40　轴端设有速度传感器的轴箱组装

1—轴箱体　2—吊座　3—轴圈　4—内端盖　5、7—轴承　6—隔环　8—挡油环
9—挡板　10—外端盖　11—速度传感器

① 内端盖、外端盖。内端盖、外端盖均为 ZG230-450 的铸钢件，它通过螺栓与轴箱体紧固在一起，其突缘紧压圆柱滚子轴承外圈，以防止轴承外圈由于轴承转动而在轴箱内移动，另外还起到防尘和保护轴箱内部零件的作用。

② 轴箱体。轴箱体是关键承载部件，承受复杂的交变载荷。

轴箱体材料采用高强度 C 级铸钢，中间成圆筒型，其内孔与轴承外圈配合。左上方和右下方有"八"字形切口，它与轴箱拉杆连接。两边伸出弹簧座，一系圆弹簧就支承在这弹簧座上。

③ 轴承。每组轴箱采用两种型号的单列向心滚子轴承，内侧采用 NJ2232WBY 轴承，外侧采用 NUHJ2232WBY1 轴承。

在组装轴箱轴承前，应用汽油或煤油把轴承清洗干净，并同时把轴箱配件和车轴轴颈清洗干净。轴承内应加入相当于轴承室总容量 1/2～1/3 的高速铁道Ⅲ型润滑脂。

轴箱组装时，轴圈和轴承内圈均需加热组装。轴圈加热温度应在 160℃ 以下，轴承内圈加热温度应在 120℃ 以下。

为了使机车顺利通过曲线，轴箱组装完后，在轴颈上的轴向窜动量（即轴箱的横动量）：机车第一、三、四、六位为 2mm，第二、五位为 16mm。

5）接地装置及速度传感器。为了防止或减少轴箱轴承的电流腐蚀，每一组轮对在一个轴箱端部均设置了一套接地装置，该装置型号为 TJD01。同时为了完成对机车速度的测量与控制，在另一端将会安装速度传感器。

（2）构架　构架是转向架的一个受力复杂的重要部件，它的结构形式、受力状态与转向架总体布置有关，它是转向架其他零部件的安装基础。构架是转向架的骨架，用以连接转向架各组成部分和传递各方向的力，并用来保持车轴在转向架内的位置。为了保证构架运用后不产生裂纹、安全可靠，构架必须具有足够的强度和刚度，还要重量轻、结构紧凑，同时有好的转向架总体布置。在设计构架时，应考虑避开与上盖板、下盖板横向焊缝重叠，并应把焊缝置于低应力区。同时，构架焊后必须进行整体退火和整体加工，以消除焊接内应力和保证构架精度。

1）构架的结构形式分为两种："日"字形或H形钢板焊接框架结构，主要用于二轴转向架；"目"字形钢板焊接框架结构，主要用于三轴转向架。

2）构架在机车转向架总成中的主要功能为传递牵引力和制动力，支承车体重量，适应曲线通过，承受来自轮对和车体的振动，支承电动机、制动器、传动装置、减振器及辅助装置等。

下面以SS9型机车转向架构架为例做详细讲述，如图2-41所示。

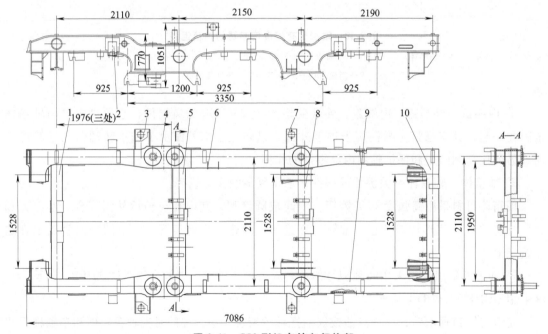

图 2-41　SS9 型机车转向架构架

1—前端梁组装　2—减振器上座（一）　3—减振器支座（一）　4—侧梁装配（右）　5—中间横梁装配（一）
6—横向减振器座　7—减振器支座（二）　8—中间横梁装配（二）　9—侧梁装配（左）　10—后端梁组装

SS9型机车转向架构架由侧梁装配（分左右）、前端梁组装、后端梁组装、中间横梁装配（一）、中间横梁装配（二）和各种附加支座等组成。侧梁由钢板焊接成双凸肚的箱形结构，其上焊装有牵引座、止挡座、拉杆座、圆弹簧拉杆座以及弹簧座等。两根中间横梁结构基本相同，均采用无缝钢管，其上均焊有电动机悬挂支座以及电动机悬挂板，中间横梁装配

（二）还焊装有制动器安装板。前端梁采用无缝钢管，其上焊装有电动机悬挂支座和制动器安装板。后端梁由钢板焊接成箱形，其上焊装有电动机悬挂板和制动器安装板。各梁焊装后，构架成"目"字形结构。

SS9 型机车转向架构架在焊接后，需要检查下列主要尺寸：

1）第三位拉杆座对第一位、第二位拉杆座对角线检查，相对应的两对角线之差不大于 5mm。

2）两侧梁相对应的拉杆座内侧距离（1950±1）mm。

3）同一轴箱拉杆座与圆弹簧拉杆座八字面中心距（925±1）mm。

4）制动器安装座横向距离（1528±1）mm。

5）八字面处（$46^{+0.17}_{-0}$）mm 用样板检查。

6）同一侧第一位拉杆座对第二位、第三位拉杆座距离分别为（1200±1）mm、（3350±1.5）mm。

7）同一侧前后二系弹簧座中心距 2359mm。

8）二系弹簧座横向中心线间距 2110mm。

9）同一轴电动机悬挂座中心距（1976±1）mm。

（3）一系悬挂装置（轴箱悬挂装置）　为了缓和轨道对机车的冲击和振动、改善部件的工作可靠性和乘务员的舒适度，在构架和轮对轴箱之间设置了弹簧和油压减振器，该系统称一系悬挂装置，又称轴箱悬挂装置。

一系悬挂装置中包含的主要零部件有圆弹簧、弹簧上压盖、弹簧下压盖、上座、定位销、调整垫板、油压减振器等。

机车在运行时，由于线路的不平顺、钢轨的接缝和道岔，以及轮箍踏面的磨耗不均匀和擦伤等诸多因素的影响，轮对会受到来自线路的冲击，激起机车振动，如果构架与轴箱直接连接，那么轮对所受的冲击就会直接通过轴箱传至构架，构架又传至车体，使构架受力恶化，产生裂纹和变形，并容易引起走行部分的紧固件松动，造成装在车体内的各种电器设备工作不可靠。同时，刚性冲击对线路也具有较大的破坏作用。

通过一系悬挂装置系统把构架以上的垂直载荷均匀地分配到各个轮对上，使每个轮对的轴重、轮重均匀。

下面以 SS9 型机车为例做进一步详细地分解。

每台转向架有六组完全相同的一系悬挂装置。每个一系悬挂装置由两组完全相同的圆弹簧、轴箱拉杆、弹簧上压盖、弹簧下压盖、橡胶垫及一个上座、一个垂向油压减振器和一个减振器下座组成，如图 2-42 所示。其中，弹簧上压盖、弹簧下压盖及上座等统称为弹簧附属部件。该装置具有结构简单、无磨耗、能克服上压盖和下压盖歪斜、调簧容易及易维护保养等优点。

一系悬挂装置主要技术参数如下：

圆弹簧静挠度……………………………44.5mm

橡胶垫静挠度……………………………5mm

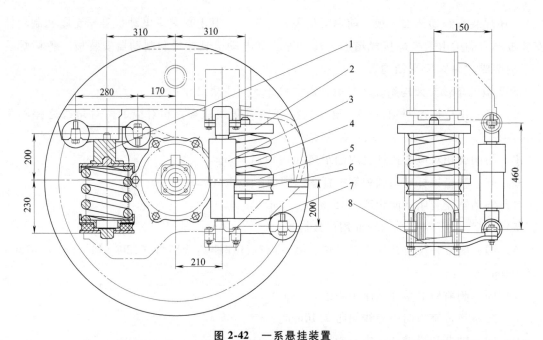

图 2-42　一系悬挂装置

1—上座　2—弹簧上压盖　3—垂向油压减振器　4—圆弹簧　5—弹簧下压盖　6—橡胶垫
7—轴箱拉杆　8—减振器下座

垂向油压减振器阻尼系数……………………80kN·s/m

一系悬挂装置的主要结构如下。

① 圆弹簧。每个轴箱设置了两个相同的圆弹簧，圆弹簧的材料为 60Si2Cr，旋向为右旋。

圆弹簧的基本参数如下：

簧条外径……………………………………40mm

平均直径……………………………………190mm

有效圈数……………………………………3.6 圈

总圈数………………………………………5.1 圈

自由高………………………………………276.5mm

工作高………………………………………232mm

每个圆弹簧在绕制完成后都对其在工作负荷下的高度进行了测量，并在圆弹簧的标牌上做了详细记录。一系悬挂装置组装时，应对圆弹簧进行选配，保证同一转向架各个圆弹簧的工作高相差不超过 2mm。

② 轴箱拉杆。轴箱定位采用双扭线弹性轴箱拉杆装置，如图 2-43 所示。

轴箱拉杆由连杆体、拉杆组件、端盖、橡胶垫和止块等组成。连杆体为 C 级钢铸钢件，成双筒形，中间连接部分成"工"字形。拉杆组件由拉杆和橡胶组成，橡胶硫化在拉杆上，主要提供一系弹簧的径向刚度。橡胶垫是带有金属夹层的橡胶硫化件，它被端盖压死在拉杆体的侧面。而端盖则用两个半圆止块固定，主要提供一系弹簧的横向刚度。组合后的轴箱拉

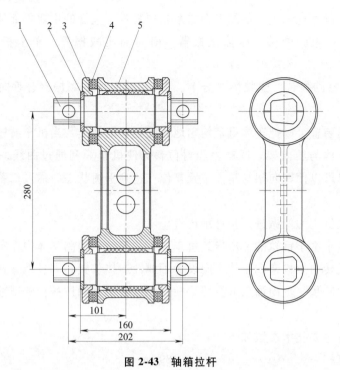

图 2-43 轴箱拉杆

1—拉杆组件 2—止块 3—端盖 4—橡胶垫 5—拉杆体

杆形成一个整体弹性体，它承受、传递牵引力和制动力及各种载荷，并缓冲各种振动，以改善机车性能。由于轴箱拉杆采用了橡胶件，而橡胶容易老化，因此在运用一段时间后应对其进行外观检查和性能参数抽查。

轴箱拉杆主要技术参数（两个轴箱拉杆与轴箱体组装在一起后，在轴箱体上加载或产生横向位移）如下：

纵向刚度……………………33MN/m（35kN 载荷下）

横向刚度…………4MN/m（在 0~10mm 横向位移下）

③ 弹簧附属部件。弹簧附属部件由上下压盖、上座等组成，圆弹簧靠附属部件组装在一起。

④ 垂向油压减振器。因 SS9 型机车转向架采用独立悬挂方式的螺旋弹簧，而单纯采用螺旋弹簧时，振动太大，会加速机车各零部件的磨损和疲劳损坏，所以，弹簧要配合减振器一起工作，这样既能缓和由于线路不平顺而引起的机车冲击，也能衰减机车的振动，还能保持弹簧装置正常工作。一系悬挂装置采用的减振器是设置在构架和轮对轴箱之间的垂向油压减振器，它一端固定在构架的减振器座上，另一端固定在减振器下座上，减振器下座通过 4 个 M20 的螺栓与轴箱体相连接。

SS9 型机车转向架采用 KONI 铁路垂直油压减振器，它是一个液压系统，在拉伸和压缩时，液压油通过节流阀产生阻尼力，起到衰减振动的目的。

（4）二系悬挂装置（车体悬挂装置） 转向架与车体之间设置的弹性连接装置称为二系

悬挂装置，又称车体悬挂装置。不同车型二系悬挂装置中包含的主要零部件如下。

SS4 系列机车：橡胶弹簧、摩擦减振器、横向油压减振器、单卡板、双卡板、调整垫板。

SS9 改型机车：圆弹簧、橡胶垫（分上、下）、横向油压减振器、垂向油压减振器、抗蛇形油压减振器。

通过二系悬挂装置可以把车体重量均匀地分配到转向架上。当机车通过曲线时，二系悬挂装置又可以在车体与转向架之间产生相对位移，使机车顺利通过曲线；当机车通过曲线后，二系悬挂装置可以使转向架与车体位置复位，达到平衡状态。通过二系悬挂装置还可以传递各种附加力。

下面以 SS9 型机车为例做进一步详细讲解。

为了进一步减小由于钢轨的冲击导致机车产生的振动，提高车体内设备的可靠性和机车运行的平稳性，在转向架构架和车体之间设置了弹性连接装置，即二系悬挂装置。二系悬挂装置由圆弹簧、橡胶垫、垂向油压减振器、横向油压减振器和抗蛇行油压减振器等组成，如图 2-44 所示。

二系悬挂装置主要技术参数如下：

圆弹簧静挠度……………………………………89mm

橡胶垫静挠度……………………………………7mm

垂向油压减振器阻尼系数………………………120kN·s/m

横向油压减振器阻尼系数………………………90kN·s/m

抗蛇行油压减振器阻尼系数……………………1000kN·s/m

二系悬挂装置的主要结构如下：

① 圆弹簧。在构架侧梁上部设置了 6 个圆弹簧，圆弹簧的材料为 50CrV，旋向为右旋。圆弹簧的基本参数如下：

簧条外径…………………………………………48mm

平均直径…………………………………………238mm

有效圈数…………………………………………6.2 圈

总圈数……………………………………………7.7 圈

自由高……………………………………………489mm

工作高……………………………………………400mm

② 橡胶垫。在每个弹簧的上、下两端都设置了橡胶垫，以使弹簧工作时有较小的横向刚度，同时改善圆弹簧的应力状态。橡胶垫由上盖板、下盖板和橡胶硫化成整体。

③ 油压减振器。转向架与车体之间布置了 2 个横向油压减振器和 4 个垂向油压减振器，同时，还布置了 2 个抗蛇行油压减振器。它们起到减小车体振动、改善机车动力学性能的作用。

抗蛇行油压减振器主要应用在高速机车上，在机车高速运行时，抗蛇行油压减振器遏制了转向架的蛇行运动，提高了机车运行的稳定性。

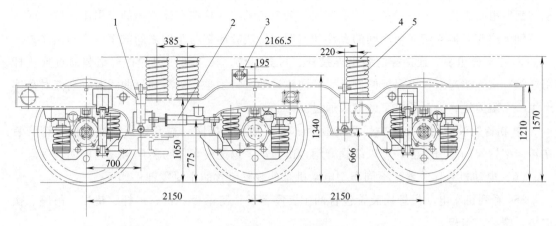

图 2-44　二系悬挂装置

1—垂向油压减振器　2—抗蛇行油压减振器　3—横向油压减振器　4—橡胶垫　5—圆弹簧

（5）牵引装置　不同车型牵引装置包含的主要零部件如下。

SS4 系列机车牵引装置包含的主要零部件：牵引座、压盖、牵引橡胶垫、六角开槽螺母、牵引叉头、三角撑杆座、关节轴承、销（一）、销（二）、三角架、销（三）、三角撑杆、牵引杆。

SS9 改型机车牵引装置包含的主要零部件：拐臂组装、连接杆组装、牵引杆、牵引杆销（一）、连接杆销、拐臂销、牵引杆销、关节轴承、挡板（一）、挡板（二）、六角开槽螺母。

牵引装置是连接机车车体与转向架构架的重要组成部分，其主要作用是传递机车的牵引力和制动力。机车运行时要求牵引装置不应该存在对运动的约束，且能适应机车车体与转向架之间的各种相对运动，包括转向架相对于车体的横动、在水平面内的回转，转向架相对于车体的浮沉振动、点头振动及侧滚振动等。

下面以 SS9 型机车为例做进一步详细地讲解。

牵引装置的作用是传递转向架与车体之间的牵引力和制动力，为了充分发挥机车的黏着重量利用率，一般要求牵引装置的牵引点尽量低，以减小机车的轴重转移。SS9 型机车牵引装置为双侧平拉杆结构，牵引点距轨面高度为460mm。该结构简单灵活、重量轻，销套磨耗少、拆卸方便，如图 2-45 所示。

牵引装置是以连接杆中截面为对称平面的完全对称结构，它主要由牵引杆组装、连接杆组装、拐臂组装、牵引杆销、连接杆销、拐臂销等零部件组成，各连接销套、关节轴承处用油脂润滑，以减少连接销套、关节轴承的磨损。

① 牵引杆组装。牵引杆组装由牵引杆、关节轴承、挡圈组成，一端通过牵引杆销、关节轴

图 2-45　牵引装置

1、7—牵引杆销　2—拐臂销　3—拐臂组装　4—牵引杆组装　5—连接杆组装　6—连接杆销

承与拐臂组装连接，另一端通过牵引杆销、关节轴承与焊接在车体侧面的牵引座连接，通过关节轴承适应车体与转向架之间的沉浮和偏摆，传递转向架与车体之间的牵引力和制动力。

② 连接杆组装。连接杆组装由连接杆、衬套组成，转向架两边的拐臂组装通过连接杆用连接杆销连接起来，以保证两侧牵引杆同步运动，特别是在机车通过曲线时，它能对车体产生一个阻力矩，提高了机车的曲线通过能力。

③ 拐臂组装。拐臂组装由铸造的拐臂、关节轴承、挡圈、衬套组成，通过拐臂销安装在转向架构架的牵引座上，可以绕拐臂销自由转动，以适应车体与转向架之间的回转等。

（6）电动机悬挂装置　不同车型电动机悬挂装置包含的主要零部件如下。

SS4 系列机车电动机悬挂装置包含的主要零部件：防落板、销、吊杆、垫板、吊座、橡皮垫、螺母、卡板。

SS9 改型机车电动机悬挂装置包含的主要零部件：悬挂臂、悬挂座、芯轴（一）、芯轴（二）、关节轴承、衬套、压盖、调整垫。

SS4 改型机车电动机悬挂采用抱轴式半悬挂方式，一端通过抱轴箱支承在车轴上，另一端电动机悬挂装置吊在构架中间横梁（牵引梁）的电动机悬挂座上。电动机悬挂装置一方面能承受电动机静载荷（约为电动机重量的 1/2），另一方面承受电动机工作时产生的反力。同时在电动机工作过程中，它可随电动机纵向和横向自由摆动，缓解电动机与构架之间的振动。

SS9 型机车电动机悬挂采用轮对空心轴全悬挂方式。前端通过悬挂臂固定在空心轴和构架端梁上。电动机后部通过悬挂座将电动机固定在构架上，电动机悬挂装置除受电动机全部载荷外，还要承受大、小齿轮和与大齿轮相连的六连杆、空心轴、齿轮箱、齿轮轴承和空心轴的一半重量，使它们成为簧上重量，大大降低了簧下重量，使机车获得良好的动力学性能，如图 2-46 所示。

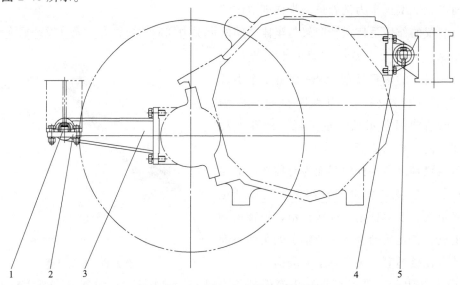

图 2-46　SS9 型机车电动机悬挂装置

1—芯轴（一）　2—托板　3—悬挂臂　4—悬挂座　5—芯轴（二）

芯轴（一）由心轴、球铰组成，压装在悬挂臂端头的孔内，一端靠弹簧挡圈使其固定在悬挂臂上。

芯轴（二）与芯轴（一）基本相同，但芯轴（一）的心轴两端为方轴，而芯轴（二）的心轴两端为"八"字形梯形轴。

悬挂臂与悬挂座均为铸钢件。

悬挂臂另一端有 6 个 ϕ32mm 的螺栓孔，用于悬挂臂与固定空心轴的连接。悬挂臂前端用托板托住芯轴（一）与构架前端梁或者中间横梁上的电动机支座相连。电动机后端用 8 个 M24 的螺栓固定 2 个悬挂座，悬挂座的另一端靠组装在它上面的芯轴（二）与构架横梁或者后端梁相连。

电动机悬挂装置的调整是通过调节在芯轴（一）与构架前端梁或者中间横梁上的电动机悬挂座的方形槽内的调整垫的方式来实现的。用增减调整垫的数量、规格（当然应尽可能使调整垫的数量为最少）来保证活动的空心轴与车轴之间的间隙均匀。空心轴与车轴之间的同轴度应控制在 5mm 以内。

（7）基础制动装置   基础制动装置包含的主要部件为单元制动器，单元制动器包括闸瓦定位弹簧、箱体、棘钩、压环、密封套、门组装、油杯、护罩、滤尘网、制动缸、杠杆、隔套、圆锥弹簧、扭簧卡、扭簧卡板、扭转弹簧、闸瓦托杆、闸瓦签、闸瓦、脱钩杆、开口销、手轮、螺盖、棘轮、传动螺杆、传动螺母、滑套、条簧、闸瓦圆销等。

基础制动装置是执行对运行中的机车进行减速和停车操作的一种机械装置，当机车制动时，对制动缸进行充气，使制动缸内活塞产生推力，经杠杆机构放大若干倍后，通过闸瓦作用到车轮踏面上，使闸瓦与车轮踏面产生摩擦，将动能变为热能，从而使机车达到减速或停车的目的。

SS9 型机车基础制动装置采用单侧踏面单元制动器+粉末冶金闸瓦形式。每台转向架装有 6 套具有自动调整闸瓦间隙功能的单元制动器，如图 2-47 所示。

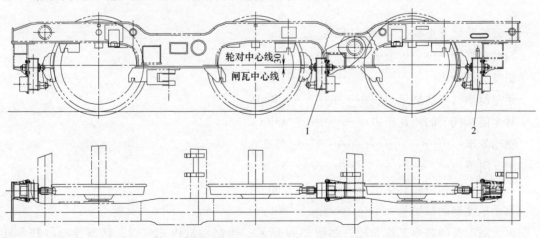

图 2-47   SS9 型机车基础制动装置

1—JDYZ-4A 型单元制动器   2—JDYZ-4B 型单元制动器

基础制动装置采用 JDYZ-4A 型和 JDYZ-4B 型两种结构形式的单元制动器，其结构分别如图 2-48、图 2-49 所示。它们的区别只是后者能与停车制动装置相连。以上两种单元制动器具有结构紧凑、制动效率高、制动性能可靠等优点。组装好的制动器可作为一个独立部件，直接用螺栓连接在构架的制动器安装座上。

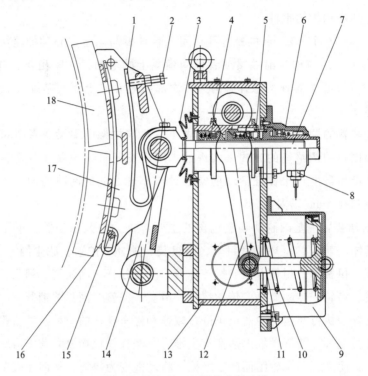

图 2-48 JDYZ-4A 型单元制动器

1—闸瓦定位弹簧 2—调整螺钉 3—防尘罩 4—调整机构 5—引导机构 6—挡套螺母 7—传动螺杆

8—锁紧机构 9—制动缸 10—弹簧 11—活塞 12—杠杆 13—箱体 14—闸瓦托杆 15—销

16—闸瓦签 17—闸瓦托 18—闸瓦

基础制动装置主要技术参数如下：

制动缸直径……………………………190mm

制动倍率………………………………4

紧急制动时制动缸压力………………450kPa

每个闸瓦托上的闸瓦压力……………43kN

制动效率………………………………85%

闸瓦间隙………………………………5~8mm

一次最大闸瓦磨耗补偿量……………7mm

每个单元制动器质量…………………80kg

单元制动器的基本工作原理：如图 2-49 所示，当制动缸内充气时，活塞推动杠杆，杠杆推动间隙调整机构，调整机构带动传动螺杆及闸瓦托一起向车轮踏面方向移动，从而实现机车制动。螺杆的左移带动导向螺母（见图 2-50）、导向螺母套、调隙挡左移，如果制动前

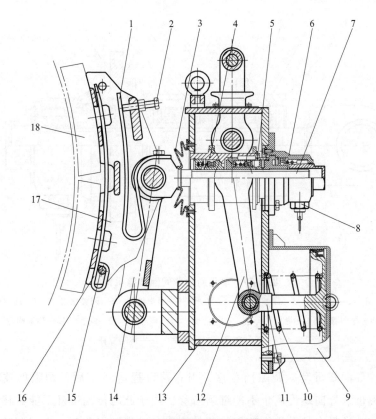

图 2-49　JDYZ-4B 型单元制动器

1—闸瓦定位弹簧　2—调整螺钉　3—防尘罩　4—调整机构　5—引导机构　6—挡套螺母　7—传动螺杆
8—锁紧机构　9—制动缸　10—弹簧　11—活塞　12—杠杆　13—箱体　14—闸瓦托杆
15—销　16—闸瓦签　17—闸瓦托　18—闸瓦

闸瓦与踏面的间隙小于调隙挡与压圈间的间隙，则在制动全过程中，导向螺母、导向螺母套、调隙挡与螺杆左移量相等。当制动缸排气时，活塞在弹簧（见图 2-49）的推动下，分别带动杠杆、间隙调整机构、传动螺杆、闸瓦托一起向相反方向运动，闸瓦离开车轮踏面从而实行缓解。

单元制动器的闸瓦间隙自动调整功能。机车在运行过程中，由于闸瓦和轮箍踏面的磨耗，闸瓦间隙会越来越大，为了消除增大的间隙，该制动器有自动补偿闸瓦磨耗间隙的功能。单元制动器间隙调整机构如图 2-50 所示，其作用原理如下：

如果制动前和制动中闸瓦与踏面的间隙大于调隙挡与压圈间的间隙 X，若为 $X+a$，则当传动螺杆带动导向螺母、导向螺母套、调隙挡左移 X 后，由于调隙挡被压圈挡住，不能继续左移，导向螺母套也不能继续左移，这时传动螺杆和导向螺母的左移使调整弹簧压缩，导向螺母与导向螺母套间的锥形齿啮合脱开。由于传动螺杆与导向螺母间是通过不自锁螺纹连接的，故此时导向螺母在调整弹簧弹力的作用下，绕传动螺杆旋转后退而不再随之左移。在制动过程中，传动螺杆左移了 $X+a$，而导向螺母、导向螺母套和调隙挡只左移了 X。

缓解时，杠杆推动复位挡圈带动调整螺母套、导向套、调整弹簧、调整螺母、传动螺

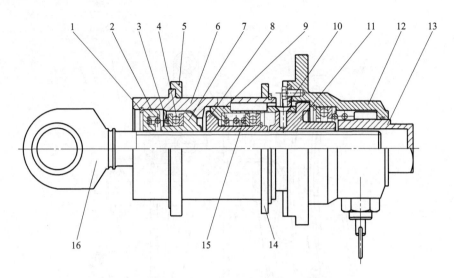

图 2-50　单元制动器间隙调整机构

1—卡环　2—导向套　3—调整弹簧　4—轴承　5—力推挡圈　6—调整螺母套　7—调整螺母

8—导向螺母　9—导向螺母套　10—压圈　11—调隙挡　12—端盖　13—挡套螺母

14—复位挡圈　15—弹簧　16—传动螺杆

杆、导向螺母、导向螺母套、调隙挡右移，当右移行程达到 X 后，调隙挡被端盖挡住，传动螺杆、导向螺母、导向螺母套也不能继续右移。由于此时传动螺杆不能右移，调整螺母也不能右移。而调整螺母套的继续右移便与调整螺母的锥齿啮合脱开。由于调整螺母与传动螺杆间也是通过不自锁螺纹连接的，所以调整螺母在调整弹簧 3 的弹力作用下绕螺杆旋转后退，直到调整螺母套被导向螺母挡住，调整螺母套与调整螺母的锥齿重新啮合。此时，缓解到位。在这过程中，间隙 a 被消除，闸瓦与踏面间的间隙仍保持 X，即闸瓦间隙得到了自动调整。

（8）停车制动装置　当机车停在较大坡道或较长时间停留在轨道上，应对机车进行制动，以免机车发生溜车引起事故，此时可采用停车制动装置来实现。SS4 系列机车（SS4、SS4B、SS4 改）、SS3、SS3B、SS3B 重联机车、SS6B 等机车的停车制动均可以通过司机室内司机室后墙柜内设置的手制动机构来实现，通过顺时针旋转手轮，通过手制动系统达到制动效果。而 SS9 型机车停车制动装置采用的则为蓄能制动器，如图 2-51 所示，在每台转向架第三位轮对处设置 2 套停车制动装置，每套停车制动装置由蓄能制动器、调整螺母、拉杆、水平杠杆、连杆、竖杠杆等组成。蓄能制动器所产生的制动力依次通过拉杆、水平杠杆、竖杠杆和连杆传递到制动器闸瓦上，以实现车轮踏面制动。

SS9 型机车停车制动装置主要技术参数如下：

杠杆倍率……………………………4

蓄能制动器制动倍率………………2.456

制动时主弹簧反力…………………14100N

复原弹簧反力………………………300N

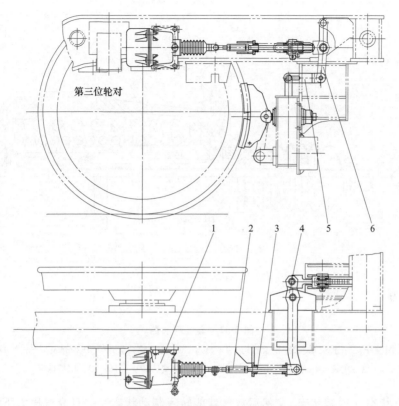

图 2-51　SS9 型机车停车制动装置

1—蓄能制动器　2—调整螺母　3—拉杆　4—水平杠杆　5—连杆　6—竖杠杆

制动效率……………………………85%

蓄能制动器质量……………………46kg

SS9 型机车的蓄能制动器主要由制动缸体、主压缩弹簧、压缩弹簧、锁紧机构、棘爪、导向环、丝杆、调整螺母、调整杆、护尘罩、皮碗、活塞、弹簧等部件组成，如图 2-52 所示。

蓄能制动器通过螺栓直接安装在转向架构架上，机车停车后通过蓄能制动器的弹簧力来对车轮踏面进行制动，蓄能制动器有运行缓解、停车制动、手动缓解三种状态，分别用来对机车进行制动与缓解。

① 运行缓解状态。机车正常运行时，蓄能制动器应处在缓解位。当总风缸的压缩空气（压力 600kPa）向蓄能制动器的制动缸内充气时，空气推动活塞，压缩制动弹簧，与此同时螺母在丝杆上旋转，并带动棘轮套同时旋转，而丝杆没有伸长或缩短，保持原有状态。因此蓄能制动器仍保持缓解位，不起制动作用。

② 停车制动状态。当制动缸排气到压缩空气的压力低于 300kPa 时，压缩弹簧开始推动活塞向后移动，此时棘轮机构有反锁作用，锁住棘轮套和螺母不能在丝杆上转动，在活塞往后移动时丝杆只能一起往后移动，使之处于制动位。

③ 手动缓解状态。机车在停车时要移动而又无司机操纵时，只拉动蓄能制动器上的手动拉环就可进行缓解。蓄能制动装置要在完全缓解状态实行制动时，必须先对制动缸充气，

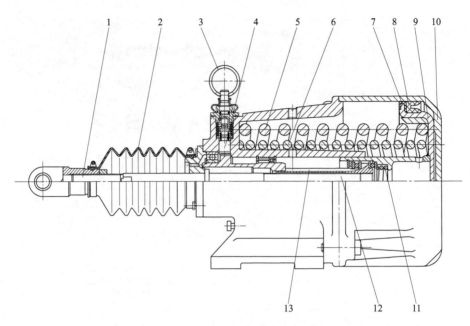

图 2-52 蓄能制动器

1—调整杆 2—护尘罩 3—锁紧机构 4—棘爪 5—主压缩弹簧 6—压缩弹簧 7—导向环

8—皮碗 9—活塞 10—制动缸体 11—弹簧 12—丝杆 13—调整螺母

使之恢复运行状态（缓解状态），然后放气就能转入制动状态。一旦充气压力下降到 300kPa 以下时，蓄能制动器就会自动进行工作。随着充气压力的减小，加在闸瓦上的压力也就会越来越大。所以，在运行时一定要注意风压。在无气的情况下移动机车，一定要检查蓄能制动器是否处于缓解位。若处于制动位，可拉动蓄能制动器上的拉环。使机车处于缓解位后方能移动机车，以防轮缘踏面擦伤等事故发生。

（9）轮轨润滑装置 轮轨润滑装置包含的主要零部件有油脂灌、软管组装、三通接头。

机车在运行过程中，车轮轮缘与钢轨之间会产生摩擦，并引起轮缘及钢轨磨损。轮轨磨损直接影响到车轮和钢轨的使用寿命与机车的运行安全。通过使用轮轨润滑装置来改善和降低轮轨间的摩擦系数，有效地减轻轮缘与钢轨之间的摩擦，延长轮缘和钢轨的使用寿命。

SS9 型机车在转向架第一位、六位轮对附近的构架上安装有 HB-2 型轮轨润滑装置。它是利用压缩空气带动润滑脂从喷嘴中喷到轮缘上，使轮缘与钢轨之间摩擦情况得到改善的一种装置。

HB-2 型轮轨润滑器喷头及油脂罐的工作原理示意图，如图 2-53 所示。

HB-2 型轮轨润滑器喷头及油脂罐的工作过程如下：

① 电空阀开通后，管路中的压缩空气经过三通（或四通）分为两路，一路通过气路软管、进气口、进入油脂罐，在油脂液面上形成压力，将油脂挤入油脂管路，到达油脂喷头进脂口；另一路压缩空气，通过气路软管直接进入油脂喷头进气口。通过进气口的压缩空气将油脂喷头内的柱塞推到喷脂位置，从喷嘴喷射出雾化油脂。

② 当电空阀关断后，管路中的压缩空气通过电空阀上安装的消音器放出，油脂喷头内

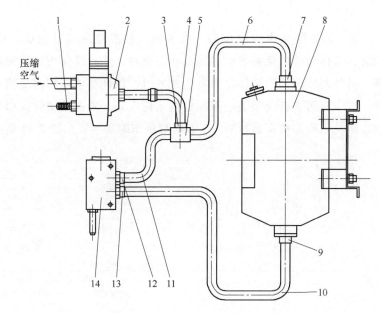

图 2-53　HB-2 型轮轨润滑器喷头及油脂罐的工作原理示意图

1—消音器　2—电空阀　3—三通进气口接头　4—气路软管　5—三通　6—油脂罐气路软管

7—油脂灌进气口　8—油脂罐　9—油脂罐出脂接口　10—油脂管路　11—喷头进气接口

12—喷头进气口接口　13—喷头进脂口接口　14—油脂喷头

柱塞在弹簧力的作用下恢复原位。当机车走过设定距离后，又重复①的过程。

（10）砂箱组成　砂箱主要用来储存砂子，当机车在运行中因黏着不够发生车轮打滑时，可以通过在钢轨上撒砂来提高轮轨之间的黏着系数，防止车轮与钢轨的接触面因滑动而引起轮轨擦伤。扫石器主要用来扫除钢轨上的小石头及其他杂物，保护车轮踏面，防止车轮脱轨。

下面以 SS9 型机车为例进行分解讲述。

在 SS9 型机车转向架的一、三、四、六位装有砂箱，在一、六位装有扫石器，砂箱装置主要由砂箱、砂箱支架、扫石器支架、扫石器组成，砂箱装置如图 2-54 所示。

砂箱由 3mm 厚的钢板拼装组焊而成，体积为 0.1m³，下部设计为漏斗型，以便撒砂。砂箱通过螺栓安装在构架砂箱支架上，每个转向架装有 4 个砂箱。

扫石器装在扫石器支架上，扫石器在垂直方向可以调整，保证扫石器橡胶板距轨面的高度为（25±5）mm，压板距轨面的高度

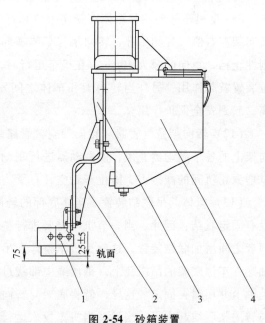

图 2-54　砂箱装置

1—扫石器　2—扫石器支架　3—砂箱支架　4—砂箱

为 75mm。

（11）附属装置　附属装置由横向止挡、线卡座、轴温检测装置组成。横向止挡的作用：在机车运行时，车体与转向架若发生过度的相对位移，此时横向止挡就起限制车体与转向架超范围位移，另外当转向架与车体之间发生意外时，保证车体与转向架相互不脱离，起到安全保护作用。线卡座用于转向架上电缆固定线卡的安装。轴温检测装置用于机车运行过程中车轴温度的检测，以确保机车运行安全。SS9 型机车附属装置如图 2-55 所示。

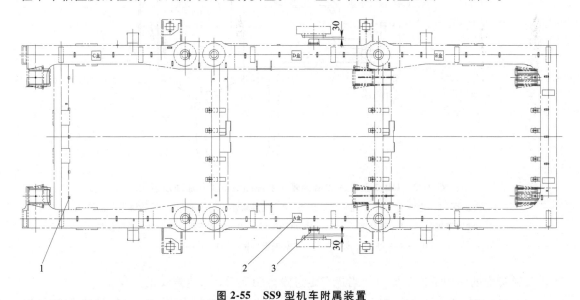

图 2-55　SS9 型机车附属装置

1—线卡座　2—轴温检测装置　3—横向止挡

SS9 型机车转向架与车体有横向限位和垂向限位装置。横向限位采用弹性止挡，设置在转向架左右侧梁外侧中部，转向架与车体横向间隙为（30±5）mm（单边）。垂向限位采用刚性止挡，垂向间隙为 40mm。在机车运行时，当车体与转向架发生过度的相对位移时，限位装置就起作用，另外当转向架和车体之间发生意外时，可以确保车体与转向架相互不脱离，起到安全保护作用。

（12）转向架空气管路　转向架空气管路主要作用是将车体主风缸的空气通过管路对转向架上的各个制动器充风，使制动器进行制动和缓解，同时也通过它使撒砂装置进行撒砂，以增强轮轨间的摩擦力，防止车轮空转打滑。

（13）整体起吊联结装置　车体底部的转向架与车体之间由于在运行时存在相对运动而没有固定联结，因此，当一节机车需要进行整体起吊时（吊装点在车体底架上），就必须在两者之间增加联结装置，这就是机车整体起吊联结装置。它主要是由钢丝绳、销轴组成。销轴穿在车体底架的吊座孔上，钢丝绳中部绕过轴箱前盖的圆形凹槽，而两端则分别绕在两个销轴上并用绳夹固定。这样，就将底架与转向架的所有轴箱联结起来，实际上也就是将车体与转向架联结起来了。当然，当机车投入运行前（不需要再进行整体起吊），必须将整体起吊联结装置拆卸下来另行保存。

2.3.2 交流机车转向架

交流机车转向架的介绍将以 HXD1 型机车转向架为例进行介绍。

HXD1 型机车转向架采用了成熟且比较先进的技术，如轮盘制动、滚动抱轴承传动、二系高扰钢弹簧、单轴箱拉杆轮对定位、整体免维护轴箱轴承、砂箱加热及计量等，这些技术的采用保证了机车在重载牵引条件下以较高的速度运行。

1. 主要技术参数

HXD1 型机车转向架主要技术参数见表 2-7。

表 2-7　HXD1 型机车转向架主要技术参数

轴式	2（Bo-Bo）	转向架总重/kg	20060
轨距/mm	1435	传动方式	单侧斜齿轮
轴重/t	25	传动比	106∶17
轴距/mm	2800	弹簧悬挂装置总静挠度/mm	141
轮径/mm	1250	一系静挠度/mm	38
通过最小曲率半径/m	125	二系静挠度/mm	103
轮对左右轴箱中心线间距/mm	2100	转向架相对于车体横动量	35~38
二系支撑点横向间距/mm	2110	基础制动方式	轮盘制动单元（带蓄能）
最高速度/km/h	120	制动倍率	0.95
牵引方式	中间斜拉杆推挽式	机车制动率	2.41
牵引点距轨面高度/mm	240	外形尺寸/mm（长×宽×高）	5375×3064×1454
侧梁顶面距轨面高度/mm	1260	电动机功率/kW	1225
牵引电动机悬挂方式	抱轴悬挂		

2. 主要结构特点

HXD1 型机车转向架主要由轮对、传动装置、轴箱、构架、悬挂装置、牵引装置、撒砂装置、轮缘润滑装置、弹性止挡、整体起吊、空气管路以及辅助装置组成。

（1）悬挂装置　重载牵引机车转向架悬挂系统是保证机车安全运行的关键结构，由一二系弹簧、减振器及轴箱定位组成。

HXD1 型机车转向架悬挂结构借鉴了高速动力转向架的悬挂结构（见图 2-56）。它的第一个特点是二系采用高扰弹簧，第二个特点是轴箱采用单侧轴箱拉杆定位。轴箱拉杆两端采用球形橡胶关节。由于橡胶关节径向刚度大，回转刚度小，因而使轴箱纵向具有较大的定位刚度，并可使轴箱相对构架能自由的沉浮及绕本身轴线回转。该种结构的特点是结构简单，且可实现一系纵向、横向弹性参数相对独立。并且一系纵向刚度大，横向刚度小，有利于提高临界速度，保持驱动系统稳定，提高黏着利用率及改善曲线通过性能。

通过调整一、二系弹簧调整垫可实现机车从 23t 轴重变为 25t 轴重。

电动机一端采用抱轴悬挂，另一端采用摆杆弹性悬挂在构架上，电动机悬挂装置如图 2-57 所示。该结构满足了传动系统的运动关系，另外也可以改善动力学性能。

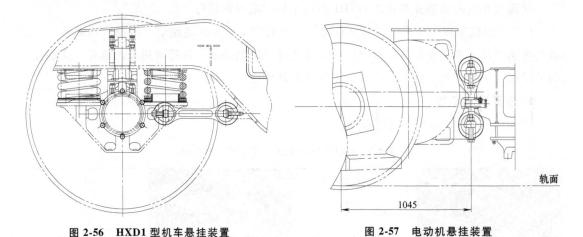

图 2-56　HXD1 型机车悬挂装置　　　　图 2-57　电动机悬挂装置

（2）轮对及轴箱　HXD1 型机车转向架车轮采用整体碾钢车轮，并满足 EN 13262 标准要求；在车轮两侧装有制动盘，制动盘与车轮之间通过螺栓连接；车轮踏面采用符合 TB/T 449 的 JM_3 磨耗型踏面。

车轴轴颈直径为 160mm，轮座直径为 252mm，轴身直径为 240mm，设计满足 EN 13104 标准；其材料采用 EA4T（25CrMo4V），并满足 EN 13261 标准的要求；车轴轮座采用喷钼处理，并满足 BN 918260 的要求。

轮对组装满足 EN 13260 的要求。

HXD1 型机车轴箱采用的是整体式圆锥滚动轴承，型号为 SKF1639479-03，有利于控制轴箱横动量和保证轴承油脂不泄露，实现 120 万 km 免维护；轴箱安装有速度传感器、接地装置和防滑速度传感器（见图 2-58、图 2-59）。

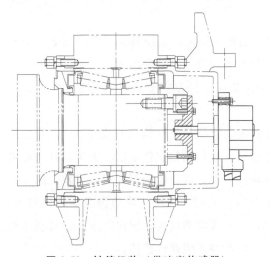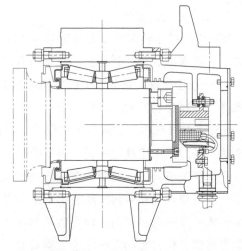

图 2-58　轴箱组装（带速度传感器）　　图 2-59　轴箱组装（带接地装置和防滑速度传感器）

（3）传动装置　HXD1 型机车转向架的传动装置与我国 SS4B 型货运直流传动机车结构基本相同，均采用抱轴驱动，主要由电动机、抱轴箱、传动齿轮箱等组成；传动轴承采用滚动抱轴承，驱动端轴承型号 M249747-80409、M249710/20E34，非驱动端轴承型号为 249749AH-80409、M249710-B/20E35。

HXD1 型机车牵引齿轮传递功率大（电动机功率可达 1225kW），齿轮线速度高（最大可达 26m/s）。因此齿轮为高速重载传动，并能抵御瞬时 5~6 倍的冲击载荷，其主要参数见表 2-8。

表 2-8　HXD1 型机车牵引齿轮主要参数

螺旋角/(°)	4	齿轮材料	18CrNiMo7-6(EN 10084)
传动比	6.235(106/17)	大小齿轮中心距/mm	555
齿轮模数/mm	9	轮齿质量(精度)等级	6 级(DIN 3990)

由于小齿轮结构强度的限制，它与电动机轴的配合采用了内锥式的独特结构，锥度为 1:20，压入量为 4.4mm（见图 2-60）。

HXD1 型机车齿轮箱采用了独特的密封结构（见图 2-61），车轮侧的迷宫密封与箱体做成一体，电动机侧的迷宫密封采用球墨铸件，其结构即能保证齿轮箱的密封，又能保证齿轮润滑油不进入抱轴箱。箱体两边的迷宫密封均设置了合理的回油孔，实现了润滑油的合理回流并实现电动机传动端轴承的油润滑。齿轮及电动机传动端轴承润滑采用 SHC80W-140 润滑油润滑；滚动抱轴承采用 SHC220 合成润滑脂润滑。

HXD1 型机车齿轮箱体采用了铝合金材料，其牌号为符合欧洲标准 EN 1706 的铸造铝合金，铝合金的采用大大减轻了传动装置的重量。

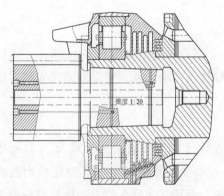

图 2-60　小齿轮与电动机轴的连接图

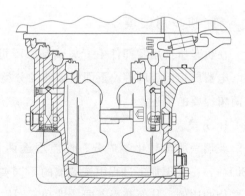

图 2-61　齿轮箱的密封装置

（4）牵引装置　因为 HXD1 型机车为重载货运机车，因此牵引装置是该机车转向架关键部件之一。牵引装置的强度和刚度必须考虑 5 倍转向架质量惯性力的冲击载荷；同时为了减少轴重转移，牵引点距离轨面的距离尽可能小；为了保证转向架与车体的相对运动，牵引装置采用了橡胶关节和销套结构；为了有效传递牵引制动力，牵引装置纵向刚度要尽量大，

HXD1 型机车牵引装置纵向刚度达到 50MN/m。HXD1 型机车转向架牵引装置由牵引杆、连杆、销套及橡胶关节组成，牵引杆为焊接结构，连杆为铸造结构，牵引杆和牵引杆之间的连接采用销套结构，连杆与牵引杆之间采用橡胶关节，牵引杆与构架和车体之间采用橡胶关节连接。

（5）构架　HXD1 型机车转向架构架为 H 形构架，由侧梁、牵引梁、前端梁和后端梁组成，除个别安装座以外，其结构基本上是对称的。该构架焊接后，构架变形小，残余应力分布均匀，因此机加工后不需要退火；构架采用等刚度设计，构架的各个零部件的应力水平比较低，且应力变化趋势平稳；安装座结构简单。

构架焊接要求：优先选用对接焊缝，单边 V 形焊缝和 K 形焊缝，尽可能不采用传统不开坡口的角焊缝；使焊缝位于低应力区；避免焊缝位于同一截面上；不同板厚的焊接，应该在厚板对接处设置斜坡，使两板厚一致；对接焊缝应预留间隙，以便焊透，对接焊缝的余高应尽量小。

（6）轮缘润滑装置及撒砂装置　HXD1 型机车转向架上装有 2 套轮缘润滑装置，位于转向架的一、四位，该润滑装置采用脂润滑，其额定工作气压为 700kPa，最大工作气压为 1000kPa，额定工作电压为 110V DC（波动范围：88～121V）。

HXD1 型机车转向架上安装 4 套砂箱，位于构架端部，每砂箱容积为 0.1m^3。

砂箱装有加热装置，额定撒砂量（在风量为 4.5kPa 时）为每 30s（750±50）g；加热电压为 220V，功率为 100W。

2.4　与机车钳工相关的知识点

2.4.1　机车用玻璃

在机车所使用零部件中，玻璃是必不可少的一个部分，如前窗和侧窗玻璃、走廊门玻璃、电器屏柜门玻璃等。下面对玻璃的分类、主要特性及用途、外观质量缺陷及安装方法进行简单扼要的讲述。

1. 分类

玻璃一般按其化学成分、性质用途两种方法进行分类。玻璃的主要成分为二氧化硅（SiO_2），在玻璃加工过程中按玻璃的不同要求，通过添加或减少其中的某种化学物质或其化合物的比例，从而获得不同特性和不同用途的玻璃，并用其来命名的方法称为玻璃的化学成分分类法。玻璃按化学成分可分为钠玻璃、钾玻璃、铅玻璃、硼玻璃、铝镁玻璃、石英玻璃等。玻璃按性质用途可分为建筑玻璃、日用玻璃、技术玻璃、玻璃纤维及制品等。玻璃的分类说明见表 2-9。

2. 主要特性及用途

玻璃的主要特性和用途见表 2-10。

表 2-9　玻璃的分类说明

分类方法	名称	说　　明
按化学成分	钠玻璃	主要由 SiO_2、Na_2O、CaO 组成，又名普通玻璃
	钾玻璃	以 K_2O 代替钠玻璃中部分 Na_2O，并提高 SiO_2 的含量，又名硬玻璃
	铅玻璃	由 PbO、K_2O 和少量 SiO_2 组成，又名重玻璃或晶质玻璃
	硼玻璃	由 B_2O_3、SiO_2 和少量 MgO 组成，又名耐热玻璃
	铝镁玻璃	为降低钠玻璃中碱金属和碱土金属氧化物的含量，引入 MgO，并以 Al_2O_3 代替部分 SiO_2 而制成
	石英玻璃	由 SiO_2 制成
按性质用途	建筑玻璃	平板玻璃——普通平板玻璃、高级平板玻璃（浮法玻璃）
		声、光、热控制玻璃——热反射膜镀膜玻璃、低辐射膜镀膜玻璃、导电膜镀膜玻璃、磨砂玻璃、喷砂玻璃、压花玻璃、中空玻璃、泡沫玻璃、玻璃空心砖等
		安全玻璃——夹丝玻璃、夹层玻璃、钢化玻璃等
		装饰玻璃——彩色玻璃、压花玻璃、磨花玻璃、喷花玻璃、水花玻璃、刻花玻璃、磨光玻璃、镜面玻璃、彩油钢化玻璃、玻璃马赛克、玻璃大理石、镭射玻璃等
		特种玻璃——防辐射玻璃（铅玻璃）、防盗玻璃、电热玻璃、防火玻璃等
	日用玻璃	瓶缸玻璃——啤酒瓶、酒瓶、饮料瓶、食品瓶、试剂瓶、化妆瓶、牛奶瓶等
		器皿玻璃——玻璃杯、保温瓶、钢化器皿等
		工艺美术玻璃——晶质玻璃、刻花玻璃、光珠、宝石、玻璃球、各种装饰结晶和工艺水晶
	技术玻璃	光学玻璃——镜头、反射镜、眼镜玻璃、滤片、紫外线用玻璃等
		仪器、医疗玻璃——仪器玻璃、温度计、体温计、玻璃管、医疗用玻璃等
		电真空玻璃——灯泡壳、荧光灯、水银灯、显像管、整流管、电子管、汽车灯、X 线管、杀菌灯等
		照明器具玻璃——灯罩、反射器、信号灯、反射性微珠、感光玻璃等
		特种技术玻璃——半导体玻璃、导电玻璃、磁性玻璃、防辐射玻璃、耐高温玻璃、荧光玻璃、高介质玻璃、激光玻璃、微晶玻璃等
	玻璃纤维及制品	玻璃棉及制品——玻璃棉、玻璃棉毡、玻璃棉板等
		玻璃纤维及制品——玻璃纤维纱、玻璃纤维带、玻璃纤维布等

表 2-10　玻璃的主要特性和用途

玻璃名称	主要特性	用途
普通平板玻璃	有较好的透明度，表面平整	用作建筑物的采光窗、商店柜台、橱窗、交通工具、制镜、仪表、农业温室、暖房以及加工其他产品等。
高级平板玻璃	玻璃表面特别平整光滑、厚度非常均匀、光学畸变较小	用作高级建筑门窗、橱窗、指挥塔窗、夹层玻璃原片、中空玻璃原片、制镜玻璃、有机玻璃模具，以及汽车、火车、船舶的风窗玻璃等

（续）

玻璃名称	主要特性	用途
压花玻璃	压花玻璃表面凹凸不平,当光线通过玻璃时即产生漫射,因此从玻璃的一面看另一面物体时,物像就模糊不清,造成了压花玻璃透光不透明的特点。另外,又具有各种花纹图案,各种颜色,艺术装饰效果甚佳	用作办公室、会议室、浴室、厕所、厨房、卫生间及公共场所分隔室的门窗和隔断等
磨砂玻璃及喷砂玻璃	具有透光不透视的特点。由于光线通过这种玻璃后形成漫射,所以它们还具有避免眩光的特点	用作需要透光不透视的隔断、浴室、卫生间等的门窗及玻璃黑板、灯具等
磨花玻璃及喷花玻璃	具有部分透光透视,部分透光不透视的特点,其图案清晰,雅洁美观,装饰性强	用作玻璃屏风、桌面、家具、装饰材料
夹丝玻璃	具有均匀的内应力和一定的冲击韧度,当玻璃受到外力破裂时,由于碎片黏在金属丝网上,故可裂而不碎、碎而不落,不致伤人,具有一定的安全作用及防振、防盗作用	用于高层建筑、天窗、振动较大的厂房及其他要求安全、防震、防盗、防火的场合
夹层玻璃	在受剧烈震动或撞击时,由于衬片的粘合作用,夹层玻璃仅呈现裂痕,而不落碎片。它具有防弹、防振、防爆性能	用作高层建筑门窗、工业厂房门窗、高压设备观察窗、飞机和汽车风窗及防弹车辆、水下工程材料、动物园猛兽展窗等
钢化玻璃	具有弹性好、冲击韧度高、抗弯强度高、热稳定性好及光洁、透明的优点,在遇超强冲击破坏时,碎片呈分散细小颗粒状,无尖锐棱角,因此不致伤人	用作建筑门窗、幕墙、船舶、车辆、仪器仪表、家具、装饰等
中空玻璃	具有优良的保温、隔热、控光、隔声性能,如在玻璃与玻璃之间充以各种漫射光材料或介质等,则可获得更好的声控、光控、隔热等效果	用作建筑门窗、幕墙、采光顶棚、花盆温室、冰柜门、细菌培养箱、防辐射透视窗及车船风窗玻璃等
防盗玻璃	既有夹层玻璃破裂不落碎片的特点,又可及时发出警报(声、光)信号	用于银行门窗、金银首饰店柜台、展窗、文物陈列窗等既要采光、透明又要防盗的场合
电热玻璃	具有透光、隔声、隔热、电加温、表面不结霜冻、结构轻便等优点	用作严寒条件下的汽车、电车、火车、轮船及其他交通工具的风窗玻璃及室外作业的瞭望、探视窗等
泡沫玻璃	具有轻质、强度好、隔热、保温、吸声、不燃等优点,而且可锯割、可粘接,易加工	用于建筑、船舶、化工等领域,作为声、热绝缘材料
石英玻璃	具有各种优异性能,有"玻璃王"之称。它具有耐热性能高、化学稳定性好、绝缘性能优良、能透过紫外线和红外线等优点。此外,它的力学强度比普通玻璃高,质地坚硬,但抗冲击性能差,同时具有较好的耐辐照性能	用作各种视镜、棱镜和光学零件,高温炉衬,坩埚和烧嘴等化工设备和试验仪器,电气绝缘材料,各种特灯及各部门在耐高温、耐高压、耐强酸、热稳定性等方面有一定要求的玻璃制品

3. 外观质量缺陷说明

玻璃的外观质量缺陷说明见表2-11。

表 2-11　玻璃的外观质量缺陷说明

缺陷名称	说明
波筋	又称为波纹、淋子或水线，指玻璃表面带有波浪形的条纹。波筋是平板玻璃制造过程中最容易产生且最不容易消除的外观缺陷，这种缺陷有的明显、有的不明显，明显的在玻璃面与视线垂直时即可看出，轻微的则需倾斜一定角度方可看出。用带有波筋的玻璃观察物体时，会歪曲形象，产生失真现象
气泡	指玻璃中含有的一种透明泡，它是由于玻璃在熔制原料时，气体未充分逸出而造成的。气泡的存在会影响玻璃的外观和透明性，并降低玻璃的力学性能
砂粒和疙瘩	加工玻璃时，混入不熔颗粒物，小的称为砂粒，大的叫疙瘩或结石。砂粒和疙瘩会影响玻璃的外观和透明性、降低力学性能及耐热性，也会使玻璃切割困难
划伤	在加工或运输及安装时，在玻璃表面造成的伤痕，称为划伤。划伤分为重划伤或轻划伤两种。重划伤为用指甲在玻璃表面划过时有感觉的伤痕，轻划伤为用指甲在玻璃表面划过时没有感觉的伤痕。划伤的存在会严重影响玻璃的外观和透明性，重划伤还会降低玻璃的力学性能
线道	指玻璃原板上，对着光线可以看到的线状条纹。线道产生的原因是平板玻璃在熔窑内，被玻璃液侵蚀的耐火材料颗粒掉落在玻璃液中，刚刚熔化就被引上，在引上原板过程中被逐渐拉长而形成的。如果颗粒未完全熔融，有时会呈现出一个透明的疙瘩托着一条细长尾巴的线道
爆边	指因加工等原因在玻璃边缘造成的缺损
磨伤	指磨光玻璃在研磨加工时因玻璃微粒或其他原因造成的伤痕
彩虹	指浮法生产的玻璃表面层残留二氧化锡的现象，也称为沾锡

4. 玻璃的安装方式

机车玻璃的安装按其采取的连接介质不同可分为胶接式玻璃安装和橡皮压条式玻璃安装两种。

采用胶接式玻璃安装方法的机车玻璃，主要依靠胶黏剂的胶接作用，达到与机车相应部件连接的目的，玻璃与机车安装骨架之间用胶黏剂作为填充，没有直接接触。针对不同的胶接介质及胶接要求，选用的胶黏剂也不尽相同，因此，其相应的胶接工艺与胶接方法也会有差异，胶接的具体施工方法见本书胶黏剂的相关章节。

采用橡皮压条式玻璃安装方法的机车玻璃，主要依靠橡皮压条与机车进行连接。玻璃与安装面之间的填充介质为橡皮压条。

无论是采用胶接式或是橡皮压条式的方法对机车玻璃进行安装，玻璃与相对应的玻璃安装面之间均没有直接接触，以保证满足机车的各种运行条件。不过这两种安装方式各有其优缺点：胶接式一般用于厚度、体积和质量较大的玻璃安装，如SS9改机车的前窗玻璃；橡皮压条式则用于厚度、体积和质量较小的玻璃安装，如SS4系列机车前窗玻璃、机车门玻璃等。采用胶接式安装玻璃，相应的工艺、施工环境、施工装备、成本比采用橡皮压条式安装玻璃的要求要高和复杂。

2.4.2 司机室防寒、隔音材料

机车司机室内的防寒、隔音材料主要有用锡箔纸包裹或封装的超细玻璃棉、聚乙烯泡沫、三聚氰胺等几种。

1. 超细玻璃棉

超细玻璃棉利用火焰熔化拉丝并喷吹成直径为 $0.1 \sim 3.5 \mu m$ 棉絮状的玻璃微纤维，俗称超细玻璃纤维棉。超细玻璃纤维棉具有化学稳定性高、直径小、比表面积大、耐高温、耐腐蚀、无毒、不燃、吸附性好等优点，是生产密封铅酸蓄电池玻璃纤维吸附性隔板、滤纸、保温纸的理想材料。

2. 聚乙烯泡沫

聚乙烯泡沫密度小、回复率高，具有独立的气泡结构。表面吸水率低，防渗透性能好。耐酸、碱、盐、油等有机溶剂腐蚀，耐老化性能优良。高温时不流淌，低温时不脆裂。正因为聚乙烯泡沫有其独特的优越性，如复原率强、无吸水性、耐冲击性、耐气候性、耐化学药品性、耐老化性能优异，所以聚乙烯泡沫的应用领域越来越广泛。

阻燃聚乙烯泡沫塑料是以聚乙烯为主体，加入发泡剂、交联剂、混合阻燃剂而制得的，具有发泡倍率高（最高可达 45 倍）、密度小、保温性好、隔音吸振等优点，特别是阻燃性好（氧指数可达 $33 \sim 35$），可广泛应用于建筑及管道保温等领域。

3. 三聚氰胺

三聚氰胺，是一种三嗪类含氮杂环有机化合物，是重要的氮杂环有机化工原料，简称为三胺，又称为 1,3,5-三嗪-2,4,6-三胺。

三聚氰胺为纯白色单斜棱晶体，无味，密度为 $1.573 g/cm^3$（16℃）。其常压熔点为354℃（分解）；快速加热升华时，升华温度为300℃。三聚氰胺可溶于热水，微溶于冷水，极微溶于热乙醇，不溶于醚、苯和四氯化碳，可溶于甲醇、甲醛、乙酸、热乙二醇、甘油、吡啶等。在一般情况下三聚氰胺较稳定，但在高温下可能会分解释放出氰化物，同时释放出不支持燃烧的氮气，因此可作为阻燃剂。三聚氰胺呈弱碱性，与盐酸、硫酸、硝酸、乙酸、草酸等都能形成三聚氰胺盐。在中性或微碱性情况下，三聚氰胺与甲醛缩合成各种羟甲基三聚氰胺，但在微酸性（pH值为 $5.5 \sim 6.5$）情况下，与羟甲基的衍生物进行缩聚反应生成树脂产物。遇强酸或强碱水溶液水解，胺基逐步被羟基取代，先生成三聚氰酸二酰胺，进一步水解生成三聚氰酸一酰胺，最后生成三聚氰酸。

三聚氰胺是一种用途广泛的基本有机化工中间产品，最主要的用途是作为生产三聚氰胺甲醛树脂（MF）的原料，还可以作为阻燃剂、减水剂、甲醛清洁剂等。三聚氰胺甲醛树脂硬度比脲醛树脂高，不易燃，耐水，耐热，耐老化，耐电弧，耐化学腐蚀，有良好的绝缘性能、光泽度和机械强度，广泛应用于塑料、涂料、造纸、纺织、皮革、电气、医药等行业。其主要用途有以下几方面：

1）装饰面板：可制成防火、抗振、耐热的层压板，色泽鲜艳、坚固耐热的装饰板，作为飞机、船舶和家具的贴面板及防火、抗振、耐热的房屋装饰材料。

2）涂料：用丁醇、甲醇醚化后，作为高级热固性涂料、固体粉末涂料的交联剂、可制作金属涂料和车辆、电器用高档氨基树脂装饰漆。

3）模塑粉：经混炼、造粒等工序可制成蜜胺塑料，有无毒、抗污的优点，潮湿时仍能保持良好的电气性能，可制成洁白、耐摔打的日用器皿、卫生洁具和仿瓷餐具，电器设备等高级绝缘材料。

4）纸张：用乙醚醚化后可用作纸张处理剂，生产有抗皱、抗缩、不腐烂要求的钞票和军用地图等高级纸。

5）三聚氰胺甲醛树酯与其他原料混配，还可以生产出织物整理剂、皮革鞣润剂、上光剂和抗水剂、橡胶胶黏剂、助燃剂、高效水泥减水剂、钢材淡化剂等。

2.4.3 阻尼隔振材料

阻尼隔振材料是将机械振动能转变为热能进而耗散的材料，主要用于振动和噪声的控制。材料的阻尼性能可根据它耗散振动能的能力来衡量，评价阻尼大小的标准是阻尼系数。

使自由振动衰减的各种摩擦和其他阻碍作用，称为阻尼。而安置在结构系统上的可以提供运动的阻力、耗减运动能量的装置，称为阻尼器。利用阻尼吸能、减振不是新技术，在航天、航空、军工、汽车等行业中早已运用各种各样的阻尼器（或减振器）来减振、消能。20 世纪 70 年代后，人们开始逐步地把这些技术转用到建筑、桥梁、铁路等结构工程中，发展十分迅速。

机车不仅使用阻尼浆、阻尼板等材料，还使用相当多的利用阻尼原理的零部件来吸收机车运行过程中的振动，以保证机车在运行过程中的舒适性和平稳性，如 SS4 系列机车的摩擦减振器，就是利用摩擦阻尼的原理来降低机车运行过程中机车的摆头振动，还有横向油压减振器、垂向油压减振器等就是利用油压黏滞的阻尼作用制作的阻尼减振器，用来减弱机车运行过程中转向架的振动对机车车体的冲击。目前，机车上运用的各种油压减振器均是利用油压黏滞的阻尼作用来保证机车运行平稳性和舒适性。

2.4.4 机车用胶黏剂

机车因各种零部件的装配、紧固、连接的需要，会用到各种功能和性能的胶黏剂，本章针对机车上用到的各种胶黏剂的组成及分类、使用注意事项及优、缺点进行简单的讲述。

胶黏剂是能将各种同质或异质的物体胶接在一起，达到接合、固定、密封、补漏及其他特殊功能的目的。它有液体、固体、粉末、乳液、糊状等多种形态。

1. 胶黏剂的组成及分类

胶黏剂一般由富有黏性的物质，如树脂、橡胶、淀粉等为基体，加增塑剂、填料或固化剂等组成。固化剂是某些合成胶黏剂所必需的组分，用以使基体发生化学反应而产生胶接强度。

按基体材料，胶黏剂可分为有机胶黏剂和无机胶黏剂两大类（见表 2-12）。

按功能，胶黏剂可分为结构胶、非（半）结构胶、密封胶、厌氧胶、浸渗胶及特种胶（见表 2-13）。

表 2-12　胶黏剂按基体材料分类

类别	材料分类		
有机胶黏剂	天然胶黏剂		动物胶,如皮胶、骨胶;植物胶,如淀粉、糊精、松香等
	合成胶黏剂	热固性树脂类	环氧、聚氨酯、丙烯酸酯、有机硅、聚酰亚胺、酚醛、聚酯等
		热塑性树脂类	聚乙烯醇缩醛、聚醋酸乙烯、聚酰胺(尼龙)、过氯乙烯、硝化纤维、醋酸纤维、乙烯-醋酸乙烯共聚体等
		橡胶类	丁腈、氯丁、硅、聚硫、丁苯、异丁烯和氯磺化聚乙烯等
		混合型	环氧-丁腈、环氧-聚硫、环氧-聚酰胺、环氧-聚氨酯、酚醛-氯丁、酚醛-丁腈、酚醛-缩醛、酚醛-尼龙等
无机胶黏剂	磷酸盐、硅酸盐、硼酸盐等		

表 2-13　胶黏剂按功能分类

类别	性能要求
结构胶	胶接面有较高的胶接强度,能用于胶接受力零部件
非(半)结构胶	胶接面的胶接强度较低,能用于胶接受力较小的物件
密封胶	密封面能承受一定压力而不泄漏,用于机件密封
厌氧胶	接合面隔绝氧气后,迅速固化,用于螺纹锁紧、固持、密封、防漏等
浸渗胶	渗入铸件微孔,起到封孔、防漏作用
特种胶	有特殊功能,如导电胶能导电,光敏胶能用于紫外线照射固化等

不同基体材料、不同功能的胶黏剂在机车上的用途会有较大的差异,且其在使用后表现出来的力学性能、物理特性各不相同。胶黏剂在机车上按其用途不同主要分为以下几大类:

(1)胶接、固定　结构胶和非(半)结构胶都有足够的胶接强度。结构胶可取代焊、铆或机械装配;非(半)结构胶也能代替装配用于间隙配合。

(2)密封、防漏　密封胶可以替代传统的橡胶、塑料、纸质等固体密封圈,可用于法兰平面的密封,还可用于管接头、套插件的密封。液态密封胶有非干性黏型、半干性黏弹型及干性附着型和干性可剥型等种类。它们都以树脂、橡胶为基体。厌氧胶也可用于密封。

(3)锁固、防松　厌氧胶可以取代弹簧垫片、锁紧垫片和开口销等零件用来锁紧螺栓、螺钉。

(4)浸渗、补漏　浸渗胶可以渗入铸件、焊缝及粉末冶金零件等的微孔中,起到密封补漏和修复表面缺陷等作用。浸渗胶有厌氧胶和无机硅酸盐两种类型。

(5)特种胶　特种胶就是根据零部件装配、粘接、连接的特殊使用要求、环境、性能而按相应的技术要求、规范生产的胶黏剂,如具有导电、绝缘、高耐热性、超低温等特殊性能的胶黏剂。

2. 胶黏剂使用注意事项

胶黏剂和胶接技术的应用要取得良好效果,应当考虑以下几个方面:

（1）胶黏剂的正确选用　胶接强度与胶接件的形状、大小、材质、受力状态及施工条件等因素有关，需选用相应的胶黏剂。

（2）胶接接头的设计　胶接接头有对接、搭接、套接等多种形式。胶黏剂的拉伸和压剪强度较高，而剥离、冲击和弯曲强度较低，应尽量少用对接，多用搭接、套接等形式。

（3）表面处理　可用机械方法提高表面粗糙度（以 $Ra2.5 \sim Ra20\mu m$ 为宜），用化学方法清除油污和提高表面活化能，从而提高胶接强度。

（4）涂胶和固化工艺　配胶、涂胶要均匀，胶接表面要全部湿润，要采用先进工具和设备，特别是热溶胶的应用，要采用合适的加热新技术，如红外线、激光、高频和微波加热等，使胶黏剂固化。

3. 胶接的优、缺点

（1）胶接的优点

1）胶接接头的应力分布比焊接、铆接或螺纹孔均匀，理论应力集中系数比较低，因此胶接接头的抗疲劳性能好。

2）胶接可消除机械紧固件，不需要连接孔，不会减少材料的有效截面积，可充分利用材料的全部强度，因此采用胶接可大大减轻整体质量。胶接表面平整光滑，能保障良好的流线型。

3）胶接的密封性能好，并且具有良好的耐蚀和绝缘性能。

4）胶接工艺简单，可避免焊接或铆接所产生的变形，易于实现大面积的连接。

（2）胶接的缺点

1）目前的胶黏剂多数属于有机高分子物质，其耐高、低温的性能是有限的。

2）与高强度被胶接件相比较，胶接强度还不够高。

3）在光、热、空气及其他因素的作用下，胶黏剂会产生老化现象。

2.4.5　机车司机室设计要求及组成

机车司机室是司机驾驶机车与休息的场所。司机室要有足够的空间和良好的工作环境，以减轻司机的疲劳，确保行车安全可靠。司机室的设计应满足下列要求：

1）司机室应有良好的采光。司机室空间应宽敞明亮、色调和谐、视线开阔。

2）司机室的门、窗和司机室隔墙应采取有效的吸音、隔热和防振措施，以降低噪声、改善环境和减轻疲劳。

3）室内各种设备及仪表的布置应符合人机工程学原理，司机在正常工作位置时，不仅能全面监视仪表、操纵自如，且要易瞭望和行动方便。

4）配置改善乘务人员劳动条件、应急处理和自检自修等方面的设备，以及保护人身安全的消防器材。

5）高速机车司机室外形设计要流线化，符合空气动力学性能要求，减少机车高速运行时的空气阻力。

机车司机室组成及设备布置应满足以下要求：

1）干线客、货运机车一般为棚式车体、两端司机室结构基本相同。司机室由司机室前下部、司机室前上部、顶盖、左右侧墙、蒙皮、司机室后墙（车体后端墙）等组成。司机室骨架由型钢或钢板压制成的各种立柱、横梁和肋板等组焊而成。整个骨架与车体左右侧墙、车顶、司机室隔墙和车架等焊接成一个封闭完整的钢结构。司机室骨架上外表面为较厚的钢板，内表面喷涂阻尼隔热材料，司机室隔墙、侧壁墙及顶盖内充填吸音、隔热材料、再覆盖柔色（表面喷塑处理）多孔铝板或复合材料。在所有接缝和转角处，用压条或装饰橡胶条装饰，使司机室显得平整、宽敞、舒适、色调和谐。司机室地板设计成多块活动木结构，利于维修下部管路和设备。地板表面要平整、防滑、易于清扫；底面设有防振、吸音材料，以减弱噪声和振动。

2）司机室顶盖蒙皮外装有头灯散热罩和雨檐。前端有明亮的后倾前窗。前窗玻璃一般为电热玻璃，防止各地区气温较低时前窗玻璃外表面结霜、结冻。窗外安装有风动或电动刮水器，其作用风缸或旋转电动机均安装在司机室前窗下部，通过传动轴与司机室外部前端的刮水器相连；窗内有卷帘遮阳。前部下面设置有标志灯座。司机室两侧设有侧门及活动侧窗，供司乘人员上下机车，活动侧窗可上下移动或采用左右推拉的方式开启、关闭，供司机进行调车作业时瞭望，活动侧窗应具有较好的密封性，以保证活动侧窗在雨季或下雨天不漏雨，并且保证在比较寒冷的季节司机室的环境温度较高。司机室隔墙上设有通道门，可通向车体内其他各室。

3）司机室内前端有操纵台。在运行方向左侧为正司机操纵台。台上设置有制动阀、换向手柄、控制开关，仪表、故障显示板、微机显示屏及速度监控器。右侧为副司机操纵台，台上设有控制开关、按钮、检测控制仪表、信息控制设备及生活用电炉等。司机室隔墙（司机室后墙）隐装有急制动阀、灭火装置、手制动装置、空调控制盒（Ⅱ端司机室间壁下部中间设置有手制动装置），司机室隔墙及两侧墙上还装有取暖设备，以调节室内温度。

4）正、副司机座椅为可调靠背软沙发，两侧有扶手，具有良好的减振性能。座椅高度和前后位置均可根据乘务人员的肢体活动范围自行调节。

2.4.6 机车设备布置与通风系统设计原则

机车设备布置是将机车上各种电器屏柜及元器件进行合理布置，这些部件结构复杂，体积、质量不等，因此，设备的布置应考虑以下原则：

1）质量分布均匀。设备质量分布均匀的目的是使机车和轴重分布均衡，进而使机车牵引力充分发挥，因此，成对的设备应两端对称或斜对称布置。

2）安装和维修方便。设备应尽可能地按照屏柜化、模块化的设计原则进行设计和布置。便于车下组装和车上吊装，使设备结构紧凑、接近容易、维修方便。特别是运行中经常要接近的设备，应留有足够的作业空间。

3）安全防护。凡危及人身安全的设备，如高压设备，要有防护措施及警示标牌。

4）经济。设备布置应充分利用空间，缩短车体长度，电缆、母线、风管、风道尽可能短，以简化施工、节约材料。

5）舒适。司机室设备布置的舒适性，具体参照司机室设计要求及组成中的内容。

2.5 机车车体总成组装技能

2.5.1 机车落车

机车落车即机车车体完成所有设备组装、接线、紧固后与组装完成转向架总成进行连接，从而使之成为一台（节）完整的机车的过程。在机车落车前应确认机车车体各零部件安装完好，达到落车状态，同时应确认天车及吊具良好，最后将转向架转运到落车台位。

落车过程中，应依据不同的车型调整好两转向架之间的距离。使用天车将车体由装配台位吊至落车台位。调整其位置，使车体位于转向架正上方。

在起重工的指挥下，使车体缓缓下落，同时不断调整车体相对转向架的位置，使其中心与2个转向架的中心重合。在车体与转向架相距100~200mm时，停止往下落车。在起重工的指挥下，先落一边的车体，近似对位后，再落另一侧，两者交替进行，直至机车的销子（当二系簧为钢簧时，销子为弹簧的定位小销；当二系簧为橡胶垫时，销子为定位销）完全与转向架的销孔对准为止。缓缓落下车体，在销子刚插入销孔时，停止下落，检查车体上的销子是否无摩擦地插入销孔内，若未能，则重新起车进行第二次落车。此时电工应将车体与转向架之间的连线接好，管道工同时进行制动软管等的连接，对于有手制动的车型，钳工还应进行手制动的连接。此时应连接帆布连管，然后安装横向减振器，并拧紧螺栓。再进行牵引装置的安装，其车体高度可根据实际情况调节。装完后，车完全下落，最后安装蛇行减振器。落车完成后，起重工负责整理吊具，钳工将吊销孔盖装好。

钳工应调整闸瓦间隙至6~9mm、排障器高度至110~120mm，以保证试运的安全性。

2.5.2 整车称重试验

整台（节）车应在专用的整车称重台上进行整车称重试验。称重试验前应调整悬架装置，调整时，原则上不测量载荷，只检查尺寸，使机车（动车或车辆）于试运行后减速缓行至称重位置。整车称重过程中，不应变动或调整车体和悬架系统的状态。整台（节）车应进行4次连续和完整的称重工作，在两个方向各进行2次，以消除误差，测量值应取4次称重记录的算术平均值，其结果应符合GB/T 3317《电力机车通用技术条件》的要求。

机车进入称重前应由操作人员检查所有称重台是否灵活，称重台的安装螺栓紧固牢靠，钢轨的间隙在5~10mm之间。称重试验前，操作人员必须打开电器柜前门和电源总开关，并依次打开稳压电源、不间断电源，打开称重仪表和大屏幕的电源开关，保证称重仪表和大屏幕预热30min，按称重仪表"空称"键，保证称重仪表复"0"。操作人员打开计算机显示器、打印机、主机，以"操作者"的身份进入称重测试状态。机车进入和离开称重台时，应限速在5km/h以下，刹车、起动缓慢。各种不同的车型应按照规定位置停稳，按《整车称重软件操作规程》进行称重测试操作。称重结束后，保存数据至指定目录，打印称重记录。

2.5.3 橡皮压条式玻璃安装

橡皮压条式玻璃安装主要过程如下：

1）将压条接口置于窗口左端中部，沿逆时针方向将压条嵌在玻璃安装骨架上。

2）抬起玻璃，用起子将压条撬开，先将玻璃下边插入压条槽内，然后用起子慢慢地沿着玻璃边缘撬开压条，直至整块玻璃完全嵌入压条槽内。

3）用木锤轻轻敲打压条，保证整圈胶条平滑、不起皱。

4）将压条芯的一端穿好，从窗口右端中部开始，沿逆时针方向将压条芯缓慢地挤入压条槽。要求速度缓慢，以免压条芯弹性变形大，以致于在将来由于压条芯的收缩导致前窗玻璃漏雨。

5）在压条和压条芯接口处用硅胶枪注射硅胶，填满接口处间隙，以免漏水。

韶山系列直流机车侧墙固定窗、车体顶盖玻璃及屏柜门、前窗玻璃安装示意如图 2-62、图 2-63 所示。

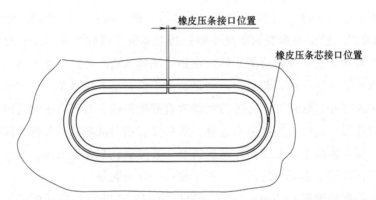

图 2-62　韶山系列直流机车侧墙固定窗、车体顶盖玻璃安装示意图

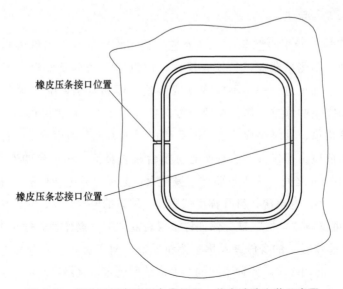

图 2-63　韶山系列直流机车屏柜门、前窗玻璃安装示意图

2.5.4 机车门锁安装

机车门锁是机车门上一个比较重要的部件，其安装质量与机车门的密封性、机车运行的安全性有密切的关系。机车门锁主要指机车入口门锁和走廊门锁（过道门锁、后端门锁），有时也分别把它们称为侧门锁和隔门锁。

过去机车安装的机车门锁型号分别为 NT72-00-81（入口门锁）、NT74-00-81（走廊门锁），因此，也简称为81型门锁，该型号门锁为锁体外置安装，即机车入口门锁的锁体安装靠司机室内侧的机车门表面，走廊门锁锁体则安装在走廊门靠机械间的表面，锁体采用的是传统的黑色喷塑工艺，并且，因为锁体的设计是比较传统的薄长方体，因此，锁体安装后效果整体看上去不是很美观。但随着西门子 DJ1 型机车的引进，入口门锁的结构也开始改变，由原来的锁体外露的安装方式开始向锁体隐藏的方式发展，即将入口门锁的锁体改为安装在入口门内外蒙皮形成的夹层中，当然机车门的结构也要在原来安装81型门锁的结构上做相应的改动。锁体改为隐藏方式安装后，司机室的整体美学效果比原来有所提高，但相对提高了机车入口门的加工精度要求，并且，对锁体的可靠性提出了更高的要求，隐藏式机车门锁的价格也比原来81型门锁要高。

新型隐藏式入口门锁与原81型入口门锁相比较，具有以下优点：

1）安装新型隐藏式机车入口门锁后，司机室整体的视觉效果比原81型入口门锁要好。

2）安装新型隐藏式入口门锁的机车入口门的密封结构比原机车门的密封结构要紧凑，门的强度比原来的要高，不易变形，且密封效果相对要好，因此，相对来说，司机室的保温效果要好。

3）新型隐藏式门锁的入口门在设计上更人性化。新型隐藏式入口门锁由于在机车门内设计了相应的连动机构，使机车外部的机车门开启位置位于机车门的下部，这样使司机或乘员在进入司机室时，只需站在车下就可以用钥匙开启机车门，而不像传统的81型门锁，必须登上登车梯后，一手抓扶手杆，一手拿钥匙开门。因此，安装该新型门锁的入口门设计更加人性化，操作更简单、更安全。

新型隐藏式门锁及入口门与原来的81型门锁及相应的入口门比较有上述的优点，但因为走廊门的结构不便于更改，因此，走廊门锁仍采用原来的 NT74-00-81 型。

下面对81型门锁的安装进行讲解。

在机车门锁安装时，一般需要在机车门锁锁体、锁扣盒或是机车门的某些铰链位置通过增加、减少各型调整垫的数量，来保证机车门锁安装后机车门的密封性能，因此，81型门锁安装一般在机车门密封条安装后进行。

机车门锁安装主要包括内操作手柄与锁体组合、锁体安装、外操作手柄安装、锁扣盒安装、机车门密封性能检查及调整，具体如下：

（1）内操作手柄与锁体组合　将内操作手柄的转轴插入锁体安装位置，并用轴卡将内操作手柄与锁体组合。旋转操作手柄，锁舌应伸缩灵活。内操作手柄无轴向窜动。

（2）锁体安装　将组装好内操作手柄的锁体用锁自带紧固件安装在机车门的内表面。

此时转轴凸出机车门外表面的高度应为 12mm。

（3）外操作手柄安装　将带锁芯的外操作手柄套入转轴，并用自带的螺钉将外操作手柄紧固。将外操作手柄安装后，应通过钥匙检查锁芯是否能对锁进行开启、锁闭。

（4）锁扣盒安装　锁扣盒是机车门能够实现开启和关闭功能的重要部件，同时，其安装的质量与机车门的密封性能也有着密切的关系。其实锁扣盒的安装对于机车钳工来说是一种非常简单的操作，就是在入口门的门框上钻 2 个孔并攻 M6 的螺纹，然后用自带的 M6×35 的十字槽沉头螺钉将锁扣盒紧固在机车入口门的门框上。关键是锁扣盒的安装要满足锁舌插入锁扣盒的深度不小于 7mm 的要求。因此，在锁扣盒安装配钻时，一定要注意该尺寸要求，若锁舌插入锁扣盒的深度小于该尺寸，则机车转弯时机车门有可能会在离心力的作用下被自动甩开，从而可能给机车的司乘人员带来人身安全或影响行车安全。当然，锁舌插入锁扣盒深度不够还会造成一种可能，就是机车门锁闭比较困难，或者是在外部用较大的力撞击机车入口门外部时，机车门有可能会被撞开。因此，锁舌插入锁扣盒的深度一般来说是越大越好，前提是不影响锁扣盒安装后的美观，另外就是在机车门开启和关闭过程中不能与机车门密封条等干涉。

（5）机车门密封性能检查及调整　机车门的密封性能检查是在机车门锁安装完后，将厚 0.2mm、宽 50mm 的牛皮纸夹在密封条与门框之间，关好门，将内操作手柄向上翻 90°，使保险挡楔入锁盒中，拉动牛皮纸时应有阻滞感。在不同的位置重复进行上述检查，若牛皮纸均有阻滞感，说明机车门的密封性能基本满足要求。当然在进行上述检查时，应保证操作手柄操作时松紧适度。若上述两项均不符合要求，则须在机车门、门锁的不同位置增加调整垫，如操作手柄操作时过松，则须在锁扣盒下部减少调整垫，加垫的同时也会使锁扣盒侧的机车门的密封性能好转；若机车门靠铰链侧的密封性能达不到要求，则须在机车门铰链侧机车门与安装铰链间增加调整垫，使机车门铰链侧的门外移，从而使该侧的密封性能改善。当然，增加调整垫也可以采用组合的方式进行，同时在不同的位置增加或减少调整垫，均会使机车入口门的密封性能和手柄的操作力度发生改变，因此，作业者要在保证机车门密封性能及操作手柄符合要求的情况下，使机车门的调整工作量减到最小。

机车走廊门锁的安装步骤和要求与机车入口门锁的安装步骤、检验方法、调整方法基本一致，只是机车走廊门锁不配备锁芯。

2.5.5 手制动装置

SS3、SS4、SS4B、SS4 改及 SS6B 等型号的机车均安装有手制动装置，手制动装置安装的基本操作方法及要求如下：

（1）链轮箱组装　用棉纱将链轮箱的轴孔擦干净，用软脂油均匀涂抹一圈。用扁锉除去轴上键槽内的毛刺，将键套入轴上的键槽内，将小链轮放在链轮箱内，其孔与链轮箱轴孔大致同心，把轴套入轴孔内，并将小链轮通过键固定在轴上，轴平面与轴孔安装平面平齐，盖上盖板，并用 2 个 M6×10 螺栓及弹簧垫圈紧固。

（2）大链轮装置安装　用 4 个 M14×45 螺栓、弹簧垫圈及螺母将大链轮装置紧固在车体的安装座上。

（3）横杠杆安装　将横杠杆平放在丝杆组成的一端平面上，并用水平调整器调平，使横杠杆水平中心线与车体底板下平面距离为 100mm。用销、30 垫圈及 $\phi6\times50$ 开口销将横杠杆与丝杆组成固定。

（4）拉杆组成安装　将拉杆组成（一）、拉杆组成（二）分别水平安放在底架横梁的中间安装孔上，并用销轴、24 垫圈及 $\phi6\times50$ 开口销将拉杆组成（一）与横杠杆及拉杆组成（二）连接。

（5）支持板（一）配焊（要求电焊工配合）　在离丝杆组成中心线 480mm 处现场分别配焊 2 块支持板（一），采用角焊，焊缝高度为 6mm。使横杠杆的重量加载在支持板（一）上。

（6）支持板（二）配焊（要求电焊工配合）　在离顶架隔墙梁的一端平面 300mm 处现场分别配焊 2 块支持板（二），采用角焊，焊缝高度为 6mm，使拉杆组成（一）的重量加载在支持板（二）上。在拉杆组成（二）的下方贴近底架横梁的垂直平面分别配焊 4 块支持板（二），采用角焊，焊缝高度为 6mm，使拉杆组成（二）的重量加载在支持板（二）上。

（7）链轮箱安装　将链轮箱用 4 个 M16×30 螺钉及弹簧垫圈紧固在链轮箱安装座上。

（8）滚子链配长　用钳子将滚子链拆开，在各部件转动灵活无卡滞现象时，选择合适的长度，保证在链条自然下垂，测量链条的垂度时，任一单边在极限位置都不碰链轮箱。将滚子链分别套在大链轮与小链轮上。并用卡子将滚子链连接。

（9）手轮组件安装　将手轮组件用螺母固定在链轮箱的外伸轴上。并用 2 个 M10×25 螺栓、垫圈及螺母将盖板固定在链轮箱的上安装座上。

（10）检查收尾

1）各部件摩擦面注润滑剂。

2）转动手轮时，各部件灵活无卡滞。反之，则用调整垫调整链轮箱高度。

3）在落车时，将拉杆组成（二）的拉杆环与竖拉杆连接，并对中。

4）手制动竖拉杆与制动器手轮之间间隙为 2~3mm。

2.5.6 SS4 系列机车牵引座端盖压装

SS4 系列机车牵引座端盖压装基本操作方法及要求如下：

（1）SS4 系列机车牵引座端盖零、部件　压盖、牵引座、牵引橡胶垫、牵引叉头、调整垫、垫圈、六角开槽螺母、M10×140 螺栓、$\phi10$ 垫圈、M10 螺母。

（2）牵引座端盖组装　将牵引座平放，把 2 个牵引橡胶垫分别压放在牵引座的安装孔缘上，并将压盖分别扣在牵引橡胶垫上。将牵引叉头的一端圆杆穿过牵引座的中心孔，用六角开槽螺母、垫圈将压盖固定。

（3）牵引座端盖压装　用天车将牵引装置吊放在液压机的压装平台上，接通液压机的电源，将牵引端盖缓慢压紧，并将六角开槽螺母旋入至距牵引叉头有螺纹的端部 2~3 扣处，用 M10×140 螺栓将六角开槽螺母卡死，并用 M10 螺母及 φ10 垫圈拧紧。保证压盖与牵引座端面距离为（10±2）mm，如不能满足要求，则在牵引叉头的另一端加调整垫。

2.5.7 前照灯灯罩安装

前照灯灯罩安装基本操作方法及要求如下：

（1）前照灯灯罩车下组装　把前照灯玻璃擦干净，周边嵌好衬垫；把嵌好衬垫的前照灯玻璃，镶入灯罩内，将灯罩放在安装架上。用 6 块压板，6 个 M6×10 螺钉将前照灯玻璃与灯罩固定。

（2）前照灯灯罩车上安装　把密封橡胶管嵌入头灯体环槽内，将活节螺栓用销子穿在环槽两侧铰链孔中，用开口销固定，开口销开度为 60°~90°，活节螺栓应转动灵活；合上前灯罩，加蝶型螺母、垫圈拧紧。

2.5.8 标志灯罩安装

标志灯罩安装基本操作方法及要求如下：

（1）标志灯罩车下组装　把灯罩放在安装架上，将副头灯玻璃罩及红色聚光镜用棉纱擦干净，周边镶上压条。再把镶好压条的玻璃安装到灯罩孔内，压上压圈用 6 个 M4×15 螺钉、M4 螺母、φ4 垫圈和 φ4 弹簧垫圈紧固。

（2）标志灯罩车上安装　把装好玻璃罩的标志灯罩，合在司机室骨架标志灯框内。调整周边间隙，使之均匀。配钻 φ4.2 活页安装孔，用 M4×16 螺钉、螺母、垫圈、弹簧垫圈紧固。铰链轴涂一层润滑脂，标志灯罩应上下转动灵活。将标志灯罩套入标志灯安装框内，把搭机的搭扣扣入灯罩的搭柱内，调整搭机，以能合上、打开扣手及压紧、翻开灯罩为宜。用 φ4.2 钻头钻搭机的安装孔，将 4 个 M4×20 圆头螺钉、M4 螺母、φ4 垫圈、φ4 弹簧垫圈用起子固定在灯罩安装框上。

2.5.9 胶黏式玻璃安装

胶黏式玻璃安装基本操作方法及要求如下：

（1）胶接前骨架、玻璃的清理及处理　按使用的胶黏剂的工艺要求，对骨架、玻璃进行胶接前的清理、屏蔽和表面处理。

（2）玻璃安装定位　根据工艺及设计对零部件安装的要求，在骨架不同的位置安装垫板，保证玻璃胶接后的零部件尺寸。

（3）玻璃胶接　按工艺要求在骨架上完成注胶、玻璃安装、调整、胶接接头处理等工序，要求胶接接头处理符合相应的质量要求，并去除相应的屏蔽层。

（4）其他要求　玻璃完成胶接后，按照相应的工艺、设计要求或现场的实际需求做好相应的零部件的放置、警示标志、保护装置和设施的放置等其他工作。

2.5.10 机车司机室内装饰

机车司机室内装饰安装基本操作方法及要求如下：

（1）司机室装饰前准备　确保司机室内装饰开工前其他相关工序的作业状态已满足司机室内装饰工序开工的要求，司机室内装饰开工的各项物料已齐全，符合相关的技术条件和质量要求。

（2）隔振、防寒材料安装　根据工艺要求在司机室内安装相应的隔振、防寒材料，隔振材料应保证粘贴牢固，防寒材料应填充饱满，并按要求安装好内墙板。

（3）司机室骨架清理　对影响司机室内装饰板、司机室内装饰板二次骨架安装质量的骨架进行清理。

（4）司机室内装饰二次骨架安装　按工艺、设计要求进行司机室内装饰板安装的二次骨架进行粘贴、涂胶、调整、紧固等，确保二次骨架的安装质量符合要求。

（5）司机室内装饰板安装　按工艺要求对司机室内装饰板及装饰压条等进行安装，安装过程中要保证各安装板间的间隙达到设计、工艺的要求。

2.6 机车转向架总成组装技能

2.6.1 轴箱总装

轴箱总装包括挡板组装、轴箱组装、速度传感器安装、接地装置安装、轴箱拉杆安装、减振器下座安装。

基本操作方法及要求如下：

（1）挡板组装

1）将挡板圆孔部位清理干净，如有毛刺需打磨掉。

2）将铜轴压入挡板圆孔内，要求压装到位。

（2）轴箱组装

1）热套轴圈。将轴圈套装在感应加热器上，加热温度控制在160℃以内，然后套装在轮对轴颈上，要求套装到位，贴紧轴颈部位。

2）热套轴承内圈。将轴承内圈套装在感应加热器上，加热温度控制在120℃以内，然后套装在轮对轴肩上，贴紧轴圈。

3）内端盖与轴箱体安装。将内端盖安装在轴箱体上，用M20×65六角头螺栓带止动垫圈连接，用扭力扳手紧固，扭矩为280N·m，然后，将止动垫圈翻边贴紧内端盖和六角头螺栓一直边。

4）轴箱轴承安装。将轴承成套分解后，应检查轴承滚柱和滚道面不得有伤痕，保持架应完整。将调整垫圈（薄），圆柱滚子轴承（552732QT）、隔环、圆柱滚轴承（752732QTY），调整垫圈（厚）依次装入轴箱内，然后装入轮对轴承润滑脂1~1.2kg，涂抹在轴承滚子之间。再将工装引套插入轴承内。

5）轴箱轴承与轮对轴套装。将工装止挡安装在轴箱体上，防止轴承滑出，然后吊起轴箱对准轮对轴端轻轻套入轮对轴承内圈上，卸下引套、挡板。

6）轴承挡圈、挡板、挡油环安装。将轴承挡圈套入轴上，先安装挡板与挡油环，然后将挡板安装在轮对轴上，用M24×60六角头螺栓带止动垫片连接，用扭力扳手紧固，扭矩为360~370N·m，再将止动垫片翻边贴紧六角头螺栓的一边。

7）前盖、刷架端盖、外盖安装。将前盖、刷盖分别依照产品图样安装，用M20×65六角螺栓带弹簧垫圈连接，用扭力扳手紧固，扭矩为250~280N·m。外盖安装在前盖上，用M10×35六角头螺栓带弹簧垫圈连接，扭力扳手紧固，扭矩为20~25N·m。

（3）速度传感器安装　将速度传感器与外盖安装，用自带内六角螺栓带弹簧垫圈连接、紧固。注意：A、B节分别在第二轴上右侧的轴箱上装DF16三通道速度传感器，其余轴箱上安装DF16双通道速度传感器。

（4）接地装置安装　将接地装置与刷架端盖安装，用M10×35六角头螺栓带平垫圈、弹簧垫圈连接、紧固。

（5）轴箱拉杆安装

1）将轴箱拉杆芯轴为相反方向的安装在轴箱上部的梯形槽内，将芯轴为相同方向的安装在轴箱下部的梯形槽内，用M20×90六角头螺栓带弹簧垫圈连接，用扭力扳手紧固，扭矩为300~320N·m。

2）用专用尺检查测量轴箱拉杆芯轴与轴箱梯形槽底部间隙，应为3~8mm。

（6）减振器下座安装　将减振器下座安装在轴箱下部位置，用M20×150六角头螺栓带弹簧垫圈连接，用扭力扳手紧固，扭矩为300~320N·m。

2.6.2　轮对电动机总装

轮对电动机总装包括抱轴瓦刮削、热套主动齿轮、轮对安装、齿轮箱安装、齿轮箱组装、支座安装、吸油器安装。

基本操作方法及要求如下：

（1）抱轴瓦刮削

1）将抱轴箱连接螺栓卸下。

2）将轮对电动机上的抱轴瓦卸下，先将上瓦（不带方孔的）装在刮瓦架上，用刮刀将瓦面均匀地刮去约0.1mm。然后将两端约2/5部位再刮去约0.05mm，使两端为喇叭口状，再将瓦面刮出45°交叉花纹，以利于油膜储存。

3）将下瓦（带方孔的）装在刮瓦架上，先用刮刀将瓦两端约2/5部位均匀刮去约0.05mm，方孔四周倒角，然后刮出45°交叉花纹，以利于油膜储存。

4）将电动机抱轴箱内清理干净，清除毛刺等杂物，将上瓦（不带方孔的）先装入电动机瓦座上，然后将下瓦（带方孔的）与上瓦结合贴紧试合，达到两瓦瓦口平齐、结合到位，然后拿下待装。

（2）热套主动齿轮（电动机通风口侧）

1）先将橡胶圈套装在电动机轴承座上，注意橡胶圈缺口对准电动机排油孔位置，不得将排油孔堵住。

2）将主动齿轮（右）冷套在电动机轴上，然后用游标深度卡尺测量主动齿轮外端面距电动机轴端面距离，作为套前尺寸，做好记录。

3）将主动齿轮（右）套装在感应加热器，加热温度控制在 160～190℃ 之间。用点温计测量。然后将主动齿轮套装在电动机轴上，套入深度为 1.9～2.3mm。

计算方法：套前尺寸-套后尺寸＝套入深度

4）将电动机上自带挡板、止动垫、六角头螺栓安装在电动机轴端上，用扭力扳手紧固，扭矩为 360～370N·m。

（3）轮对安装

1）将工艺轮对吊装在电动机抱轴瓦上，然后将工艺轮对调整在电动机中心线位置，用塞尺测量瓦量约为 0.1～0.15mm。

2）将主动齿轮（左）冷套在电动机轴上，装上挡板、螺栓。

3）将电动机轴圈撬棍向内侧、外侧撬至极限位，用游标深度卡尺测量电动机横动量。最大尺寸-最小尺寸＝横动量（6.0～8.49mm），做好记录。

4）将电动机轴调至电动机中心位置，用游标深度卡尺测量电动机横动量的 1/2。

5）将已套装好的主动齿轮（右）正齿贴紧工艺轮对大齿轮，反齿位用塞尺塞紧，然后套入电动机轴另一端主动齿轮（左），套装方法按第 3）步进行操作。热套齿轮时向左侧工艺轮对大齿轮贴紧。

6）吊下工艺轮对，然后吊上实际轮对，并将下瓦安装在轮对轴上与上瓦结合到位。将电动机抱轴箱合口面涂抹乐泰胶 587，再装上密封垫，然后又在密封垫上涂抹乐泰胶 587。吊上抱轴箱与电动机合箱到位，用自带六角头螺栓、弹簧垫圈连接，用扭力扳手紧固，扭矩为 600～620N·m。

7）用塞尺测量抱轴瓦的瓦量为 0.25～0.4mm，大小齿轮齿隙为 0.67～0.99mm。

（4）齿轮箱安装

1）胶黏条安装。齿轮箱打开后，将胶黏条安装在齿轮箱大领圈凹槽内，两端用小铁钉固定。

2）橡胶板安装。

① 将橡胶板两端斜面用粗砂布打毛后，涂抹橡胶水或乐泰胶 401，然后将橡胶板围绕在抱轴箱两端领圈上，并将搭口粘贴牢固。

② 将乐泰胶 587 用胶枪涂装在齿轮箱上箱的凹槽内，并要求填充满、填充到位，不得有断点，再在上下箱领圈位置涂抹少量的乐泰胶 587。

（5）齿轮箱组装

1）将齿轮箱下箱先推入轮对电动机大齿轮下方，开始先用 M24×65 六角头螺栓预紧在电动机和抱轴箱上，然后将上箱罩在下箱上，使其上下箱合口入槽。再将齿轮箱两端定位销打入定位。然后装上齿轮箱两端合口自带螺栓，并用气动扳手预紧，使齿轮箱安全合装到位。

2）将齿轮箱与电动机、抱轴箱各连接部位的螺栓装上，第一次用气动扳手将各安装点螺栓预紧到位，然后松开各连接螺栓，使齿轮箱与电动机、抱轴箱各安装点恢复到自然状态，再根据各安装点的间隙大小加入适量的调整垫圈，第二次将各安装点螺栓预紧到位，再用扭力扳手紧固，扭矩为 420~450N·m。最后将 M30×90 六角头螺栓安装在齿轮箱内侧下部与电动机连接，扭矩为 480~510N·m。

（6）支座安装 将支座与电动机安装，用 M24×55 六角头螺栓带弹簧垫圈连接，用扭力扳手紧固，扭矩为 480~500N·m。

（7）吸油器（毛线架）安装

1）将毛线编织成辫状，用毛毡包裹后装入毛线架上，毛线凸出毛线架端口尺寸 70~80mm，然后用钢丝穿入固定。再将毛线凸出部位用剪刀剪成菊花状。

2）将编织好的毛线架浸泡在抱轴瓦油箱内，要求不得少于 4h。

3）将浸泡好的毛线架分别安装在电动机抱轴箱两侧内，用自带的 M10×25 六角头螺栓带弹簧垫圈固定，安装时要求毛线架被剪成菊花状的部位对准抱轴瓦下瓦方口，紧贴轮对轴（当抱轴箱内加入润滑油后，吸油器就不断给车轴提供润滑油）。

2.6.3 一系悬挂装置组装

一系悬挂装置组装包括弹簧压装、一系弹簧配装、一系垂向油压减振器安装。

基本操作方法及要求如下：

（1）弹簧压装 将弹簧先装在弹簧下压盖上，然后装在风压簧压机上，再装上弹簧上压盖，起动风压簧压机将弹簧压缩，装上弹簧卡，关闭风压簧压机风源，并排风，将压装好的一系弹簧卸下待装车。

（2）一系弹簧配装 将压装好的一系弹簧按弹簧本身标注的工作高标牌，按同一轴上的 4 组弹簧工作高不超过 1mm，同一转向架不超过 2mm，同一节车不超过 3mm 进行配装。当工作高超过允许范围值时，可以通过调整垫进行调整，达到要求。然后将选配好的弹簧装放在各个轴箱上，并将上座装放在弹簧上面（低位的）。

（3）一系垂向油压减振器安装 将一系垂向油压减振器自带螺母、橡胶垫拆下，安装在减振器座上，下部与减振器座安装，上部与构架安装。

2.6.4 二系悬挂装置组装

二系悬挂装置组装包括横向油压减振器安装、橡胶堆安装、摩擦减振器安装。

基本操作方法及要求如下：

（1）横向油压减振器安装 将横向油压减振器大头与安装座安装，用自带销轴连接，穿上开口销并使开口大于 60°。然后将其安装在构架上用 M20×35 六角头螺栓带弹簧垫圈连接，用扭力扳手紧固，扭矩为 320N·m。

（2）橡胶堆安装 将橡胶堆安装在构架上平面中间框架内，分别用单卡板、双卡板固定橡胶堆，用 M16×35 六角头螺栓带弹簧垫圈连接，用扭力扳手紧固，扭矩为 160N·m。

（3）摩擦减振器安装 将摩擦减振器安装在构架左右侧梁的减振器座上，用 M20×55 六角头螺栓带弹簧垫圈连接，用扭力扳手紧固，扭矩为 360N·m。

2.6.5 牵引装置组装

牵引装置组装包括三角架安装、三角撑杆座安装、三角撑杆与三角架安装、牵引杆安装。

基本操作方法及要求如下：

（1）三角架安装　将三角架 2 个销孔对准构架牵引座 2 个销孔，然后在销（二）表面涂抹润滑脂，再将其穿入销孔内，带上垫圈、六角开槽螺母，将六角开槽螺母拧到位。穿入开口销，并沿六角开槽螺母开口，再装上油杯，并注油。

（2）三角撑杆座安装

1）在三角撑杆座 2 个孔槽内，各先装入 1 只挡圈，再将关节轴承（GE40ES）装入，到位后再将另 1 只挡圈装入孔槽内，固定关节轴承，然后在关节轴承两端装上橡胶密封圈。

2）先在三角撑杆座孔内涂抹润滑脂，再将 10×25 圆柱销打入定位孔内，再在孔内装上衬套。

3）将三角撑杆座装在三角撑杆上，并在销（一）表面涂抹润滑脂，将其插入三角撑杆孔内与三角撑杆连接，再装上压盖、六角开槽螺母，并拧到位，穿入开口销，沿六角开槽螺母开口。装上油杯，并注油。

（3）三角撑杆与三角架安装

1）对正三角撑杆与三角架安装孔位，然后在销（三）表面涂抹润滑脂，打入三角撑杆底座部位。将销（三）穿入三角撑杆和三角架孔内，使其连接。装上压盖、六角开槽螺母，并将六角开槽螺母拧到位，穿入开口销，沿螺母开口。

2）将连接好的三角撑杆用天车吊起，将三角撑杆座与构架安装座用 M20×70 六角头螺栓带弹簧垫圈、螺母连接，并预紧（因车体未落，该部位螺栓暂不能紧固到位）。

（4）牵引杆安装

1）关节轴承安装。在牵引杆两端孔内涂抹润滑脂，先分别装入 1 只挡圈，再将关节轴承（GE70ES）装入。再装入另 1 只挡圈固定关节轴承，然后在关节轴承两端装入橡胶密封圈。

2）将衬套（二）装入三角撑杆孔内，在销（三）表面涂抹润滑脂。将牵引杆任意一端插入三角撑杆中间与孔对准，穿入销（三），到位后装上压盖（二）、六角开槽螺母，拧紧后穿入开口销，沿六角开槽螺母开口，并注油。要求牵引杆摆灵活。

2.6.6 电动机悬挂装置组装

电动机悬挂装置组装包括关节轴承与吊杆安装、吊杆安装、吊杆与吊座安装、防落板安装。

基本操作方法及要求如下：

（1）关节轴承与吊杆安装　在吊杆孔内涂抹润滑脂，先装入 1 只挡圈，再将关节轴承（GEGOES）装到位，然后再装入另 1 只挡圈。

（2）吊杆安装　将吊杆安装在构架中间梁吊杆座内。用圆销穿入吊座孔内，连接吊杆，然后装上止板卡住圆销，用 M12×30 六角头螺栓带双耳止动垫连接，用扭力扳手紧固，扭矩为 70~80N·m。将双耳止动垫翻边，贴紧螺栓六角头和止板。在圆销端面装上油杯，并注油。

（3）吊杆与吊座安装　在落构架之前先将橡胶垫、垫板旋转在电动机吊座上，待构架落车时吊杆插入电动机吊座后，再将电动机吊座下端的橡胶垫、垫板、垫圈、六角开槽螺母装上。然后用天车及工装吊盘装在电动机悬挂吊杆下部，吊起少许，使橡胶垫压缩。将六角开槽螺母拧到位，穿入开口销，再将开口销沿六角开槽螺母开口。

（4）防落板安装　将防落板插入构架中间梁上的防落箍内，再穿入圆销，装上垫圈、开口销，并固定。

2.6.7　基础制动装置组装

基础制动装置组装包括制动器安装、试验。

基本操作方法及要求如下：

（1）制动器安装　将 JDYZ-4FA 单元制动器安装在构架Ⅰ架 2 位、Ⅱ架 3 位的制动器座上。用 M20×65 六角头螺栓带弹簧垫圈、螺母连接，螺栓螺纹部分涂乐泰胶 262，用扭力扳手紧固，扭矩为 360~370N·m。

要求：制动器安装后，将闸瓦退到位，使其落车。使同位左右制动器闸瓦中心距为（1520±3）mm。

（2）试验　将风管与转向架空气管路的进风管口连接好，向空气管路内充入足够的空气压力，检查各制动器是否有制动动作，排风后检查各制动器是否有缓解动作，如某制动器无动作则检查该部位的空气管路是否通风，制动器是否有问题，直到合格为止。

2.6.8　手制动装置组装

手制动装置组装（SS4 改）包括连杆组成与竖杠杆组装、竖杠杆安装。

基本操作方法及要求如下：

（1）连杆组成与竖杠杆组装　将连杆组成叉口部位与竖杠杆安装，在圆销表面涂抹润滑脂后，将其穿入连杆和竖杠杆孔内，将轴用弹性挡圈装在销槽内。

（2）竖杠杆安装　将已装好连杆的竖杠杆插入构架上制动器安装座槽内，将圆销穿入固定竖杠杆，然后装上平垫圈、开口销，并固定。

2.6.9　轮轨润滑装置组装

轮轨润滑装置组装包括油脂罐安装、轮喷头安装、软管装配安装、管卡安装。

基本操作方法及要求如下：

（1）油脂罐安装　将油脂罐安装在砂箱支架上，用自带螺栓连接紧固，并在油脂罐内注入油脂。

（2）轮喷头安装　将轮喷头安装在支板上，喷嘴头对准车轮轮缘中部，距离车轮轮缘中部 40~60mm，拧紧大螺母。

（3）软管装配安装　将软管装配（（M14×1.5×1500）的1根装在油脂罐上部接口，另1根装在油脂罐下部接口，拧紧。再将油脂罐上部软管与钢管接头连接，油脂罐下部软管与软喷连接，拧紧。将软管组装（M14×1.5×1000）一端与软喷接头连接，另一端与钢管接头连接。

（4）管卡安装　用管卡将各软管固定在管卡座上。

2.6.10　转向架空气管路安装

转向架空气管路安装包括转向架空气管路本体安装、撒砂管安装、转向架空气管路泄漏试验。

转向架空气管路安装的基本操作方法及要求如下：

（1）转向架空气管路本体安装　依照产品图样将产品空气管路安装在构架上，分别用管卡将各空气管路固定，各制动器分别用软管连接各钢管接口接头。

（2）撒砂管安装　将各砂箱管与各砂箱上的撒砂器连接、紧固。撒砂管分别用砂管吊起固定，撒砂管斜面距轨面高度为 30~50mm。

（3）转向架空气管路泄漏试验　将进风管与转向架空气管路连接好，向空气管路内充入足够的高压风，检查各空气管路接头是否漏风（可用肥皂液检查），如发现漏风现象应将接头拧紧，直至合格为止。

2.6.11　转向架总成紧固件紧固及防松要求

1）螺栓、螺母及工件螺纹孔均要达到设计要求，螺纹符合螺纹环规、塞规检验要求，螺纹状态良好，无铁扣、倒加现象，螺纹面应与紧固平面成垂直状态，不满足要求者不允许装车。

2）螺栓、螺母等级、规格、型号及防松件型号，应能满足设计要求。

3）需重新或反复使用的紧固件、防松件，原则上应全部更新。如需重复使用，则在安装前应检查其螺纹状态是否正常，否则不能再使用。

4）需用螺纹锁固胶增加锁固的螺栓、螺母及工件螺纹孔须经清洗脱脂处理。用丙酮或乐泰胶 755 清洗螺纹表面油脂后，才能进行涂胶安装。

5）返工处理或返修处理的零部件在螺纹孔清洗前应先攻螺纹，清除螺纹孔内残留的螺纹胶及杂物，再用高压风清除干净。

2.7　转向架维护及保养

1. 转向架的维护及保养规范

1）检查各紧固件紧固状态，不得有松动、脱落现象。

2）检查轴箱拉杆方轴与轴箱体及构架拉杆座相连处，其底槽应保持 3~8mm 间隙。

3）检查闸瓦与车轮踏面间隙是否为 5~8mm。

4）检查制动器手轮与手制动竖杠杆之间的间隙应为 1~2mm。

5）检查排石器角钢距轨面高度是否为 70~80mm。

6）检查制动器动作是否良好。

7）检查齿轮箱漏油情况，允许渗油，不允许漏油。

8）检查轴箱轴承温升情况，不得超过允许值。

9）检查弹簧系统，如有异常情况应及时处理或更换。

10）检查各种油压减振器是否漏油，若漏油应更换。

11）检查空气管路是否漏风，若漏风应及时处理。

2. 轮对驱动装置的维护及保养规范

1）齿轮箱是否有裂纹，发生裂纹时应更换。

2）齿轮在段检修时应对其齿面进行检查，均不得有裂纹，齿面状态应符合限度要求。

3）箱内的润滑油应保持在油尺上下刻线之间，一般可在运行 20000~30000km 后进行补给，若润滑油内有大量灰尘、杂物等混入，应及时更换。在北方寒冷地区应采用美孚SHC220 齿轮油。

3. 轴箱轴承的维护及保养规范

1）禁止检修过程中轴承被人为损伤，轴承拆卸时，应对其进行保护，防止异物进入。

2）轴承拆卸后应清洗干净，检查滚子内、外滚道面和保持架的状态。滚子和滚道不得有伤痕，螺钉不得松动。

3）轴承内圈在轴颈上不得有松动，需要拆卸时应用感应加热器加热方法退出，但加热温度不得超过 120℃，禁止用火焰烤的方法加热。

4）轴承内圈完好无损可不拆卸，拆卸时应对其进行保护以防碰伤。

5）在组装轴箱前，各零部件必须清洗干净。

6）轴箱内的轴承加脂量为 1~1.2kg。

7）轴箱组装后，应检查其横动量是否符合限度要求。

8）使用过程中应对轴承进行补脂，一般运行 5 万~7 万 km 补脂 1 次。

4. 轮对维护、保养及检修规范

1）轮对检修应按段修规程进行，车轴检修可按段修规程进行超声波检测。

2）E2002876QT 型、3E2092876QT 型轴承的外径应与齿轮芯选配，其过盈量为 0.035~0.075mm，在使用过程中，应对轴承进行补脂，一般运行 5 万~7 万 km 补脂 1 次。

3）空心轴套与电动机结合面，尤其是转角处要进行磁粉检测，发现裂纹时应及时更换。

4）经常检查各紧固件是否松动，以防事故发生。

5）装齿轮箱时，必须将密封环和齿轮箱结合面先清理干净，然后才能涂装乐泰胶 587。

6）检查各橡胶件老化情况，一般运行到段修时更换。

7）段修时应对六连杆、空心轴、传动盘、空心轴套各销进行磁粉检测，发现裂纹后应及时更换，同时更换紧固六连杆用的螺栓和止动垫，轮对各部件的磨耗应符合限度要求。

5. 构架的维护及保养规范

运行和检查时，应加强对构架的检查，尤其是对安装座、牵引座各主要焊缝的检查，一旦发现裂纹，可根据焊修细则进行焊修。

6. 一、二系悬挂装置的维护及保养规范

（1）一、二系弹簧

1）一、二系弹簧已在工厂根据要求选配好，为确保轴重、轮重不发生变化，在检修时各弹簧配置的调整垫应做到原配，最好原拆原装。

2）一、二系弹簧在段修时应对其工作高进行测试，保证其符合限度要求，并观察有无异常现象，如有应及时更换。

3）一、二系弹簧在段修时应进行磁粉检测，发现裂纹应更换。

4）一、二系弹簧在使用2个段修期后应更换。

（2）橡胶件

1）当发现轴箱拉杆橡胶件产生裂纹或剥离时应更换，一般在段修时更换橡胶件。

2）一、二系橡胶垫在运行时发现裂纹、剥离、损坏和老化时应更换，一般在段修时更换。

（3）油压减振器

1）油压减振器各零部件应完好无损。

2）紧固件不得损坏，橡胶件不得老化，若有上述情况应及时更换。

3）油压减振器应无漏油现象，一旦发现应及时更换。

7. 牵引装置的维护及保养规范

1）各紧固件螺栓、螺母、圆销等无松动现象，牵引杆、连接杆、拐臂焊缝不得有裂纹和变形。

2）牵引杆组装、拐臂组装，连接杆处各螺栓、螺母、圆柱销、止动垫紧固完好。

3）检查组装间隙，不得超限。

4）段修时应拆下牵引杆、连接杆，对其进行磁粉检测，若发现裂纹应更换。若拐臂出现纵向裂纹，焊修后应消除内应力，否则应更换。

5）拐臂各销套应进行外观、尺寸及磁粉检测，磨耗不应大于规定值。

6）各销套应每1万km注入3#锂基脂1次，以保持销套间良好润滑。

7）橡胶件在段修时要进行更换。

8）在段修时，关节轴承有损坏者应更换。

9）牵引杆和连接杆在第2次段修时换新。

8. 电动机悬挂装置的维护及保养规范

1）电动机悬挂臂、悬挂座外观良好，螺栓无松动，关节轴承转动灵活。

2）在段修时，关节轴承发现裂损应更换。

3）段修时，悬挂臂、悬挂座、芯轴应进行磁粉检测，不得有裂纹。

9. 基础制动装置的维护及保养规范

1）制动器各紧固螺栓必须紧固良好。

2）在进行制动缓解试验时，应无卡滞、不缓解或不上闸现象。确认各制动器动作良好后方可出车。

3）在拆换制动器时，应检查制动缸臂无拉伤，防尘罩无破损、变形，弹簧无折损，自由高在限度范围内，油脂润滑状态良好。组装后进行风压试验，不得漏油。

10. 停车制动装置的维护及保养规范

1）各销套润滑良好。

2）制动拉杆、杠杆不得有裂纹、弯曲。

3）进行制动、缓解试验，应无卡滞、不缓解或不上闸现象，确认动作良好后才能出车。

4）检查杠杆与制动器手轮之间间隙，应为 0~1.5mm。

5）各销、拉杆、杠杆在段修时进行磁粉检测，一旦发现裂纹应及时更换。

6）各销、套在段修时发现超过限度值时应更换。

11. 砂箱与扫石器的维护及保养规范

1）砂箱内应装入符合标准的砂子，在进行撒砂试验时，砂管应有砂子撒出，如没有砂子撒出，应检查砂箱内的砂子是否结块或堵塞。

2）检查扫石器的橡胶板是否有磨损，如有磨损应及时更换。

12. 轮轨润滑装置的维护及保养规范

1）在保证喷嘴不会与车轮碰撞的条件下，尽量避免油脂在轮缘踏面及轮缘上部的附着，保证油脂喷射到轮缘根部的磨耗区。

2）喷嘴头应定期清洗、检修，以防喷嘴堵塞。

3）日常检修时发现软管漏油、漏风时应及时更换。

4）在段修时，应对油脂罐、油管、喷嘴等进行清洗，清除杂质和油垢，更换橡胶 O 形圈。

2.8 转向架总成部件故障原因分析及处理方法

2.8.1 轴箱轴承发热原因分析及处理方法

1. 原因分析

1）轴承型号配置不对，轴承内零部件未清洗干净，滚柱有伤痕，保持架变形。

2）轴承油隙不符合设计要求。

3）轴承无横动量，零部件错装。

4）轴承油脂加得太多，油脂不清洁。

2. 处理方法

1）清洗各零部件；轴承滚柱、滚道面应无伤痕，保持架应完好；检查轴箱内部各零部件应无错装。

2）轴承油隙应符合设计要求。

3）轴承横动量应符合设计要求。

4）轴承油脂加入量应符合设计要求，清洗轴承更换油脂。

2.8.2 齿轮箱渗油、漏油原因分析及处理方法

1. 原因分析

（1）齿轮箱大领圈外侧（轮对侧）漏油 外侧领圈部位的齿轮箱上、下箱凹槽内镶入2条胶黏条，直接与齿轮芯接触密封，因轮对在运转过程中会将胶黏条逐渐磨损掉。虽然齿轮箱下箱领圈凹槽内设有回油孔，但机车高速运转，齿轮箱内有一定的压力，齿轮油将会通过已磨损的胶黏条的缝隙渗出，久而久之渗油状况不断加重，最后造成齿轮箱漏油。

（2）齿轮箱大领圈内侧（电动机侧）漏油 内侧领圈部位是用橡胶板围绕在电动机抱轴箱上的，靠齿轮箱合箱后领圈压缩橡胶板进行密封。橡胶板是采用耐油橡胶，两端搭口采用涂胶方式进行粘接。由于橡胶板长期被压缩，被齿轮油浸泡会自然老化变形，失去原有弹性和韧性，造成密封不严。如橡胶板本身存在质量问题，且长期被齿轮箱挤压，将会导致橡胶板纵向断裂，影响密封效果，造成齿轮箱漏油。

（3）齿轮箱合口面漏油 齿轮箱合口面是采用公母槽结构，是靠填充密封胶进行密封的，如果密封胶填充量少、不到位，将会使齿轮箱合口局部密封不严，造成合口面局部漏油。

（4）齿轮箱油位超高 如果齿轮箱内的齿轮油加入量超过油标尺的上刻线，在机车运行时会使齿轮箱内压力增大，会导致齿轮箱下箱回油不畅，将会有少量的齿轮油从齿轮箱内外侧的缝隙渗出。同时还有一种可能就是齿轮油通过电动机小齿轮端的轴承座缝隙渗入，之后将会从电动机的排油盒中流出，甩在电动机和齿轮箱上，造成齿轮箱漏油的一种假象。

（5）齿轮箱呼吸孔堵塞 齿轮箱上箱顶部设有两个呼吸管，由于机车长期运行将会导致呼吸器周边覆盖灰尘，积少成多，将堵塞呼吸孔，也会造成齿轮箱内呼吸孔不畅通，导致漏油。

2. 处理方法

1）选用规格一致的胶黏条，安装到位，凸出量一致。

2）橡胶板质量应符合设计要求，安装前应检查是否有足够的弹性及韧性，表面应无裂纹。

3）粘接前应将搭口处打粗糙，使之粘接牢固。

4）齿轮箱合口面密封胶要填满、到位，合箱后合口处应有胶溢出。

5）齿轮箱组装时，应严格按照齿轮箱组装工艺守则进行操作。

6）检查齿轮箱油位应在油尺上、下刻线之间。

7）清除齿轮箱呼吸器周边的油泥，保持齿轮箱呼吸孔畅通。

8）齿轮箱各领圈，合口周边的油渍应擦干净。

2.8.3 抱轴瓦发热原因分析及处理方法

1. 原因分析

1）抱轴瓦瓦量不符合设计要求。

2）抱轴瓦刮瓦工艺不符合要求。

3）抱轴瓦变形。

4）抱轴箱加工不符合设计要求。

5）抱轴瓦油不清洁。

6）毛线架（吸油器）安装不到位。

2. 处理方法

1）用塞尺检查抱轴瓦瓦量，合箱前为 0.1～0.15mm，合箱后为 0.25～0.4mm。

2）重新刮瓦，要求抱轴瓦两端多刮去 0.1mm，形成微喇叭口，刮出交叉花纹，刮干油膜储存。

3）将上、下瓦合装检查，合口周边应平齐到位，否则应更换。

4）清除抱轴箱合口及键槽毛刺，清洁抱轴箱、检查定位键是否安装到位。

5）更换新的抱轴瓦油。

6）检查毛线架是否安装到位，毛线头部是否贴紧车轴。

2.8.4 电动机小齿轮弛缓原因分析及处理方法

1. 原因分析

1）小齿轮热套深度尺寸不符合设计要求（偏小）。

2）电动机轴或小齿轮内孔锥度不符合设计要求，接触面积不够。

3）小齿轮内孔、电动机轴表面套装前未清理干净，或表面有缺陷。

2. 处理方法

1）检查小齿轮与电动机轴套入深度，应符合设计要求（1.9～2.3mm）。

2）用环规、塞规检查电动机轴或小齿轮内孔锥度是否符合设计要求，接触面积应大于75%。

3）套装前应将电动机轴、小齿轮内孔清洗干净。

4）检查电动机轴及小齿轮内孔表面应无伤痕、缺陷等，否则应更换。

2.8.5 油压减振器渗油、漏油原因分析及处理方法

1. 原因分析

油压减振器内部密封橡胶圈破损。

2. 处理方法

1）需专业厂家维修人员进行维修。

2）更换新的油压减振器。

2.8.6 轮轨润滑装置不喷油原因分析及处理方法

1. 原因分析

1）油脂罐缺油。

2）油管、喷嘴堵塞。

3）风管压力不够。

4）长期不用，油脂干硬不流畅。

2. 处理方法

1）检查油脂罐是否有油，油脂是否干硬，应补油或清洗油脂罐。

2）拆卸油管、喷嘴进行清洗疏通。

3）检查风压是否满足要求。

4）油脂干硬应彻底解体清洗，疏通管道及喷嘴。

2.8.7 制动器闸瓦上、下偏磨原因及处理方法

1. 原因分析

1）制动器闸瓦上、下间隙不均匀。

2）制动器闸瓦销不符合要求，闸瓦调整无效。

2. 处理方法

1）调节制动器闸瓦托上的调整螺栓，使闸瓦与轮踏面的上、下间隙一致。

2）拆下闸瓦销、调整闸瓦锁后重新装上，然后再调节调整螺栓，查看是否调整有效，否则重新调整闸瓦销。

2.9 工装及设备的使用与维护

2.9.1 转向架称重调簧设备的使用与维护

转向架称重调簧设备是对转向架进行轴重、轮重、轴距、转向架上平面距轨面高度等检测的专用设备。通过该设备可以检测转向架组装后的状态是否满足设计要求，并通过该设备检测结果，转向架一系弹簧、二系弹簧用加减调整垫的方法进行调整，以达到设计要求。

每周进行一次维护与检查，保持设备状态良好、完整。及时清扫污垢，保持设备清洁。

2.9.2 轮对驱动装置空转试验台的使用与维护

轮对驱动装置空转试验台是对组装后的轮对电动机及齿轮箱轴箱磨合试验的专用设备。

通过该设备可以检测轮对驱动装置组装后的状态是否满足设计要求，还可以检测轮对电动机抱轴瓦是否发热、齿轮箱是否漏油、存在异音、轴箱轴承是否发热等。

每周进行一次维护与检查，经常保持设备状态良好、完整。及时清扫污垢，保持设备清洁。

2.9.3 电磁感应加热器的使用与维护

电磁感应加热器是用来对各种齿轮、轴承内圈加热套装的专用设备。通过该设备可以将加热后的齿轮、轴承内圈按不同要求套装在电动机轴上或轮对轴颈上，以满足组装工艺的要求。

使用完毕后应及时关闭电源、清理油垢，保持设备状态良好、完整。

2.9.4 车体称重试验设备的使用与维护

车体称重试验设备是专门为具有两系弹簧支承结构的轨道机车车辆进行车体二系支承称重调簧分析优化而研制开发的大型试验装置。其主要功能包括：车体二系支承点载荷精确检测；车体二系支承调簧分析优化；车体平面重心和立体重心精确检测；车体二系支承点其他参数检测分析。

该设备主要由计算机测控、液压伺服控制和机械支承装置三大部分组成。系统为两级计算机控制结构，测量系统采用精密光栅位移传感器和高精度载荷传感器，调节执行装置采用精密位移液压伺服控制系统，试验台软件应用了参数识别、系统建模和优化、人工智能技术，从而使本试验台在进行车体称重调簧试验时具有自动化、智能化程度高，试验过程快速及结果精确、可靠等优点，其整体技术已达到国际领先水平。

该设备的主要工作原理为：在对被试车体二系支承结构精确建模及对二系簧载荷和高度方向位移进行精确检测的基础上，通过计算机自动寻优分析，控制液压位移伺服作动器的上下运动，模拟车体各二系支承点处的高度变化，从而确定在最优二系支承载荷分布条件下的二系加垫值；同时，根据各二系支承载荷、位移变化和车体几何参数模型分析、计算得出车体重心及其他试验参数。

该设备关机后的检查要点如下：

1) 检查试验台机械系统各运动部件是否回复到初始位置，状态是否完好。

2) 检查试验台与机械系统各运动部件相连接的电气线路状态是否完好。

3) 检查试验台液压系统油路是否存在漏油等不正常现象。

应定期对设备进行维护与检查，保持设备状态良好、完整。及时清扫污垢，保持设备清洁。

2.9.5 整车称重试验设备的使用与维护

整车称重试验设备是通过对机车的称重，使机车的总重，轮重和轴重达到出厂要求的一种装置。

每次称重试验完成后，依次关闭计算机主机、显示器、打印机、不间断电源、稳压电源、称重仪表及大屏幕显示器电源。定期检查与维护设备，搞好库内卫生，锁好门窗，操作人员方可离开现场。

维护与保养要求如下：

1）应由操作人员负责该称重设备的日常保养和使用。

2）称重库内应保持干燥、清洁，不得有积水、积尘和杂物。

3）必须定期对称重铸铁平台、紧固件进行油液润滑保养。

4）定期检查该称重设备的各紧固件是否松动，库内称面轨距应为（1435±2）mm。

5）应定期检查该称重设备的过渡连接器与钢轨是否有间隙。

6）遵照计量部门规定期限对该称重设备进行定期检查校正。

> **大师谈经验：**
>
> 　　本章主要讲述了机车车体总成、转向架总成的组成、结构等相关专业知识，同时对车体总成装配、转向架总成装配中机车钳工所涉及的基本工序、作业内容、作业过程、操作要领、注意事项、维护保养等做了较为全面的介绍。学习、掌握相关知识，能对全面了解、掌握机车钳工知识有较好的帮助。

第 3 章

经典案例大师谈经验

Chapter 3

☺ 学习目标:

1. 学习、了解经典案例中的关注要点。
2. 熟悉经典案例改进、改善过程。
3. 初步系统掌握精益改善、质量控制的改进方法。

3.1 HXD1D 型机车牵引杆安装工装改进

1. 现状描述

1)在转向架总成达到落车区域后,将 HXD1D 型机车牵引杆部件从存放区域用天车转运至落车区域后,将牵引杆的一端与转向架总成牵引座用 2 个安装螺栓连接(不紧固),另一端用支撑杆固定。

2)将组装完的 HXD1D 型机车车体总成落至转向架总成上。

3)通过旋转、人力及其他机械方法调整转向架与车体总成的相对安装位置,用辅助工具完成牵引杆与车体牵引座的对位后,连接预紧、扭力紧固相应的安装螺栓后,才基本完成牵引杆安装工序。

2. 问题描述

1)牵引杆在安装过程中需天车配合来调整牵引杆的安装方向,天车容易出现"斜拉歪吊"的问题。

2)机车在落车时,由于两架转向架无法完全与车体对中,需调整两架转向架之间的距离,在调整转向架时,牵引杆均存放在地沟渡板上或支撑杆工装上,存在溜动现象,易出现转向架总成上安装座与牵引杆预装螺栓螺纹的损坏。

3)牵引杆安装与车体牵引座对位时,牵引杆需先通过人力抬至高过安装位置卡口,从上方往下落才能完成对位。因牵引杆较重,对位时需 4~5 人同时配合方可完成作业,不但需临时占用较多的作业人员，且作业人员劳动强度高。因地沟的作业空间受限，完全靠人力作业，还存在一定的安全隐患。

3. 解决问题方案

通过车间现有的手动液压升降小车，配合辅助工装，完成牵引座的对位、连接，减少该工序作业过程中的作业员工的临时占用，降低作业人员的劳动强度及作业风险。

结合现场已有的手动液压升降小车及其抬升高度、在地沟作业时牵引杆安装对位所需的高度，确定辅助工装的总体高度，再结合作业时的现场环境、作业位置、作业对象，确定辅助工装的基本结构和形式，设计并制造了如图3-1所示的辅助工装，并进行了现场验证使用（见图3-2）。

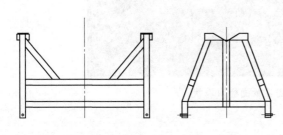 

图3-1　辅助工装示意图　　　　　　　图3-2　辅助工装现场验证使用

实施过程：将辅助工装通过工装底座侧面的螺栓固定到手动液压升降小车上，将牵引杆吊放至辅助工装上，待机车落车后，通过两个作业人员调整手动液压升降小车的高度及位置，即可完成牵引杆的对位及安装。

同时，为了满足和谐型机车杆式及板式两种焊接型牵引杆总成的安装对位，将辅助工装的支承面设计成中部带V形口的支承面，提升工装的通用性，减少类似功能辅助工装的重复制作，节约工装制造成本。

4. 方案实施效果

解决了前期牵引杆安装工序过程中存在的问题，具体如下：

1）天车可将牵引杆直接吊运至作业地沟的牵引杆安装辅助工装上，不必先与转向架总成上牵引杆安装座对接，而是在机车落至转向架上时一次完成；可减少该工序作业时天车资源的占用。

2）落车过程中及转向架相对位置调整时，因牵引杆没有与转向架及车体连接，减小调整过程中牵引杆滑落及原安装方式中预装螺栓损坏的可能性。

3）增加该工装后，在牵引杆对位时只需两人通过调整手动液压升降小车的相对位置和高度即可完成牵引杆与牵引座的对位，而不需要通过人力抬牵引杆进行配合对位，减少了作业人员的数量，降低了作业过程中的劳动强度。

通过该辅助工装的设计、制造及使用，较好地解决了该工序作业过程中存在的问题。

3.2 动力集中型动车法兰组件关键螺栓紧固标准化

1. 现状描述

动力集中型动车法兰组件安装为机车走行部件中的关键"八防"工序部件，螺栓的紧固及紧固标识是否规范都会直接对机车的行车安全和用户的视觉感观带来一定的影响。法兰组件紧固标识现状如图 3-3 所示。

图 3-3 法兰组件紧固标识现状

2. 问题描述

规范化之前，因螺栓头部在紧固过程中的旋转、个人作业习惯的差别、紧固位置的不同，会造成紧固后螺栓头部与螺母方向的一致性、开口销装配位置统一性、防松标识等诸多方面都存在一定的差异。

3. 解决问题方案

上述问题形成的最根本的原因是螺栓头部在紧固后不能有效地保证其整齐性（螺栓头部排列的一致性）及标识在长度、宽度、位置上的统一性。为了解决上述问题，需要联合工艺人员、质量管理人员对相关工序的作业人员进行螺栓紧固标识标准化培训，优化工艺指导作业文件，强化螺栓紧固的理论知识，并对螺栓的安装方法和紧固顺序做出明确的规定，形成标准化作业流程。同时设计制备 160km/h 动力集中型动车法兰组件的螺栓安装、紧固、定位工装。

4. 方案实施效果

将上述工装应用到实际生产之中后，有效地替代了之前的使用呆扳手固定螺杆的方式，保证了紧固后螺栓头部排列的一致性，进而保证了螺母上防松标识所在面及开口销装配方向的一致性。通过加强标识方式、方法的检查和要求，使防松标识整体感观方面有较大提升，还减轻了作业人员的工作强度，提高了工作效率。优化后的法兰组件安装效果如图 3-4 所示。

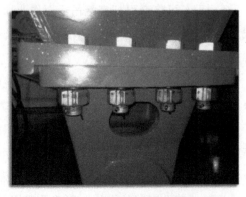

图 3-4 优化后的法兰组件安装效果图

同时，针对机车作业空间狭小的感应线圈安装、油压减振器安装等其他类似工序也做了相应的优化（见图 3-5），感应线圈安装效果如图 3-6 所示。

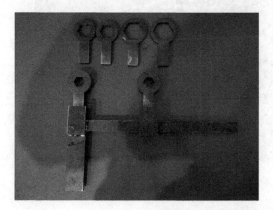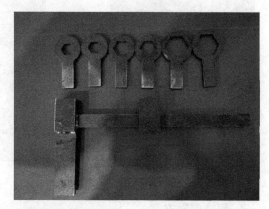

图 3-5 优化后的螺栓安装、紧固、定位工装

图 3-6 感应线圈安装效果

3.3 机车软风道安装改进

1. 现状描述

机车落车时，用 2 台 50t 天车吊起车体，将其移动至待落车的转向架正上方，车体下落至与转向架之间间隙约为 150mm 时，由员工在车体与转向架之间完成软风道（1~6 位）的连接。在进行软风道连接过程中，因软风道是连接车体与转向架间牵引风机冷却风源的过渡风道，所以作业空间狭小（见图 3-7）、光线暗，单个软风道与牵引电动机的连接螺栓（M10×45）有 10 个，每台（节）车共计 60 个，采用手动工具进行软风道连接时间长达 2h/节车。

2. 问题描述

因安装紧固螺栓时作业空间狭小，风动工具无法垂直进入，易造成内六角圆柱头螺栓或软风道外表面损坏。用手动内六角扳手紧固时也会与软风道干涉（见图 3-8），紧固过程中内六角扳手只能小角度地旋转紧固，且容易掉落，作业效率和作业质量难以保证。

图 3-7　作业空间狭小

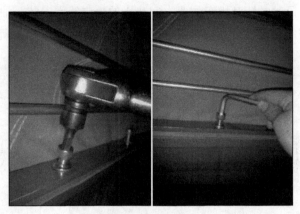

图 3-8　与软风道干涉

3. 解决问题方案

通过前面的工序介绍可知，无法从产品结构上较好地解决软风道连接工序的效率和质量问题，只能对安装工具进行优化。

解决措施的制订可从以下两个方面进行考虑：

1）将手动内六角扳手"7"字形的一头截短，避免其在安装软风道紧固螺栓过程中与软风道干涉。

2）制作适当的紧固工具，来满足软风道连接紧固螺栓作业质量和效率的要求。

第1）种解决措施在安装软风道紧固螺栓时，可有效减少内六角扳手与软风道的干涉，能适当提高工作效率。但因是纯手工作业，且软风道的紧固螺栓较多，作业效率没有得到明显提高，因此，在进行改善时主要考虑第2）种解决措施。

4. 改善及实施

结合目前开始逐步使用的快速扳手（见图 3-9）来替代呆扳手，以提高工作效率、降低员工的作业强度的实际情况，考虑是否可以制作相应的过渡内六角圆柱头螺栓紧固工具，以快速扳手替代传统的内六角扳手，以提高工作效率，保证软风道安装螺栓的紧固质量。

结合现场软风道安装情况，选用合适的快速扳手，最终决定制作如图 3-10 所示的过渡接头，与图 3-9 中的快速扳手组合成如图 3-11 所示的软风道螺栓扳手。现场试用效果显著（见图 3-12）。

图 3-9　快速扳手

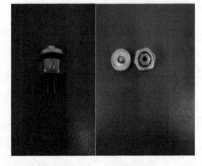

图 3-10　过渡接头

图 3-11　软风道螺栓扳手

1）快速扳手头部较小、较薄，且制作的过渡接头高度较小，过渡接头可垂直插入内六角圆柱头螺栓的六边形中，解决了因风动工具头部较大与软风道干涉的问题，避免了安装紧固螺栓过程中对软风道、螺栓内六角的损伤。

2）采用快速扳手，可对软风道的紧固螺栓进行连接、快速紧固，避免了采用手动"7"字形的内六角扳手在紧固过程中对紧固螺栓六边形重复的取出和卡入。

5. 方案实施效果

通过上述自制改善工具的试用及推广，大大地缩短了机车软风道连接的作业时间，台车作业

图 3-12 现场试用效果

时间由原来的 4 人/1.5h 缩短至现在的 4 人/0.6h，大大地提高了工作效率，并能较好地保证作业质量。

3.4 动力集中型动力车密接式车钩安装工艺的分析与研究

1. 现状描述

密接式车钩一般在高速车辆和城市轨道车辆上使用。它体积小、重量轻、两车钩连挂后各方向的相对移动量很小。同时，它可实现制动软管、电气接头自动可靠对接。

动力集中型动力车密接式车钩尺寸为 1280mm×420mm，总质量达 280kg，一般在机车总组装过程中通过天车辅助调运的方式完成密接式车钩安装。

2. 问题描述

因密接式车钩重量分布不均匀，采用天车辅助安装时重心不好把握，安装过程中与车体焊接总成安装孔位对位、调整、紧固均不方便，作业效率较低。

3. 解决问题方案

根据现场作业实际情况，结合密接式车钩的结构特点，设计、制作该型车钩专用安装工装，以降低该车钩安装作业难度、提高工作效率及工作质量。该专用工装应满足以下要求：

1）利用车钩缓冲装置的圆柱面和部件上平面作为支撑点，该专用工装可将该车钩进行有效固定。

2）该专用工装可固定在移动升降小车上，实现多工位的作业需求。

3）该专用工装尽量设计成高度可调整的结构，以便用于多种类似结构车钩的安装使用，有利于工装管理和现场管理。

4. 改善及实施

结合该型密接式车钩特点及专用工装的设计思路，通过方案设计、图样设计及评审、实物制作、现场验证，最终完成了该专用工装的现场应用，如图 3-13 所示。

图 3-13　密接式车钩的现场应用

5. 方案实施效果

通过该专用工装的使用，有效降低了员工的劳动强度、预防了安全事故的发生、提高了作业效率、保证了作业质量，具体效果如下：

1）作业人员由 5 人减少至 2 人。

2）作业时间由 60min 降低至 30min。

3）占用天车资源时间由 60min 降低为 10min。

3.5 160km/h 动力集中型动车组转向架电动机悬挂座安装工艺优化

1. 现状描述

160km/h 动力集中型动车组转向架驱动装置有别于传统的刚性架悬结构（见图 3-14），采用的是弹性全架悬方式，电动机悬挂座与牵引电动机完成组装后，再通过电动机悬挂座上的橡胶关节卡入构架上"凹"槽。

2. 问题描述

电动机悬挂座与驱动装置连接后，需要使用天车，吊起驱动装置抱轴箱往"凹"槽方向移动，作业员工使用橡胶锤敲击及撬棍撬动等方式（见图 3-15、图 3-16）将电动机悬挂座橡胶座落

图 3-14　刚性架悬结构

入到"凹"槽中。如果电动机悬挂座橡胶座未能落入到"凹"槽中，还需要反复起吊、反复操作才能完成，作业效率较低，有一定的安全隐患，且容易撬伤橡胶关节表面（图 3-17）。

图 3-15 橡胶锤敲击

图 3-16 撬棍撬动

图 3-17 撬伤橡胶关节表面

3. 解决问题方案

结合该工序作业环境及作业过程中存在的问题，制作专用工装，实现自动落入"凹"槽，减少人员的辅助作业及调整工作，提高工作效率，保证工作质量。同时该专用工装应满足以下要求：

1）装配、拆卸方便、快捷，工装轻量化。

2）便于电动机悬挂座的橡胶关节在落入"凹"槽时，其上的螺栓安装孔能与构架上"凹"槽底部的螺纹孔准确对位，避免橡胶关节落入"凹"槽时因安装孔错位导致紧固螺栓无法安装，须重复操作，即该工装要求有自动导向和准确的限位功能。

3）该专用工装在使用过程中应避免对与之接触的部件造成损伤，以保证产品质量。

4. 改善及实施

根据该工序的作业特点及工装的使用位置，结合上面提到的该工装需要满足的要求，作业团队通过多次的方案论证、评审、优化，最终制作完成该专用工装（见图3-18）。

该专用工装选用45钢，可以在延长使用寿命的同时确保芯轴表面镀锌层不被破坏。作业时将工装自上而下套入到"凹"槽中，使用螺栓将其固定住，坡面可适当涂抹锂基润滑脂，方便电动机悬挂座橡胶关节滑入。

将电动机悬挂座与驱动装置连接完成，电动机悬挂座橡胶关节端落至工装坡面（见图3-19）。天

图 3-18 专用工装

车吊起驱动装置抱轴箱后，利用电动机自重，由工装的坡面提供一个向前的作用力、侧板及侧板上的倒角实现对橡胶关节的导向及限位，使电动机悬挂座能顺利落入"凹"槽中，将电动机悬挂座与构架连接完成。

5. 专用工装设计

（1）设计难点 该工装设计难点在于坡面角度设计，角度过大或者过小时，电动机悬

图 3-19　电动机悬挂座橡胶关节端落至工装坡面

挂座都不容易落入槽内。初步设定坡面斜角为 25°，现场验证仍需借用外力或其他辅助方才能将芯轴落入"凹"槽内，加之，25°斜角过于平缓，无法充分发挥电动机重力作用。依据斜面机械效率原理（斜面倾斜程度越大，机械效率越高），将斜面角度优化至 45°，芯轴落点随之提高，再次验证发现效果达到预期。

（2）材料选用　该工装材料选用 45 钢。Q235（俗称 A3 钢）因含碳量低，其硬度、强度、耐磨性等特性不及调质 45 钢优良。

（3）设计原则　工装设计的原则是该工装需要有良好的承载性、通用性及易用性，满足使用过程中的可靠性及便捷性，尽可能避免结构复杂、成本昂贵。

工装斜面部件属易损件，其他组合件不宜采用焊接组装，所以工装设计全部采用可拆式固定连接。经过持续统计对比 10 台车构架凹槽加工后的外形尺寸，得出纵向须设计成可调式，加装 2 个 M12×80 螺栓方能满足使用要求。对于弹性全架悬式结构转向架，如 HXD1D、HXD1G 等车型转向架也具备通用性。

6. 方案实施效果

使用该专用工装的效果如下：

1）在延长使用寿命的同时确保芯轴表面镀锌层不被破坏。

2）该工装实现了橡胶关节与构架连接时的自动导向、限位，能快速完成橡胶关节与构架"凹"槽的准确对位。

3）该工装拆装方便，重量较轻。

4）该工装设置有调节螺栓，方便对不同的"凹"槽工件使用。HXD1D、HXD1G 等车型同样采用弹性全架悬式驱动装置的转向架。

3.6　**HXD1D** 型机车转向架不架车更换驱动单元的工艺攻关

HXD1D 型机车驱动单元更换过程中需架车更换，造成工作量大、劳动时间长、效率低等问题，进行工装设计制作，可减少在机务段更换驱动单元的时间、降低员工的劳动强度、提高在段的工作效率和服务质量。

1. 现状描述

HXD1D 型机车是我国铁路客运机车的主力车型，承担铁路上主要的客运任务，驱动部分转向架如图 3-20 所示。随着该车运行时间和里程不断增加，维修和更换配件的任务也随之增加。借鉴已往转向架的在段售后服务，如更换轮对、维修电动机，都需整体架车才能进行。

图 3-20　驱动部分转向架

2. 问题描述

通过架车返工可以很容易完成维修和更换任务，但是它所需返工时间长、工作量巨大，会造成时间和人力、物力方面的巨大支出。如果能实现不架车更换整个驱动单元，然后在单个驱动单元下进行维修作业，就能很好地避免上述问题。

3. 解决问题方案

（1）技术问题难点分析

1）前期更换驱动单元在架大车的情况下进行，不仅周期长，而且需要多名机车售后服务人员配合。

2）由于驱动单元是空心轴的结构，不是固定配合结构，在顶升电动机与齿轮箱时，会出现驱动单元前后左右窜动的情况，产生安全隐患。

3）电动机悬挂座在落轮的过程中，垂直落下时会与构架横梁干涉，所以必须调整电动机悬挂座的角度，使整个驱动单元能顺利下落而不与构架发生碰撞。

（2）解决方案的确定　将整个驱动单元（除电动机悬挂座和防落块）与构架的连接部分拆除，再拆除电动机悬挂座和防落块与构架的连接，然后顶升电动机底部，使整个驱动单元沿车轴旋转，最后当电动机悬挂座在垂直方向不与构架横梁发生干涉，再缓慢将驱动单元落下。

4. 改善及实施

1）拆除驱动单元与转向架的机械连接和电连接。

2）将轴装入电动机的安装孔内，再用顶杆组件和双作用液压装置将轴顶住，以保证整个驱动单元支撑稳定。

3）交替使用两个双作用液压千斤顶向上顶轴，使电动机绕车轴向上旋转。每一个双作用液压千斤顶每次只能向上顶升100mm。根据工装中轴的不同位置，每顶升100mm后需将底座和双作用液压千斤顶移动至轴的正下方，以防液压千斤顶在顶升过程中倾倒。

4）在交替使用两个双作用液压千斤顶顶升作业过程中，同时使用两个固定支撑顶紧轴作为保护。在顶升过程中，需随时关注电动机悬挂座与机车底架的距离，避免电动机悬挂座与机车底架相撞。

5）当电动机旋转到电动机悬挂座，进入构架框架内约15mm时，停止双作用液压装置的顶升作业，并记录此时的高度尺寸。

6）拆除驱动单元的其他相关连接件后，使落轮机降入地沟内，即可拆出驱动单元。拆卸作业完成后，取出两端电动机和车轴间隙内的两个垫板，取出装在电动机吊装孔内的轴。

5. 实施效果

通过对工装的设计制作，使员工操作更简单，提高了工作效率，保证了员工作业的安全性，进一步提高了客户的满意度，从而提升了企业在市场中的竞争力。

3.7 和谐系列机车检修车轮内孔胀大原因分析

HXD1系列机车轮对检修过程中，退卸车轮时经常出现因内孔胀大而报废的问题，造成严重的经济损失。

1. 现状描述

在HXD1系列机车轮对驱动装置检修过程中需退卸车轮，退卸时经常出现因车轮内孔胀大无法满足与车轴配合而报废的问题。

2. 问题描述

由于车轮价值较高，所以车轮报废已成为公司一项主要超定额报废损失，如果能减少车轮胀大报废就能有效降低公司成本，因此，有必要对车轮内孔胀大原因进行分析，制订解决措施，避免车轮内孔胀大。

3. 解决问题方案

（1）不同厂家的车轮内孔胀大率统计 HXD1系列机车主要使用BVV、捷克Bonatrans（以下简称为ZB）、CAF等3家厂家的车轮，对某段时间内HXD1C型机车检修车轮内孔胀大情况进行统计，不同厂家的情况统计见表3-1。

可以看出，ZB车轮装车数量少但车轮内孔胀大概率高，因此初步判定车轮内孔胀大的原因主要在于ZB车轮本身。

表 3-1　不同厂家 HXD1C 型机车检修车轮内孔胀大情况

厂家	机车数量	车轮数量	内孔胀大数量	车轮内孔胀大占比
BVV	232	2784	15	0.54%
ZB	13	156	58	37.18%
CAF	1	12	1	8.33%

（2）不同厂家的车轮压装试验　根据试验方案，准备报废的 HXD1C 型机车 ZB 车轮和 BVV 车轮各 1 件，并加工了一件车轴，压装前后分别测量车轮内孔直径、车轴轮座直径，测量时取 3 个截面，每截面交叉测量 2 次，车轮压装试验结果见表 3-2。

表 3-2　车轮压装试验结果

类型	厂家	编号	压装前			压装退出后		
			截面 1	截面 2	截面 3	截面 1	截面 2	截面 3
车轮	ZB	133-60602-52	253.01	252.995	252.985	253.04	253.02	253
			253.005	252.995	252.985	253.04	253.02	253
	BVV	1007-4655-61	253.015	253.01	252.99	253.035	253.01	253
			253.012	253.00	252.98	253.035	253.015	253.005
车轴		齿侧	253.32	253.32	253.32	253.32	253.32	253.32
			253.32	253.32	253.32	253.32	253.32	253.32
		齿侧	253.33	253.315	253.315	253.335	253.328	253.328
			253.33	253.32	253.312	253.33	258.33	253.33

注：截面 1 为车轮内孔/车轴轮座内侧，截面 2 为中间，截面 3 为外侧，直径尺寸值单位为 mm。

将车轮内孔每个截面交叉测量的两个数据取平均值进行分析，如图 3-21 所示。

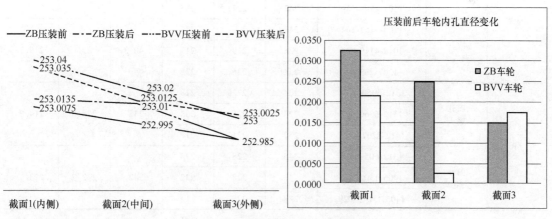

图 3-21　压装前后车轮内孔直径比较

由表 3-2 及图 3-21 可知：

1）不论是 BVV 车轮还是 ZB 车轮，内孔内侧截面直径胀大量大于外侧的。

2）ZB 车轮内孔胀大量大于 BVV 车轮。

3）虽然压装试验的取样数量仅有 1 件，但是表现出的特征信息与之前大量的统计结果一致，试验结果可信度较高。

（3）ZB 车轮与 BVV 车轮轮毂部位的性能对比

1）车轮内孔硬度对比。取内孔胀大的 BVV 车轮、ZB 车轮及内孔没有胀大的 BVV 车轮、ZB 车轮各 3 件，分别在其内孔入口、油槽附近、出口 3 个观测点（见图 3-22）测量布氏硬度，结果见表 3-3。

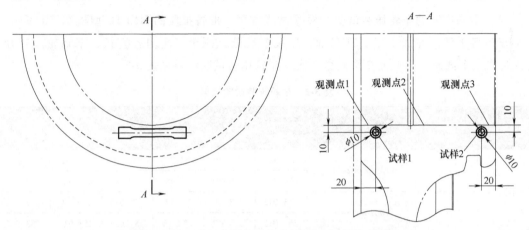

图 3-22　车轮内孔硬度测量位置及拉伸试验取样位置示意图

表 3-3　布氏硬度测量结果 　（单位：HBW）

车轮厂家	类别	车轮编号	测量点 1	测量点 2	测量点 3	测量点 1 平均值	测量点 2 平均值	测量点 3 平均值
BVV	内孔胀大	1302-4347-46	231	230	211	238	228	207.3
		1101-4148-273	241	227	206			
		1101-4149-159	242	227	205			
	内孔未胀大	1102-4151-164	242	220	220	240.3	225	219.7
		1012-4119-124	228	219	217			
		1207-283-44	251	236	222			
ZB	内孔胀大	1312-60604-168	224	232	218	233	226.3	214.3
		1312-60607-97	223	226	208			
		1412-22075-127	252	221	217			
	内孔未胀大	1312-60599-78	245	228	225	242	232.7	223.7
		1405-13027-61	243	248	232			
		1405-13025-029	238	222	214			

将不同类型的各 3 件车轮的每个测量点的硬度取平均值进行分析，内孔胀大与未胀大车轮硬度比较如图 3-23 所示。

由图 3-23 可知：

① 不论是 BVV 车轮还是 ZB 车轮，内孔胀大的车轮硬度都低于未胀大车轮。

② BVV 车轮内孔硬度差值较小，而 ZB 车轮内孔硬度差值较大。

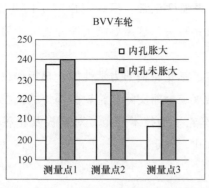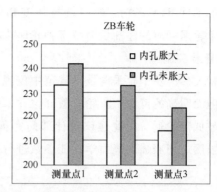

图 3-23 内孔胀大与未胀大车轮硬度比较

③ 不论是 BVV 车轮还是 ZB 车轮，内孔硬度从内侧到外侧都逐渐变小。

2）轮毂力学性能对比。选取内孔胀大报废的 BVV 车轮与 ZB 车轮各 1 件，以及内孔无胀大情况的 BVV 车轮与 ZB 车轮各 1 件，分别对上述 4 件车轮在图 3-22 所示轮毂位置取样并加工成直径为 10mm 的圆形拉伸试样，对试样进行拉伸试验，结果见表 3-4，其中试样 1 取自轮毂内侧，试样 2 取自轮毂外侧。

表 3-4 轮毂位置试样拉伸试验结果

车轮厂家	类别	试样编号	抗拉强度/MPa	屈服强度/MPa	断后伸长率 A（%）	断面收缩率 Z（%）
BVV	胀大	1	772	393	22	42
		2	768	413	19	44
	未胀大	1	757	395	18	44
		2	758	404	21	45
ZB	胀大	1	709	311	22	41
		2	742	379	24	50
	未胀大	1	735	360	20.5	44
		2	717	338	20	38

相关标准及车轮采购技术规范未规定轮毂的力学性能，因此无法评判车轮是否合格，但从试验数据可知：

① ZB 车轮中，内孔胀大的车轮轮毂抗拉强度和屈服强度低于未胀大车轮。

② ZB 车轮内孔部位抗拉强度和屈服强度低于 BVV 车轮。

③ BVV 车轮内孔部位强度差值较小，而 ZB 车轮内孔强度差值较大。

4. 原因分析

根据 HXD1 型机车车轮强度计算报告，车轮在直线、曲线和道岔三种工况的最大冯米赛斯应力值分别为：363.7MPa，370.8MPa，373.1MPa。其最大应力值均出现在轮毂与轴的配合区域，这已经超出了取样的 ZB 车轮轮毂部位试样的屈服强度。因此这些车轮的内孔部位很有可能在运行过程中甚至压装后产生塑性变形，退卸后表现出内孔胀大、无法满足过盈量的现象。

ZB 车轮抗拉强度和屈服强度低于 BVV 车轮，且 ZB 车轮强度均匀性较差，因此 ZB 车轮出现内孔胀大、无法满足过盈量的问题比 BVV 车轮突出。

取样的 1 件 BVV 车轮，轮毂抗拉强度和屈服强度正常，但是也出现了内孔胀大问题，这可能和车轮退卸时的注油压力及车轴轮座未喷钼有关，这需后续关注并进一步验证。

5. 改善及实施

由于相关标准及车轮采购技术规范中仅规定了车轮轮辋的力学性能，辐板部位的力学性能有规定但无明确的范围，车轮轮毂部位并未做规定，而实际车轮轮毂部位的抗拉强度与屈服强度明显低于轮辋，因此建议设计部门完善车轮采购技术规范，对辐板及轮毂部位的硬度、抗拉强度、屈服强度等力学性能参数进行细化、规定。

3.8 焊接型密集螺柱或螺栓的套螺纹、修复

在 HXD1 型机车的基础上相继开发了 HXD1B、HXD1C、HXD1D 等多种车型，该类车型的扶手杆、软风道、车体底架盖板等均采用了在车体上先焊接上焊接螺柱，再将相应部件装好后用普通螺母和盖形螺母紧固的安装方式。

1. 问题描述

焊接螺柱焊好后，将车体移至涂装车间进行车体表面打砂处理、底漆喷涂、腻子涂刮、做中途漆、补腻子、做面漆及中途的运输。虽然在整个过程中，焊接螺柱均会采用胶带纸或屏蔽护套进行保护，但仍不可避免地有少量焊接螺柱因为焊接飞溅、油漆、腻子黏附或是因车体在外面较长时间的存放产生焊接螺柱锈蚀而影响焊接螺柱装配的情况出现——使配套的紧固螺母或盖形螺母无法装配、紧固不到位或者导致螺母、焊接螺柱丝扣损坏，从而影响相应部件的装配质量和可靠性。

根据以往的经验及工艺要求，为了保证机车装配部件的可靠性及装配质量，针对要安装相应部件的焊接螺柱和安装螺孔，在安装前，均会对采用板牙和丝锥进行套螺纹和攻螺纹。用丝锥对螺纹孔进行攻螺纹，生产现场可有效地进行；但在采用板牙对焊接螺柱进行套螺纹时却遇到了问题——因焊接螺柱相互间的距离较小或因焊接螺柱与周边凸台距离偏小，所以在用板牙套螺纹时相邻的焊接螺柱或凸台与铰手手柄干涉，无法操作。例如，用于扶手杆安装的 4 个 M10 焊接螺柱（台车 16 个），其在车体上分为上下两组，每组 2 个，2 个螺柱间的距离只有 80mm；用于软风道安装的 8 个、12 个 M8 焊接螺柱（台车 64、72 个），有一部分焊接螺柱与凸台距离为 130mm，均小于相应的铰手活动区域，导致无法完成相应的套螺纹作业。

2. 问题解决

为了解决上述问题，提高产品装配质量与作业效率，利用适用于拧紧空间狭小或凹陷深处的螺栓或螺母的套筒扳手，结合螺纹加工工具板牙铰手（见图 3-24）的原理，自制小型专用工装，通过增大铰手手柄与板牙间的垂直距离，避免在传统方式攻螺纹过程中铰手与其他焊接螺柱或凸台的干涉，进而解决影响装配的焊接型密集螺柱或螺检外螺纹难以修复的问题。

在使用此板牙工具（见图 3-25）时，解决了前面描述的采用传统铰手、板牙的套螺纹

方式过程中铰手与相邻焊接螺柱或凸台的干涉问题，进而保证了部件安装前焊接螺柱的套螺纹问题，保证机车相应部件的可靠性和紧固件的装配质量。

图 3-24　板牙铰手

图 3-25　板牙工具

此板牙工具的制作过程如下：选取适当的管材，其长度可根据使用场所的要求进行截取，加工完后其手柄安装孔位置应高于其他焊接螺柱的高度；其外径略大于配合使用的板牙外径，其内径略小于配合使用的板牙外径，将管材需要装板牙一端的内径加工至刚好能套进相应的板牙，并配钻相应的板牙紧固螺钉孔、攻螺纹——板牙安装后应与管的端面平齐，以保证套螺纹的有效性；在管的另一端钻 ϕ10.5 通孔，选长度约为 200mm 的 ϕ10 管作为铰手即可。

板牙工具有效地解决了部分焊接螺柱外螺纹无法套螺纹的问题，但因为纯手工操作，部分员工认为采用该方式，作业效率仍比较低，套螺纹作业的时间较长。

基于这个原因，对上述结构进行优化，如图 3-26 所示，将原来纯手工的工作方式改为将修复用工具装夹于目前广泛使用于公司的手持式充电电钻或气动扳手、电钻上，改进后的工具如图 3-27 所示。

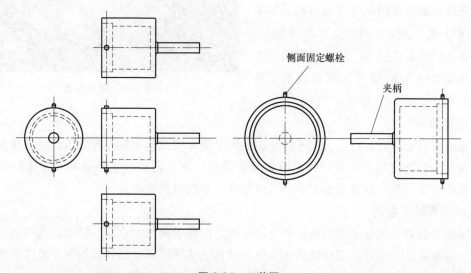

图 3-26　工装图

图 3-27　改进后的工具

3. 实施效果

通过上述密集型焊接螺柱套螺纹用的工装的制作，有效地解决了该类结构套螺纹困难、工作效率低的问题，并保证了该类结构的作业效率、工序作业质量。

3.9　和谐机车轴箱体退卸技巧

1. 现状描述

和谐机车在交付段上线运行后，当达到一定的公里数后需要进行检修。在检修过程中，有时会发现轴箱体退卸不出来的情况，通常的方法是使用撬棍撬动轴箱体或者用纯铜棒敲击轴箱体侧面，有的机务段为了不耽误检修进度，甚至使用氧气强行切割退卸不出来的轴箱体，这样不但会使轴箱体报废，还会对整体轴承造成损伤。这种情况的发生会对整个驱动单元的检修进程造成不良影响。轴箱装置如图 3-28 所示。

图 3-28　轴箱装置

2. 问题描述

和谐机车在长时间运行后，由于涂装面的润滑脂乳化或雨水浸入等原因，轴箱体和整体轴承外圈之间会产生锈蚀。日积月累两者结合紧密，这是造成轴箱体退卸不出来的主要原因。如果能设计制作一款适用的工装，可以使这一难题得到解决。

3. 解决问题方案

在制作工装时，充分考虑轴箱体与整体轴承之间属于间隙配合这一特点，利用轴箱体边缘螺纹孔为着力点，设计工装以轴箱体四周螺纹孔为依托退卸轴箱体。同时，要考虑使用工装时会对整体轴承造成的挤压，制作两个相应的工装可以解决这一难题。

4. 改善及实施

选用45钢为制作工装的材料，它比普通钢材具有更高的强度和抗变形能力。退卸工装（一）如图3-29所示，以轴箱体内孔直径为基准，制作一件直径约为275mm、厚度约为15mm的圆形、外缘有凸台的工装（形如锅盖），凸台高度约为60～70mm。在使用时，凸台方向向内，使之贴近整体轴承外圈的边缘。

制作一件三角形或者长方形的退卸工装。退卸工装（二）如图3-30所示，以三角形中心为基准制作3个$\phi16.5$的通孔与轴箱体的螺纹孔相对应。工装中心孔制作成$\phi24$的螺纹孔，中心孔用M24×300的全螺纹螺栓旋入。如果制作成长方形的工装，同样以中心孔为基准，制作4个长边距为270mm，宽边距为155mm的$\phi16.5$的通孔与轴箱体螺纹孔相对应。

在退卸前先将轴箱内外端盖的紧固螺栓拆除，然后拆下轴箱外端盖。在退卸过程中将退卸工装（一）凸台向内侧贴紧轴承外圈边缘，然后将退卸工装（二）用M16×200的螺栓通过工装通孔与轴箱体的螺纹孔相连接，使用风动扳手将M24的螺栓从中心孔旋入，在这其中，整体轴承外圈边缘与退卸工装（一）、退卸工装（二）均为着力点，随着M24螺栓的旋入，轴箱体和整体轴承会分离开。

在操作过程中要注意以下几点：

1）在进行作业之前，先使用天车和吊具将轴箱体吊挂好，避免轴箱体在退卸过程中滑出掉落，对作业者造成伤害。

2）在退卸过程中要注意螺栓的受力情况，避免由于受力不均衡导致个别螺栓弯曲变形的现象。

3）在使用工装时，先将风动扳手调至小档位，发现轴箱体在退卸过程中有出现松动迹象之后，再将档位调至高档，使轴箱体快速退卸出来。

图3-29 退卸工装（一）　　　　　　　　图3-30 退卸工装（二）

5. 方案实施效果

退卸结合较紧的机车轴箱体一般采用的方法都是用撬棍和纯铜棒相配合，一边将轴箱体向外撬，一边向外敲击轴箱体底部外缘。用这种方法退卸一个轴箱体需要耗时约15～20min，如果遇到锈蚀严重、结合紧密的机车轴箱体，这类方法在短时间内很难奏效。采用工装操作后，只需要1min就可以将轴箱体完好地退卸出来，起到立竿见影的效果。目前，HXD1、HXD1B、HXD1C、HXD1D等交流机车都适合使用此方法退卸轴箱体。一套轴箱体和整体轴承价格在千元以上,如果在检修过程中受到损伤或造成零部件报废,损失是很大的。此方法不但可以完好地保存整体轴承,避免因受到敲击而造成的损伤,还可以使轴箱体顺利完好地退卸出来,这对提高机车检修效率和节约制造成本都有很大的帮助,为后续大批量的机车检修提供了参考。

3.10 HXD1B 型机车小齿轮箱操作方法

1. 现状描述

小齿轮箱是 HXD1B 型机车轮驱装置的重要组成部件,它一方面通过小齿轮轴的轴端齿盘与电动机上的联轴器连接,另一方面通过小齿轮轮齿与轮对上的大齿轮啮合,起着传递牵引力和制动力的关键作用。在试验和运行中发现小齿轮箱有时会发出异响,在装配中有时会出现轴承电阻值不达标的现象,在拆解检修过程中会出现轴承退卸困难的情况。这些不正常的现象不仅使小齿轮箱的正常运转受到影响,还会波及整个驱动单元,造成行车故障。

2. 问题描述

通过对整个装配过程的分析和检修时存在问题的总结,确定 HXD1B 型机车小齿轮箱在检修、装配过程中存在的 3 个难点问题:小齿轮箱在装配完成后与电动机连接进行空转试验,在试验过程中小齿轮箱发出异响;小齿轮箱在装配过程中电阻值不达标;在拆解小齿轮箱时,轴承退卸困难,甚至报废。

3. 解决问题方案

针对小齿轮箱检修、装配过程中存在的 3 个难点问题,首先对具体问题产生原因进行梳理、分析,然后确定工艺优化方法,并在具体检修、装配过程中实施,确保小齿轮箱装配质量得到进一步提升。

(1)电动机带小齿轮箱空转试验异响原因分析和工艺优化

1)充分考虑小齿轮轴的轴向移动量,也就是轴承游隙大小对装配质量的影响。游隙是滚动轴承配合的一个重要技术参数,直接影响轴承的载荷分布、噪声、磨损、振动、温升、使用寿命和机械运转精度等技术性能。当轴承游隙值过大时,承载滚动体减少,轴承承载能力降低,滚动接触面应力增大,轴承的运转精度下降,振动和噪声增大,使用寿命缩短。轴承游隙值过小时,会引起轴承发热,温度升高,甚至使轴承在运转过程中发生卡死的现象。因此,在小齿轮箱中轴承装配完成后,使用杠杆百分表测量轴承游隙,确保电动机侧轴承游隙值为 $0.08 \sim 0.185$mm,车轮侧轴承游隙值为 $0.095 \sim 0.21$mm。

2)轴承内圈热套时未到位、卡圈未装配到位导致试验时产生异响。在热套时使用点温计严格控制各零部件的套装温度,防止温度偏低引起的热套不到位和温度偏高引起的零部件颜色发黄甚至变蓝等情况。

3)在装配过程中,圆柱滚子轴承不在自由状态,可能有某个或某几个滚子受力异常,致使试验时产生异响。因此,在装配作业时,需要先在圆柱滚子轴承的滚子上涂抹齿轮润滑油，并在装配过程中连续转动小齿轮轴，使所有滚子达到自由状态，不会因为个别滚子不在运行状态而产生异响。

通过上述 3 个方面的原因分析和工艺优化，小齿轮箱装配完成后的一次性交验合格率由 94.21% 提高到 99.33%，并有效地节省了过程转运、物料更换、劳动工时等费用，合计约为 4560 元（每件小齿轮箱）。

（2）小齿轮箱装配过程中电阻值不达标原因分析和工艺优化

1）作业环境因素对电阻值的影响。在小齿轮箱装配过程中，在确认所有零部件完好的情况下进行装配，结果发现整台车的小齿轮箱电阻值异常小，四点接触球轴承内圈电阻测量结果，如图 3-31 所示，达不到要求大于 10MΩ 的工艺标准。经过分析，该台车小齿轮箱在组装时正处于梅雨季节，厂房所在地区气候潮湿，导致圆柱滚子轴承和四点接触球轴承受潮，电阻值偏小。因此在拆卸小齿轮箱后，用高压风吹干所有轴承，重新组装后检查电阻值，测量结果显示正常。

图 3-31 四点接触球轴承内圈
电阻测量结果

2）轴承本身质量原因。圆柱滚子轴承或四点接触球轴承陶瓷壁碎裂或者过薄，会导致电阻值偏小，这时就需要进行更换轴承处理。

3）零部件误触原因。小齿轮轴热套完成后，吊装到小齿轮箱内时，测量的电阻值有时为零，出现短接现象。这有可能是小齿轮轴上的隔环与小齿轮箱上轴向定位轴承的弹簧卡圈相触碰所致，这时需要在两者之间增加绝缘垫，然后再进行测量才能得到准确的电阻值。通过以上原因分析和工艺优化，小齿轮箱装配后的电阻值基本能够满足工艺要求。

（3）小齿轮箱拆卸时，圆柱滚子轴承退卸困难的工艺优化 在拆卸小齿轮箱的过程中，发现有的小齿轮箱箱体与圆柱滚子轴承外圈结合较紧，使用原来的工装退卸可能会在作业中出现受力不均衡的现象，导致圆柱滚子轴承外圈在退卸中产生歪斜，退卸中的圆柱滚子轴承如图 3-32 所示，部分圆柱滚子在受力的情况下会向上挤压轴承的保持架，进而对轴承的陶瓷外圈造成损伤，用这样的方式退卸可能造成轴承的损坏，退卸受损的圆柱滚子轴承如图 3-33 所示。一般情况，内部轴承在没有受到损伤的情况下是可以重复使用的，但以上情况出现时，就需要更换新轴承，这样将会大大增加制造成本。

因此，需要对小齿轮箱的拆卸工装加以改善，消除原来的弊端以达到节约制造成本、实现优质装配的目的。将退卸用的工装螺杆底部螺纹长度由原来的 40mm 改至 240mm，工装丝杆如图 3-34 所示，退卸时在靠齿盘侧的圆柱滚子轴承上加装一块直径与圆柱滚子轴承外圈直径相当、厚度为 20mm、直径为 220mm、中间开孔的圆形铁板工装，小齿轮箱圆柱滚子轴承退卸工装优化，如图 3-35 所示，使用螺母加垫片锁固将工装和圆柱滚子轴承连成一个整体。

图 3-32　退卸中的圆柱滚子轴承

图 3-33　退卸受损的圆柱滚子轴承

图 3-34　工装丝杆

图 3-35　小齿轮箱圆柱滚子轴承退卸工装优化

在退卸作业时，圆柱滚子轴承整体被夹在工装中间，底部工装受力使轴承上所有的圆柱滚子在同一个受力平面上。因为上部已经被锁紧固定，所以不会出现个别滚子受力突出的情况，在作业中圆柱滚子轴承会随着工装的升起而平稳退出，这样在使用手动液压泵退卸时就能保证轴承各部位受力均匀，不会产生歪斜，使轴承随着工装一起被平稳退卸出来，改善完成后的工装使用效果，如图 3-36 所示。通过此改善有效解决了小齿轮箱退卸过程中损伤轴承的问题，为实现小齿轮箱的后续优质装配奠定了基础。

通过对轴承退卸工装的改善，避免了以往在拆卸过程中轴承报废情况的发生，大大提升了拆卸下来的旧轴承再利用率，能够节省轴承报废更换成本 3200 元（每件圆柱滚子轴承）。

图 3-36　改善完成后的工装使用效果

4. 方案实施效果

通过对 HXD1B 型机车小齿轮箱现存 3 大问题的分析和改善，有效地解决了小齿轮箱在试验中出现异响的问题、消除了轴承电阻值不达标给整个驱动单元带来的潜在隐患，还降低了制造成本。

大师谈经验：

　　本章主要对轨道交通机车钳工在作业过程中有代表性的改善、改进的经典案例进行了简要的介绍。目前，精益生产中的精益改善、质量管理中的质量控制管理活动等均是改善的方法，是人们容易接受或已经接受的名称。其实，不管是精益改善，还是质量控制管理活动都是从"人、机、料、法、环、测"及安全等多方面、全方位、综合性的进行现状调查、问题提出、原因分析、主要影响因素的识别、改善及优化措施的制订、实施及验证、成果使用及固化这种基本的思路去识别、优化、解决问题。

　　这些方法不仅可以用在工作中，同时也可灵活地运用于日常的学习和生活中，希望广大的读者朋友不管是工作、学习、生活中，遇到问题均可采用系统的改善方法，提高自身及家庭工作、学习、生活的舒适度、成就感、幸福感。

第3篇

试题篇

第4章

Chapter 4

机车钳工技能试题

☺ 学习目标：

1. 通过试题练习，掌握机车钳工的基础知识。
2. 通过试题练习，熟悉机车的钳工工艺。
3. 通过试题练习，提升机车钳工的理论水平。

4.1 初级工试题

4.1.1 选择题

1. 机械制图的尺寸标注中表示球直径的符号是（　　）。

（A）$S\phi$　　　　　　（B）C

（C）R　　　　　　　（D）ϕ

2. 采用过盈装配，应保证其最小过盈量（　　）连接所需要的最小过盈量。

（A）等于　　　　　　（B）稍小于

（C）稍大于　　　　　（D）都不对

3. 细牙普通外螺纹，大径为 20mm，左旋，螺距为 1.5mm，中径公差带为 5g，大径公差带为 6g，长旋合长度，其标记为（　　）。

（A）M20×1.5-5g6g-S-LH

（B）M20×1.5-6g5g-L-LH

（C）M20×1.5-5g6g-LH

（D）M20×1.5-5g6g-L-LH

4. 同一尺寸、同一标准公差等级，无论什么配合，其标准公差值（　　）。

（A）不变　　　　　　（B）要变

（C）在过盈配合时增大

（D）在间隙配合时减少

5. 滚动轴承内圈与轴的配合为（　　）。

（A）基轴制过盈配合

（B）基孔制过盈配合

（C）非标准过盈配合

（D）基孔制间隙配合

6. 当轴的偏差代号为 h 时，其上极限偏差为（　　）。

（A）"+"值　　　　　（B）"0"值

（C）"−"值　　　　　（D）"±"值

7. 当公差带在零线下方时，其基本偏差为（　　）。

（A）下极限偏差

(B) 上极限偏差

(C) 零偏差

(D) 上极限偏差或下极限偏差

8. 位置度公差属（　　）。

(A) 形状公差　　(B) 方向公差

(C) 位置公差　　(D) 跳动公差

9. 形状公差中的“⌒”是（　　）。

(A) 面轮廓度　　(B) 半圆度

(C) 线轮廓度　　(D) 圆度

10. 几何公差的圆柱度符号是（　　）。

(A) ⌭　　(B) ◎

(C) ○　　(D) ⌖

11. 尺寸偏差是（　　）。

(A) 绝对值　　(B) 正值

(C) 负值　　(D) 代数值

12. 尺寸公差是（　　）。

(A) 绝对值　　(B) 正值

(C) 负值　　(D) 代数值

13. 螺钉连接适用于被连接件（　　）。

(A) 很少拆卸的连接

(B) 必须经常拆卸的连接

(C) 难以装配的连接

(D) 容易装配的连接

14. 普通米制螺纹的牙型角为（　）。

(A) 55°　　(B) 40°

(C) 60°　　(D) 45°

15. 新制圆柱滚子轴承与轮对组装后，轴承最合理的径向工作间隙值为（　　）mm。

(A) 0.03~0.05　　(B) 0.10~0.13

(C) 0.13~0.15　　(D) 0.06~0.14

16. 圆锥滚子轴承属于（　　）。

(A) 向心轴承　　(B) 向心调心轴承

(C) 推力轴承　　(D) 向心角接触轴承

17. 铸铁是指碳的质量分数大于（　　）的金属材料。

(A) 2.11%　　(B) 3.4%

(C) 4.3%　　(D) 2.4%

18. 金属材料在载荷作用下产生永久变形而不破坏的性能称为（　　）。

(A) 延伸率　　(B) 塑性

(C) 裂性　　(D) 弹性

19. 金属材料抵抗冲击载荷而不破坏的性能称为（　　）。

(A) 弹性　　(B) 韧性

(C) 裂性　　(D) 延伸率

20. （　　）是优质碳素结构钢的牌号。

(A) Q235　　(B) 45

(C) T12　　(D) H62

21. 碳素工具钢是（　　）。

(A) 高碳钢　　(B) 中碳钢

(C) 低碳钢　　(D) 一般碳钢

22. 用来制造一般机械零件的工业钢是（　　）。

(A) 碳素工具刚　　(B) 碳素结构钢

(C) 高速钢　　(D) 合金钢

23. 普通、优质和高级优质碳钢是按（　　）区别的。

(A) 力学性能的高低

(B) 磷、硫含量的多少

(C) 硅、锰含量的多少

(D) 碳含量多少

24. 硫、磷、硅、锰是钢中杂质元素，其中硫会（　　）。

(A) 使钢发生冷脆

(B) 使钢发生热脆

(C) 对钢的力学性能有害

(D) 对钢的力学性能有益

25. 磷存在钢中，会使钢（　　）。

(A) 产生冷脆　　(B) 焊接性提高

(C) 产生热脆　　(D) 强度、硬度降低

26. 油压机的工作压力（　　）。

(A) 随工件抵抗力增大而增大

(B) 随工件抵抗力增大而减小

(C) 是固定不变的

(D) 时大时小

27. 风压机采用机械传动扩大工作压力的方式为（　　）。

(A) 齿轮传动　　(B) 带轮传动

(C) 杠杆传动　　(D) 螺纹传动

28. 锉削推锉时要求两手（　　）。

(A) 用力变化，保持锉刀平衡

(B) 用力相等，保持锉刀平衡

(C) 推力稳定，保持锉刀平衡

(D) 压力稳定，保持锉刀平衡

29. 台式钻床的主体运动为（　　）。

(A) 齿轮传动　　　　(B) 齿条传动

(C) 带轮传动　　　　(D) 螺纹传动

30. 常用錾子的材料是（　　）。

(A) 硬质合金钢　　　(B) 高速钢

(C) 优质碳钢　　　　(D) 碳素工具刚

31. 常用锉刀一般是用（　　）制造的。

(A) 高速钢　　　　　(B) 中碳钢

(C) 高碳钢　　　　　(D) 一般钢

32. 锯削时为了防止锯条跳动和倾滑，需使锯条俯仰一个角度，即起锯角，该角一般取（　　）为宜。

(A) 10°左右　　　　(B) 15°左右

(C) 10°~25°　　　　(D) 20°左右

33. 锯削的行程长度应（　　）。

(A) 不小于锯条的 2/3

(B) 不大于锯条的 1/2

(C) 任意长度

(D) 等于锯条长度

34. 锉削较硬材料时应选用（　　）锉刀。

(A) 粗锉　　　　　　(B) 硬锉

(C) 细锉　　　　　　(D) 三角锉

35. 錾子头部工作时经常受锤头击打，因此必须具有合适的硬度，硬度一般为（　　）HRC。

(A) 20~30　　　　　(B) 30~35

(C) 35~40　　　　　(D) 40~45

36. 攻螺纹时，当丝锥切入 1~2 扣后，必须（　　）。

(A) 检查是否乱扣

(B) 检查螺纹表面粗糙度

(C) 直攻到底

(D) 检查丝锥是否歪斜

37. 分度值为 0.02mm 的游标卡尺，其游标尺每格为（　　）mm。

(A) 49/50　　　　　(B) 19/20

(C) 9/10　　　　　　(D) 0.02

38. 游标卡尺适用于（　　）。

(A) 锻件尺寸检测　　(B) 铸件尺寸检测

(C) 精密尺寸检测　　(D) 较精密尺寸检测

39. 用刀口尺或直角尺检测零件的平面度时，必须做（　　）。

(A) 纵、横两向各三个位置及两对角线的检测

(B) 纵、横两向各两个位置及两对角线的检测

(C) 纵、横两向各三个位置的检测

(D) 纵、横两向各两个位置的检测

40. 用精密塞尺（厚薄规）检测结合面间隙时，其检测的最小间隙值是（　　）mm。

(A) 0.02　　　　　　(B) 0.03

(C) 0.04　　　　　　(D) 0.05

41. 车辆走行部分是承受车辆自重和（　　）在钢轨上行驶的部分。

(A) 载重　　　　　　(B) 载运

(C) 设备　　　　　　(D) 重载

42. 转 K6 型转向架属于（　　）。

(A) 传统三大件转向架

(B) 交叉支撑转向架

(C) 摆动式转向架

(D) 构架式转向架

43. 转 K6 型转向架的固定轴距为（　　）mm。

(A) 1680　　　　　　(B) 1750

(C) 1830　　　　　　(D) 1800

44. 摇枕、侧架是铁路货车转向架的关键（　　）部件。

(A) 传动　　　　　　(B) 制动

(C) 牵引　　　　　　(D) 承载

45. 使用时间达到 20 年，而未达到（　　）年的摇枕、侧架，A、B 部位发生裂纹时报废。

(A) 22　　　　　　　(B) 25

(C) 27　　　　　　　(D) 30

46. 摇枕、侧架使用时间达到或超过（　　）年，一律报废。

(A) 20　　　　　　　(B) 25

（C）30　　　　　（D）35

47. 车辆侧架导框的内弯角处裂纹属于（　　）裂纹。

（A）A区　　　　　（B）B区

（C）C区　　　　　（D）D区

48. 装用组合式斜楔的侧架立柱磨耗板材料为（　　）。

（A）06Cr19Ni10　　（B）27SiMn

（C）T10　　　　　（D）45钢

49. 卡入式滑槽磨耗板的材料为（　　）。

（A）06Cr19Ni10　　（B）27SiMn

（C）T10　　　　　（D）45钢

50. 装用下交叉支撑装置或中交叉支撑装置，可以提高转向架的（　　）和蛇形失稳临界速度，还可以提高货车直线运行的稳定性。

（A）抗菱刚度　　　（B）抗拉强度

（C）抗震强度　　　（D）抗菱强度

51. 转K2、转K6型交叉杆在全长范围内弯曲、变形大于（　　）mm时报废。

（A）15　　　　　（B）20

（C）25　　　　　（D）30

52. 闸瓦与闸瓦托采用（　　）连接。

（A）螺栓　　　　　（B）圆销

（C）铆钉　　　　　（D）插销

53. 非金属合成闸瓦的主要优点之一是（　　）。

（A）强度好

（B）散热好

（C）对车轮磨损小

（D）在高速制动减速时摩擦系数较大

54. 闸瓦的厚度为45mm，内圆弧半径为（　　）mm。

（A）340　　　　　（B）360

（C）380　　　　　（D）440

55. 转K5型转向架弹簧有承载内外弹簧（　　）组。

（A）8　　　　　　（B）10

（C）12　　　　　（D）14

56. 摇枕圆弹簧的主要作用是（　　）。

（A）消除振动　　　（B）杜绝振动

（C）缓解振动　　　（D）吸收冲击

57. 转K6型转向架组合式斜楔体材料为（　　）。

（A）贝氏体球墨铸铁

（B）针状铸铁

（C）高分子复合材质

（D）高强度耐候钢

58. JC-3型弹性盘体金属外露表面颜色为（　　）。

（A）灰色　　　　　（B）黄色

（C）铁红色　　　　（D）蓝色

59. 摆动式货车转向架弹簧托板无制造单位、时间标记或使用时间满（　　）年时报废。

（A）8　　　　　　（B）10

（C）12　　　　　（D）15

60. 转K5、转K6型转向架同一转向架两侧固定轴距差不得大于（　　）mm。

（A）1　　　　　　（B）2

（C）3　　　　　　（D）4

61. 客车转向架构架扭曲变形超限最易造成车辆在行车中（　　）。

（A）脱轨　　　　　（B）倾覆

（C）燃油　　　　　（D）切轴

62. 空气弹簧转向架压差阀的压差过大（　　）。

（A）会导致空气弹簧过载破损

（B）不会影响车辆运行安全

（C）有利于两侧空气弹簧压力迅速平衡

（D）会恶化车辆垂直动力性能

63. 差压阀的用途是维持两空气弹簧之间的压力（　　）。

（A）保持距离　　　（B）保持压力

（C）保持差距　　　（D）保持平衡

64. SW-160型转向架各轮对提吊与定位转臂挡处间隙不小于（　　）mm。

（A）20　　　　　　（B）30

（C）15　　　　　（D）20~30

65. 25t客车落车时，先在（　　）下测量构架上的测量基准与空簧上盖下盖平面之高度差应为（290±5）mm。

（A）空气弹簧无气状态

（B）空气弹簧有气状态

（C）空气弹簧排气状态

（D）空气弹簧自然状态

66. SW-220K 型转向架的牵引节点正常运行状态下的使用寿命为 1 个（　　）。

（A）A1 修程　　　（B）A2 修程

（C）A3 修程　　　（D）A4 修程

67. AM96 型转向架的固定轴距为（　　）mm。

（A）2400　　　　（B）2500

（C）2560　　　　（D）2600

68. CW-200K 型转向架空气弹簧的横向变位可达（　　）mm 以上。

（A）100　　　　（B）110

（C）120　　　　（D）140

69. 油压减振器做性能试验时，示功图不对称率超过（　　）时须送修。

（A）5%　　　　（B）10%

（C）15%　　　　（D）20%

70. AM96 型转向架使用的车轮为（　　）整体辗钢轮。

（A）KDS 型　　　（B）KDQ 型

（C）KKD 型　　　（D）K9T 型

71. AM96 型转向架车轮允许的最小直径为（　　）mm。

（A）825　　　　（B）835

（C）845　　　　（D）855

72. AM96 型转向架的垂向止档安装在（　　）构架端部。

（A）1、2、7、8 位　（B）3、4、5、6 位

（C）1、3、5、7 位　（D）2、4、5、8 位

73. AM96 型转向架轮的轴端接地线装置位于（　　）。

（A）3、5 位　　　（B）1、7 位

（C）2、8 位　　　（D）4、6 位

74. SM-220K 型转向架两空气弹簧中心距为（　　）mm。

（A）1965　　　　（B）2000

（C）2100　　　　（D）2150

75. 真空集便器系统主要由蹲便器、气水控制

盘、（　　）电气控制系统、冲洗按钮以及装车配件六大部分构成。

（A）排气阀　　　（B）开关

（C）污物箱　　　（D）冲水阀

76. 有一基准轴，上极限尺寸为 φ30mm，下极限尺寸为 φ29.67mm，则公称尺寸是（　　）。

（A）10mm　　　　（B）20mm

（C）30mm　　　　（D）40mm

77. 相同的，相互结合的孔和轴的公差带之间的关系称为（　　）配合。

（A）公称尺寸　　　（B）基本偏差

（C）极限尺寸　　　（D）极限偏差

78.（　　）时，孔的公差带完全在轴的公差带之下。

（A）过盈配合　　　（B）间隙配合

（C）过渡配合　　　（D）重叠

79. 基孔制的公差带位于零线的（　　）。

（A）下方　　　　（B）上方

（C）左方　　　　（D）右方

80. 基准轴的上极限尺寸等于（　　）。

（A）上极限偏差　　　（B）下极限偏差

（C）公称尺寸　　　（D）公差

81. 已知齿轮衬套孔 φ25mm 和中间轴颈 φ25mm 为间隙配合，则最大间隙为（　　）mm。

（A）−0.054　　　（B）+0.054

（C）−0.02　　　（D）+0.02

82. 已知齿轮衬套孔 φ32mm 和中间轴颈 φ32mm 为过盈配合，则最大过盈量为（　　）mm。

（A）−0.001　　　（B）+0.001

（C）−0.042　　　（D）+0.042

83. 被测实际要素对其理想要素的变动量称为（　　）。

（A）形状误差　　　（B）形状公差

（C）位置误差　　　（D）位置公差

84. 单一实际要素的形状所允许的变动全量称为（　　）。

（A）形状误差　　　（B）形状公差

（C）位置误差　　　（D）位置公差

85. 对有位置公差要求的零件，在图样上必须

标明（　　）。

（A）大小　　　　（B）基准

（C）字母　　　　（D）框格

86. 关联实际要素的位置对基准所允许的变动全量称为（　　）。

（A）形状误差　　（B）形状公差

（C）位置误差　　（D）位置公差

87. 形位公差符号中，"◎"符号表示（　　）。

（A）位置度　　　（B）对称度

（C）同轴度　　　（D）垂直度

88. 形位公差符号中，"⊥"符号表示（　　）。

（A）位置度　　　（B）对称度

（C）同轴度　　　（D）垂直度

89. 表面粗糙度是由较小的间距和峰谷形成的（　　）。

（A）宏观几何形状误差

（B）微观几何形状误差

（C）波距

（D）波高

90. 由较小的间距和峰谷形成的微观几何形状误差称为（　　）。

（A）加工精度　　（B）表面光洁度

（C）表面粗糙度　（D）加工误差

91. （　　）将直接影响机械零件的使用性能和寿命。

（A）表面粗糙度　（B）位置误差

（C）加工精度　　（D）形状误差

92. 表面越粗糙的零件过盈配合时，对连接强度（　　）。

（A）没有影响

（B）产生提高强度的影响

（C）产生降低强度的影响

（D）不确定

93. *Ra*表示（　　）。

（A）轮廓最大高度

（B）轮廓算术平均偏差

（C）微观不平度十点高度

（D）基本参数

94. *Rz*表示（　　）。

（A）轮廓最大高度

（B）轮廓算术平均偏差

（C）微观不平度十点高度

（D）基本参数

95. （　　）按用途可分为发动机和工作机。

（A）机器　　　　（B）部件

（C）机构　　　　（D）运动副

96. 机器一般由（　　）组成。

（A）零件　　　　（B）部件

（C）机构　　　　（D）运动副

97. 在螺纹标注中，应注出螺距的是（　　）。

（A）普通螺纹

（B）管螺纹和梯形螺纹

（C）细牙普通螺纹、梯形螺纹和锯齿形螺纹

（D）所有螺纹

98. 畸形工件需多次划线时，为保证加工质量必须做到（　　）。

（A）安装方法一致　（B）划线方法一致

（C）划线基准统一　（D）借料方法相同

99. 箱体加工时，是用箱体的（　　）来找正的。

（A）面　　　　　（B）孔

（C）安装基准　　（D）划线

100. 工件材料的强度和硬度越高，切削力就（　　）。

（A）越大　　　　（B）越小

（C）一般不变　　（D）都不对

101. 一般划线的尺寸精度能达到（　　）。

（A）0.025~0.05mm　（B）0.25~0.5mm

（C）0.25mm左右　（D）0.5~1mm

102. 通过划线确定加工时的最后尺寸，在加工过程中，应通过（　　）来保证尺寸准确。

（A）测量　　　　（B）划线

（C）加工　　　　（D）校正

103. 錾削硬钢或铸铁等硬质材料时，楔角取（　　）。

（A）30°~50°　　　（B）40°~50°

（C）50°~60°　　　（D）60°~70°

104. 不等径三支一套的丝锥，切削量的分配

按顺序是（　　　）。

(A) 1:2:3　　　　(B) 3:2:1

(C) 1:3:6　　　　(D) 6:3:1

105. 机械加工后留下的刮削余量不宜太大，一般为（　　　）mm。

(A) 0.04~0.05　　(B) 0.05~0.4

(C) 0.4~0.5　　　(D) 0.05~0.5

106. 冷矫正由于冷作硬化现象的存在，只适用于（　　　）的材料。

(A) 刚性好、变形严重

(B) 刚性好、变形不严重

(C) 塑性好、变形严重

(D) 塑性好、变形不严重

107. 用半圆头铆钉铆接时，留作铆合头伸出部分的长度，应为铆钉直径的（　　　）。

(A) 0.8~1.2 倍　　(B) 1.25~1.5 倍

(C) 0.8~1.5 倍　　(D) 1~1.2 倍

108. 无机胶黏剂的主要缺点是（　　　）。

(A) 强度低

(B) 脆性大

(C) 强度低、脆性大

(D) 强度大、脆性小

109. 聚丙烯酸酯胶黏剂，因固化（　　　），不适用于大面积粘接。

(A) 速度快　　　(B) 速度慢

(C) 速度适中　　(D) 都不对

110. 装配时，使用可换的垫片、衬套和镶条等，以消除零件间的累积误差或配合间隙的方法是（　　　）。

(A) 修配法　　　(B) 选配法

(C) 调整法　　　(D) 互换法

111. 在尺寸链中，当其他尺寸确定后，新产生的一个环，是（　　　）。

(A) 增环　　　　(B) 减环

(C) 半封闭环　　(D) 封闭环

112. 封闭环公差等于（　　　）。

(A) 增环公差

(B) 减环公差

(C) 各组成环公差之和

(D) 都不对

113. 采用双头螺柱装配时，其轴心线必须与机体表面（　　　）。

(A) 同轴　　　　(B) 垂直

(C) 平行　　　　(D) 倾斜

114. 花键连接能保证轴与轴上零件有较高的（　　　）要求。

(A) 同轴度　　　(B) 垂直度

(C) 平行度　　　(D) 平面度

115. 在轴两端的支撑点，用轴承盖单向固定轴承，分别限制两个方向的（　　　）。

(A) 径向转动　　(B) 径向移动

(C) 轴向移动　　(D) 轴向跳动

116. 高级优质碳钢含（　　　）较低。

(A) 碳　　　　　(B) 镁

(C) 硫、磷　　　(D) 硅

117. 使钢产生冷脆性的元素是（　　　）。

(A) P　　　　　(B) S

(C) Si　　　　　(D) Mn

118. 机车轮对轴箱发热可能由（　　　）原因引起。

(A) 滚动轴承型号，内外位置装配不对

(B) 抱轴箱缺油

(C) 以上两种原因

(D) 齿轮箱缺油

119. 决定螺纹旋合性的主要参数是螺纹的（　　　）。

(A) 大径　　　　(B) 中径

(C) 螺距　　　　(D) 牙型

120. 齿轮安装中心距误差不仅影响齿轮的接触位置，而且影响（　　　）。

(A) 齿侧间隙　　(B) 接触面

(C) 传动比　　　(D) 传动效率

121. 在测量过程中，由一些无法控制的因素造成的误差称为（　　　）。

(A) 随机误差　　(B) 系统误差

(C) 粗大误差　　(D) 偶然误差

122. 通过测量某一量值，并借助已知函数关系计算出需要的测量数据的测量方法叫（　　　）。

（A）直接测量　　（B）间接测量

（C）函数计算　　（D）误差换算

123. 用量具测出零件的弓高和弦长，通过公式计算出直径的测量方法叫（　　）。

（A）直接测量　　（B）间接测量

（C）函数计算　　（D）误差换算

124. 组合夹具是由各种（　　）元件拼装组合而成的。

（A）专用　　（B）可调

（C）标准　　（D）特殊

125. 组合夹具拼装后具有（　　）。

（A）专用性　　（B）通用性

（C）较高的刚性　　（D）较小的外形尺寸

126. 液压传动装置实质上是一种（　　）装置。

（A）运动传动　　（B）力的传递

（C）液体变换　　（D）能量转换

127. 若要改变油缸的运动速度，则只要改变流入液压缸中油液的（　　）即可。

（A）压力　　（B）流量

（C）速度　　（D）方向

128. 图样上的细实线约等于粗实线（　　）。

（A）1/2　　（B）1/3

（C）1/4　　（D）1/5

129. 渗碳后需进行的热处理工艺为（　　）。

（A）回火　　（B）正火

（C）淬火＋低温回火　　（D）发蓝

130. 过渡配合中，孔的下极限偏差必定（　　）轴的上极限偏差。

（A）等于　　（B）大于

（C）小于　　（D）稍大于

131. 机车一对啮合的大小齿轮，它们的（　　）。

（A）齿数相等、模数不等

（B）齿形角相等、模数相等

（C）齿数不等、模数不等

（D）齿数、模数、齿形角都不等

132. 油压减振器是将机车振动冲击能量转变成（　　）。

（A）机械能　　（B）化学能

（C）热能　　（D）流体能

133. 油压减振器的减振性能与（　　）因素无关。

（A）机车的运行时间

（B）油压减振器内节流孔大小

（C）油压减振器内的活塞面积

（D）油压减振器的油液黏度

134. 采用带传动时，带在带轮上的包角不能（　　）120°。

（A）大于　　（B）小于

（C）等于　　（D）都不对

135. 使用链节数为奇数的链条时，应采取（　　）固定活动销轴。

（A）开口销　　（B）弹簧卡片

（C）过渡链节　　（D）铆接方式

136. 齿轮在轴上固定，当要求配合过盈量很大时，应采用（　　）。

（A）敲击法装入　　（B）压力机压入

（C）液压套合装法　　（D）都不对

137. 安装渐开线圆柱齿轮时，接触斑点处于异向偏接触的不正确位置，其原因是两齿轮（　　）。

（A）轴线歪斜　　（B）轴线不平行

（C）中心距太大　　（D）中心距太小

138. 蜗杆传动机构的正确运转，是蜗轮在任何位置上，用于旋转蜗杆所需的转矩（　　）。

（A）均应相同　　（B）大小不同

（C）相同或不同都可　　（D）都不对

139. 保证丝杆、螺母传动精度的主要因素是（　　）。

（A）螺纹精度　　（B）配合过盈

（C）配合间隙　　（D）过渡配合

140. 手工卷制弹簧时，芯轴的直径等于（　　）。

（A）（0.75～0.80）×弹簧内径

（B）（0.75～0.80）×弹簧外径

（C）（0.75～0.80）×弹簧中径

（D）0.75×弹簧外径

141. 在轴瓦内表面浇注一层巴氏合金的目的是（　　）。

（A）防锈

（B）提高轴瓦的耐磨性

（C）润滑配合轴

（D）提高强度

142. 手锯锯条的楔角是（　　）。

（A）30°　　　　　　（B）40°

（C）50°　　　　　　（D）60°

143. 热套齿轮时，可能造成齿轮发蓝的原因是（　　）。

（A）加热温度太低

（B）加热温度太高

（C）齿轮表面有油膜

（D）都不对

144. 制动力和牵引力的传递（　　）。

（A）过程一样，方向相反

（B）过程一样，方向一样

（C）过程不一样，方向相反

（D）都不对

145. 为消除铸件的内应力所造成的精度变化，需在加工前做（　　）处理

（A）回火　　　　　　（B）正火

（C）时效　　　　　　（D）淬火

146. 盖板式钻床夹具的特点是（　　）。

（A）没有夹具体　　　（B）没有夹紧装置

（C）没有导向元件　　（D）没有定位元件

147. 当加工的孔需要依次进行钻、扩、铰等多种加工时，一般使用（　　）。

（A）可换钻套　　　　（B）快换钻套

（C）特殊钻套　　　　（D）多孔钻套

148. 互换装配法对装配工艺技术水平要求（　　）。

（A）很高　　　　　　（B）高

（C）一般　　　　　　（D）不高

149. 整车称重时，机车轮重偏差要求为（　　）。

（A）±2%　　　　　　（B）±4%

（C）+3%或-1%　　　（D）±3%

150. 整车称重时，机车的总质量偏差一般为（　　）。

（A）±2%　　　　　　（B）±4%

（C）+3%或-1%　　　（D）±3%

151. 铁与碳这两种元素作用后形成的化合物很硬、很脆，塑性几乎等于零，那么该化合物是（　　）。

（A）铁素体　　　　　（B）珠光体

（C）渗碳体　　　　　（D）马氏体

4.1.2 判断题

1. 钻孔时，加切削液的目的主要是润滑。（　　）

2. 丝锥螺纹公差带等级有 1H、2H、3H、4H。（　　）

3. 根据螺纹配合的要求，当要求配合性质变动较小时，采用精密螺纹。（　　）

4. 装配工作的好坏对产品质量可能有一定影响。（　　）

5. 将零件连接组合成为组件的操作过程称为部件装配。（　　）

6. 装配之前，利用试配法检查轴上零件与轴配合是否适当，称为零件的预装。（　　）

7. 部件装配是从基准零件开始的。（　　）

8. 尺寸链封闭环的公称尺寸是其他各组成环公称尺寸的代数差。（　　）

9. 分组装配法的装配精度完全取决于零件的加工精度。（　　）

10. 在装配中，要进行修配的组成环称为封闭环。（　　）

11. 在装配中，为保证封闭环精度，被调整位置或尺寸的某一项定环称为调整环。（　　）

12. 螺钉旋具常用规格有 100mm、150mm、200mm、300mm 和 400mm 等。（　　）

13. 靠摩擦力工作的带传动不能严格保证传动比。（　　）

14. 普通楔键连接，键的上、下两面是工作面，键侧和键槽有一定间隙。（　　）

15. 花键配合常采用外径、内径和齿侧三种定心方式。（　　）

16. 圆柱销一般依靠过盈配合固定在孔中，用以定位和连接。（　　）

17. 过盈连接一般属于可拆卸连接。（　　）

18. 配合件的过盈量及配合尺寸较小时，一般采用热胀冷缩法装配。　　　　　　　（　　）

19. 配合件的过盈量及配合尺寸较大时，常用温差法装配。　　　　　　　　　　　（　　）

20. 利用液压装拆过盈连接件时，轴向力小，配合面也不易擦伤。　　　　　　　　（　　）

21. 滚动轴承优点很多，无论在什么情况下，使用滚动轴承比使用滑动轴承好。　（　　）

22. 尼龙轴承因热膨胀系数大，其强度和尺寸稳定性比金属轴承好。　　　　　　　（　　）

23. 利用油的黏性和轴颈的高速旋转使轴颈与轴承完全被油膜隔开，即为液体静压润滑。
　　　　　　　　　　　　　　　　　　（　　）

24. 滚动轴承与轴及轴承座孔配合的松紧程度，由滚动轴承的尺寸公差来保证。（　　）

25. 滚动轴承的直径系列，是指在轴承内径相同时有各种不同的外径，用右起第三位数字表示。
　　　　　　　　　　　　　　　　　　（　　）

26. 在配合件采用相同基本偏差的情况下，滚动轴承内孔与轴配合较紧。　　　（　　）

27. 滚动轴承的装配方法应根据轴承结构及轴承部件的配合性质来定。　　　　　（　　）

28. 当滚动轴承内圈与轴、外圈与壳体孔都是过盈配合时，应把轴承同时压在轴上和壳体孔中。
　　　　　　　　　　　　　　　　　　（　　）

29. 滚动轴承的游隙，是指轴承两套圈同时沿径向或轴向的最大活动量。　　　（　　）

30. 所谓预紧，就是在安装轴承时用某种方法产生并保持一定的轴向力，以消除轴承中的游隙。
　　　　　　　　　　　　　　　　　　（　　）

31. 主轴除具有足够的强度、刚度和抗振性之外，还应有较高的回转精度。　　　（　　）

32. 采用带传动时，如果张紧力不足，会造成带在带轮上打滑，使带急剧磨损。　（　　）

33. 两齿轮啮合的侧隙与中心距偏差无关。
　　　　　　　　　　　　　　　　　　（　　）

34. 压装齿轮时，应尽量避免齿轮偏心、歪斜和端面未紧贴轴肩等安装误差。　（　　）

35. 一对标准锥齿轮在传动时，必须使两者分度圆相切、锥顶重合。　　　　　　（　　）

36. 蜗杆传动的缺点是传动效率较低、工作时发热大，因此，需要有良好的润滑。（　　）

37. 严格控制液压缸与活塞之间的配合间隙是防止泄漏和保证运动可靠的关键。（　　）

38. 液压元件组成液压传动系统，是通过传输油压的管道来实现的。　　　　　　（　　）

39. 碳钢、合金钢及铸铁都是有色金属。
　　　　　　　　　　　　　　　　　　（　　）

40. 含碳量低于2%的铁碳合金为碳钢。
　　　　　　　　　　　　　　　　　　（　　）

41. QT400-18表示最大抗拉强度为400N/mm的球墨铸铁。　　　　　　　　　（　　）

42. 衡量材料强度的指标是弹性模量。（　　）

43. 在实际生产中，为了消除加工硬化，常采用重结晶退火工艺。　　　　　　　（　　）

44. 和谐型机车轮轴与抱轴箱之间采用滚动轴承，因为滚动轴承摩擦系数小。　（　　）

45. 当钢中碳的质量分数大于0.9%时，随着含碳量的增加，钢的强度、硬度直线上升，而塑性、韧性不断下降。　　　　　　　　　（　　）

46. 在正火和退火之间，出于经济上的考虑，在可能的条件下应尽可能选择退火。（　　）

47. 1in=25.4mm。　　　　　　　　　（　　）

48. 安装锯条时，锯齿应朝向前推的方向。
　　　　　　　　　　　　　　　　　　（　　）

49. 低牵引力的转向架能大大减少轴重转移。
　　　　　　　　　　　　　　　　　　（　　）

50. 若牵引电动机的驱动力超过了轮轨间的黏着力，将发生空转。　　　　　　　（　　）

51. 称重调簧的目的是充分发挥机车的牵引力。　　　　　　　　　　　　　　　（　　）

52. 圆轴扭转时，横截面圆心处的剪应力最大。　　　　　　　　　　　　　　　（　　）

53. 模数m表示齿轮齿形的大小，是没有单位的。　　　　　　　　　　　　　　（　　）

54. 小齿轮加热温度过高会造成表面氧化，齿内组织变化，出现热脆性。　　　　（　　）

55. 和谐2型机车采用的是电动机全悬挂装

置。　　　　　　　　　　　（　　）

56. 横向油压减振器主要减弱机车的点头和蛇行运动。　　　　　　　　　　（　　）

57. 轴承内套和防尘圈应同时加热组装，加热温度相等。　　　　　　　　（　　）

58. 碳素钢中含碳量多少是影响钢火花的决定因素。　　　　　　　　　（　　）

59. 链传动可在两轴中心距较远情况下传递运动和动力，但不能保证准确的传动比。（　　）

60. 发生电气设备火灾时应立即切断电源、用灭火机、黄沙等扑灭火种。　（　　）

61. 机车轮对电动机组装中，齿轮箱内的油越多越好。　　　　　　　　（　　）

62. 机车的弹性悬挂普遍采用两系悬挂。
　　　　　　　　　　　　　（　　）

63. 机车的速度越高，要求一系悬挂弹簧的簧下的质量越轻。　　　　　　（　　）

64. 当振动强烈时，机车油压减振器减振能力相应增强；当振动减弱时，减振能力相应减弱。　　　　　　　　　　　（　　）

65. 机车单侧齿轮传动一般用直齿轮，不用斜齿轮。　　　　　　　　　（　　）

66. 机车双侧齿轮传动一般用斜齿轮，不用直齿轮。　　　　　　　　　（　　）

67. 机车在运行中空转打滑的瞬间，轮周牵引力急剧上升。　　　　　　（　　）

68. 机车所能发挥的最大牵引力与牵引电动机的功率和轮轨黏着系数有关。（　　）

69. 机车的轮缘润滑装置是将油喷在轮对踏面上。　　　　　　　　　　（　　）

70. 机车在运行中，每根轮对压在轨道上的质量即为轴重。　　　　　　（　　）

71. 机车轴重越大，每根轴所能发挥的黏着牵引力就越大。　　　　　　（　　）

72. 弹簧装置以上的重量称为簧上质量。
　　　　　　　　　　　　　（　　）

73. 轴箱轴承压装的保压时间越长越好。
　　　　　　　　　　　　　（　　）

74. 标准麻花钻的顶角为110°。（　　）

75. 垂向油压减振器主要控制机车的点头与浮沉振动。　　　　　　　　（　　）

76. 低牵引的转向架便于机车有效发挥牵引力。　　　　　　　　　　　（　　）

77. 过盈连接件的拆卸都是用压力拆卸法拆卸的。　　　　　　　　　　（　　）

78. 确定部件装配顺序的一般原则是先上后下、从里向外。　　　　　　（　　）

79. 装配时，零件的清洗是一项很重要的工作，对于橡胶制品（如密封环等零件），一定要用汽油清洗。　　　　　　　（　　）

80. 吊钩、吊环必须经过负荷试验和无损检测检查合格后方可使用。　　（　　）

81. 起重用的吊具只要达到其强度计算值即可使用。　　　　　　　　　（　　）

82. 转向架的作用之一是尽可能缓和线路不平顺对机车的冲击，保证机车运行平稳，减少动态作用力及其危害。　　　　　（　　）

83. 在吊运组装工作中，多人一起操作时，一定要指派专人指挥吊车。　（　　）

84. 吊装及吊运配件时，配件下禁止站人。
　　　　　　　　　　　　　（　　）

85. 在铸铁上铰孔时加煤油润滑，因为煤油的渗透性强，所以会产生铰孔后孔径缩小现象。　　　　　　　　　（　　）

86. 扩孔是用扩孔钻对工件上已有的孔进行精加工。　　　　　　　　　（　　）

87. 铰孔是用铰刀对粗加工的孔进行精加工。　　　　　　　　　　　（　　）

88. M10-7H-L，其中 L 表示旋合长度为短旋合长度。　　　　　　　　（　　）

89. 标准螺纹代号的表示顺序是牙型、大径、旋向。　　　　　　　　　（　　）

90. 研磨后的尺寸精度可达到 0.01~0.05mm。　　　　　　　　　　（　　）

91. 软钢塑性较好，不容易折断，常用来作小型的研具。　　　　　　　（　　）

92. 磨粉的粒度号数大，磨料细；号数小，磨料粗。微粉的号数大，磨料粗；反之，磨料细。
　　　　　　　　　　　　　（　　）

93. 无机胶黏剂应尽量用于平面对接和搭接的接头结构形式。（　　）

94. 环氧树脂对各种材料具有良好的粘接性能，因而得到广泛应用。（　　）

95. 用控制螺母扭角法来控制预紧力，其原理和测量螺栓伸长法不同。（　　）

96. 滚动轴承宽度系列，是指同一内径的轴承可有各种不同的宽度，用滚动轴承代号右起第七位数字表示。（　　）

97. 钢中含硫使钢产生热脆性。（　　）

98. 滚动轴承的装配方法，应根据轴承结构及轴承部件的配合性质来定。（　　）

99. 滚动轴承的游隙，是指轴承两套圈同时沿径向或轴向的最大活动量。（　　）

100. 机车发生轴重转移与牵引力无关。（　　）

101. 两个传动齿轮之间的传动是滚动传动，没有摩擦。（　　）

102. 为了保证齿轮箱内齿轮油的清洁，齿轮箱必须设计成密闭结构。（　　）

103. 一般手电钻只能钻 $\phi12mm$ 以下的孔。（　　）

104. 轮对压装传动绘制的压装吨位曲线，要求平稳上升，不能有过大的不稳定的起落变化。（　　）

105. 机车走行部分的横向油压减振器主要用于减弱机车在运行中产生侧滚、摇摆等不良运动。（　　）

106. 三轴转向架的中间轴上所装配的轴承不同，是为了保证机车的过曲线能力。（　　）

107. 凸轮机构中，把凸轮曲线的最大压力角控制在许用范围来确定凸轮的最小半径。（　　）

108. 机车上的减振装置刚度越小，减振效果越好。（　　）

109. 机车上的牵引装置，既传递牵引力，又传递制动力。（　　）

110. 机车轮轨润滑装置是定时给轮轨润滑，延长轮轨的使用寿命。（　　）

111. 机车抱轴箱刮瓦，刮瓦量过多过少都会产生不良影响。（　　）

112. 把影响某一装配精度的相互联系的尺寸，按一定顺序连接成封闭的形式，称为装配尺寸链。（　　）

113. 不合格过程必然会产生不合格产品。（　　）

114. RAMS 是指可靠性、可使用性、可维修性和安全性。（　　）

115. 在机车运行时，机车空气管路系统中的主风缸空气压力始终保持 700kPa～900kPa 的压力。（　　）

116. 机车车顶上的设备都是由控制风缸供给压缩空气的。（　　）

117. 油压减振器利用油液的黏滞性形成阻尼，吸收振动、冲击能量。（　　）

118. 机车橡胶件的剪切模数取决于橡胶的硬度。（　　）

119. HXD2C 型机车轴式为：CO-CO，表示由两台相同的三轴转向架组成的走行部分。（　　）

120. BO-BO-BO 机车中间转向架与车体的横动量比两端的要大，是为了保证机车的过曲线能力。（　　）

4.2 中级工试题

4.2.1 选择题

1. 机车轮重偏差要求为（　　）。

（A）±2%　　　　　　（B）±4%

（C）+3%或−1%　　　（D）±3%

2. 套螺纹时，为了使板牙容易对准工件和切入材料，圆杆端部需倒成（　　）的斜角，且使端头处直径小于螺纹内径。

（A）15°～30°　　　　（B）45°

（C）60°　　　　　　（D）75°

3. 滚动轴承最主要的失效形式是（　　）。

（A）裂纹　　　　　　（B）疲劳点蚀和磨损

（C）锈蚀　　　　　　（D）磨损

4. 目测麻花钻（　　），可以判断出麻花钻后角的大小。

（A）横刃斜角　　　　（B）顶角

（C）前角　　　　　　（D）钻心角

5. 钢件或铝合金工件钻孔时，一般选用（　　）做切削液。

（A）煤油　　　　　　（B）柴油

（C）汽油　　　　　　（D）乳化液

6. 弹簧垫圈上开出斜口的目的是（　　）。

（A）增大预紧力　　　（B）产生弹力

（C）防止螺母回转　　（D）增大摩擦力

7. 零件加工时一般要经过粗加工、半精加工和精加工三个过程，习惯上把它们称为（　　）。

（A）加工方法的选择　（B）加工过程的划分

（C）加工工序的划分　（D）加工工序的安排

8. 砂箱一般安装在构架的（　　）。

（A）端梁　　　　　　（B）枕梁

（C）牵引梁　　　　　（D）横梁

9. 安装轴箱弹簧时，高度大的弹簧一般装在（　　）。

（A）转向架两端轮对轴箱上

（B）中间轮对轴箱上

（C）任意轴箱上

（D）机车中间轮对轴箱上

10. 机车的车轴、车轮和传动齿轮之间都采用（　　）。

（A）过盈配合　　　　（B）焊接

（C）键连接　　　　　（D）销连接

11. 高速机车与低速机车相比，其轮对要求（　　）。

（A）速度低时轮径差小

（B）速度高时轮径差小

（C）速度高时轮径差大

（D）都一样

12. 机车在运行中，制动距离与（　　）无关。

（A）机车运行速度　　（B）机车制动器倍率

（C）机车重量　　　　（D）机车牵引力

13. 机车减振弹簧的静挠度与（　　）因素无关。

（A）弹簧的材质　　　（B）簧条的直径

（C）弹簧所受压力　　（D）弹簧平均直径

14. 孔的精度要求较高和表面粗糙度值要求较小时，选用主要起（　　）作用的切削液。

（A）润滑　　　　　　（B）冷却

（C）冷却和润滑　　　（D）防锈

15. 标准三角形粗牙螺纹属于（　　）。

（A）美制螺纹　　　　（B）普通螺纹

（C）寸制螺纹　　　　（D）管螺纹

16. 油压减振器是利用油液的（　　）形成阻尼，吸收振动冲击能量。

（A）黏滞性　　　　　（B）摩擦性

（C）流动性　　　　　（D）可压缩性

17. 铆接时铆钉直径一般等于板厚的（　　）。

（A）1.2 倍　　　　　（B）1.8 倍

（C）2.5 倍　　　　　（D）都可以

18. 用百分表测平面时，测量杆的触点应与平面（　　）。

（A）倾斜　　　　　　（B）垂直

（C）平行　　　　　　（D）贴合

19. 国标规定齿轮分度圆上的压力角为（　　）。

（A）45°　（B）30°　（C）20°　（D）60°

20. 机车出厂时要求转向架部分除轮对外其他部件最低点不得低于（　　）。

（A）80mm　　　　　（B）100mm

（C）110mm　　　　　（D）120mm

21. 钢中的杂质元素（　　）属有害元素。

（A）S　　（B）Fe　（C）Si　（D）C

22. 孔的下极限偏差大于轴的上极限偏差的配合，应是（　　）配合。

（A）过盈　　　　　　（B）过渡

（C）间隙　　　　　　（D）都不是

23. 油压减振器是将机车振动冲击能量转变成（　　）。

（A）机械能　　　　　（B）化学能

（C）热能　　　　　　（D）液压能

24. 机车的控制是靠（　　）实现的。

（A）机械部分　　　　（B）电气部分

（C）空气制动系统　　（D）能量转换系统

25. 螺纹相邻两牙，在中径线上对应两点的轴向距离称为（　　）。

（A）导向　　　　（B）螺距

（C）大径　　　　（D）小径

26. 用指示式扭力扳手拧紧螺栓的目的是（　　）。

（A）防松　　　　（B）控制拧紧力矩

（C）保证正确连接　（D）提高装配效率

27. 换向阀的作用是（　　）。

（A）控制油液流动方向

（B）控制执行机构运动方向

（C）调速

（D）控制油液流量大小

28. 拧紧长方形布置的成组螺母或螺栓时，应从（　　）扩展。

（A）左端开始向右端

（B）右端开始向左端

（C）中间开始向两边对称

（D）两边开始向中间

29. 金属材料抵抗冲击载荷的作用而不被破坏的能力称为金属材料的（　　）。

（A）塑性　　　　（B）强度

（C）韧性　　　　（D）硬度

30. 螺纹公称直径是（　　）。

（A）大径公称尺寸　（B）中径公称尺寸

（C）小径公称尺寸　（D）答案都不正确

31. 高压与低压的分界为（　　）。

（A）220V　　　　（B）250V

（C）380V　　　　（D）500V

32. 转向架发生蛇形运动时，构架与车体产生相对位移，使组装在这两者之间的（　　）发生相对滑动，产生阻尼，以阻止蛇形运动。

（A）油压减振器　　（B）摩擦减振器

（C）橡胶堆　　　　（D）一系弹簧

33. 机车轴重偏差要求为（　　）。

（A）±2%　　　　（B）±4%

（C）±3%　　　　（D）±1%

34. 钻黄铜或青铜时，主要要解决钻头的（　　）。

（A）抗力　　　　（B）挤刮

（C）散热　　　　（D）扎刀

35. 齿轮发蓝是由于（　　）。

（A）加热温度太低　（B）加热温度太高

（C）齿轮表面有油膜（D）都不对

36. 用三个支承点对工件的平面定位，能限制（　　）自由度。

（A）三个移动

（B）两个移动、一个转动

（C）一个移动、两个转动

（D）三个转动

37. 轴箱与转向架的连接方式称为（　　）。

（A）轴向定位　　　（B）轴颈定位

（C）转向架定位　　（D）轴定位

38. 机车齿轮传动装置的作用是（　　）。

（A）增大转速、降低转矩

（B）增大转速、增大转矩

（C）降低转速、降低转矩

（D）降低转速、增大转矩

39. 在组装轴箱前，应清洗轴颈、轴承和轴向配件，使轴承内圈加热温度在（　　）以下。

（A）100℃　　　　（B）150℃

（C）200℃　　　　（D）250℃

40. 尺寸链按应用场合可划分为装配尺寸链和（　　）。

（A）工艺尺寸链　　（B）长度尺寸链

（C）直线尺寸链　　（D）组合式尺寸链

41. 机车减振器弹簧的刚度与（　　）无关。

（A）弹簧的材料　　（B）簧条的直径

（C）有效圈数　　　（D）弹簧平均直径

42. 机车电动机电枢轴与小齿轮的配合是（　　）。

（A）过盈配合　　　（B）过渡配合

（C）间隙配合　　　（D）松配合

43. 装配时，通过调整某一零件的（　　）来保证装配精度要求的方法称调整法。

（A）精度　　　　（B）形状

（C）配合公差　　　（D）尺寸或位置

44. 在零件图上用来确定其他点、线、面位置的基础，称为（　　）基准。

（A）设计　　　　（B）划线

（C）定位　　　　（D）加工

45. 测量轴振动采用（　　）传感器。
（A）加速度　　（B）速度
（C）位移　　（D）都不对

46. 轮对各部件加工时的过盈量一般为配合直径的（　　）。
（A）1‰～1.5‰　　（B）1.5‰～2‰
（C）2‰～2.5‰　　（D）2.5‰～3‰

47. 装配精度完全依赖于零件加工精度的装配方法称为（　　）。
（A）互换法　　（B）修配法
（C）完全互换法　　（D）选配法

48. （　　）耐热性高，但不耐水，可用于高温负载。
（A）钠基润滑脂
（B）钙基润滑脂
（C）锂基润滑脂
（D）铝基及复合铝基润滑脂

49. 精加工铸铁件的孔用（　　）润滑，可提高孔壁表面质量。
（A）汽油　　（B）机油
（C）煤油　　（D）茶油

50. 切削液能从切削区域带走大量的（　　），降低刀具、工件温度，延长刀具寿命和提高加工质量。
（A）切屑　　（B）切削热
（C）切削力　　（D）振动

51. 切削液渗透到了刀具、切屑和工件间，形成（　　）可以减小摩擦。
（A）润滑膜　　（B）间隔膜
（C）阻断膜　　（D）冷却膜

52. （　　）仓库应设避雷设备。
（A）危险品　　（B）任何
（C）贵重物品　　（D）劳保

53. （　　）是把工作场所打扫干净，设备异常时马上修理，使之恢复正常。
（A）清扫　　（B）清洁
（C）整洁　　（D）整理

54. 工作完毕后，用过的工具要（　　）。
（A）检修　　（B）堆放

（C）清理、涂油　　（D）交接

55. 对于液体火灾使用泡沫灭火器时，应将泡沫喷到燃烧区（　　）。
（A）下面　　（B）周围
（C）附近　　（D）上空

56. 可能引起机械伤害的做法是（　　）。
（A）不得跨越运转的轴
（B）不穿工作服
（C）转动部件停稳前不得进行操作
（D）在旋转部件上放置物品

57. 使用电钻时应穿（　　）。
（A）布鞋　　（B）胶鞋
（C）皮鞋　　（D）凉鞋

58. 所有职工必须加强法制观念，严格遵守（　　）和安全生产的规章制度。
（A）安全技术操作规程
（B）纪律
（C）制度
（D）道法

59. 人体健康噪声卫生标准应是（　　）。
（A）65～70dB　　（B）70～75dB
（C）75～8dDB　　（D）85～90dB

60. 环境保护不包括（　　）。
（A）预防环境恶化
（B）控制环境污染
（C）促进工、农业同步发展
（D）促进人类与环境协调发展

61. 噪声的频率范围在（　　）。
（A）15～20Hz　　（B）20～40Hz
（C）40～60Hz　　（D）40Hz～10kHz

62. 企业对环境污染的防治不包括（　　）。
（A）防治大气污染
（B）防治运输污染
（C）开发防治污染新技术
（D）防治水体污染

63. 保持工作环境清洁有序不正确的说法是（　　）。
（A）优化工作环境
（B）工作结束后再清除油污

（C）随时清除油污和积水

（D）整洁的工作环境可以振奋职工精神

64. 企业的质量方针不是（　　）。

（A）企业总方针的重要组成部分

（B）起规定企业的质量标准的作用

（C）每个职工必须熟记的质量准则

（D）企业的岗位工作职责

65. 不符合岗位质量要求的内容是：（　　）。

（A）对各个岗位质量工作的具体要求

（B）体现在各岗位的作业指导书中

（C）是企业的质量方向

（D）体现在工艺规程中

66. 不属于岗位质量要求的内容是（　　）。

（A）操作规程　　（B）工艺规程

（C）工序的质量指标（D）日常行为准则

67. 采用液压传动来传递运动和动力，工作介质是具有一定压力的（　　）。

（A）气体　　（B）液体

（C）机械能　　（D）动能

68. 机车在高速运行过程中，实行制动时主要以（　　）形式。

（A）电阻制动　　（B）基础制动装置制动

（C）手制动装置制动（D）蓄能制动器制动

69. 机车在低速运行过程中，实行制动时主要以（　　）形式。

（A）电阻制动　　（B）基础制动装置制动

（C）手制动装置制动（D）蓄能制动器制动

70. 单机停在线上要防止溜车，实行制动时主要以（　　）形式。

（A）电阻制动　　（B）基础制动装置制动

（C）手制动装置制动（D）蓄能制动器制动

71. 牌号为YG8比牌号为YG3的硬质合金材料的韧性和（　　）高。

（A）抗弯强度　　（B）弹性

（C）硬度　　（D）塑性

72. 选择定位基准时，一般都选用（　　）基准，因为它接触面积大，不论从准确度和受力变形来看都比较合理。

（A）设计（B）测量（C）装配（D）加工

73. 552732QKT 轴承受（　　）方向载荷。

（A）径向　　（B）轴向

（C）径向与轴向　　（D）垂向

74. 轴承内圈与主轴、轴承外圈与箱体孔装配时，定向装配方法适用于（　　）。

（A）精度要求较低的主轴

（B）精度要求一般的主轴

（C）精度要求较高的主轴

（D）转速要求低的主轴

75. 在冷态下检查普通车床主轴与尾座中心线等高时允许（　　）。

（A）尾座高 0.05mm （B）尾座高 0.06mm

（C）主轴高 0.05mm （D）主轴高 0.06mm

76. 几何作图时，经常需要用圆弧来光滑连接已知直线。为保证相切，必须准确地作出连接圆弧的（　　）。

（A）圆心和切点　　（B）圆心

（C）切点　　（D）切线

77. 钻精密孔时，其表面粗糙度值为（　　）。

（A）$Ra6.4 \sim Ra3.2 \mu m$

（B）$Ra3.2 \sim Ra0.4 \mu m$

（C）$Ra0.4 \sim Ra0.2 \mu m$

（D）$Ra1.6 \sim Ra0.4 \mu m$

78. （　　）是液压系统的动力部分。

（A）电动机　　（B）液压泵

（C）油压缸　　（D）液压马达

79. 机车蓄能制动器的工作原理是（　　）。

（A）充气制动，排气缓解

（B）充气缓解，排气制动

（C）充气制动，排气制动

（D）都不对

80. 机车轮对内侧距为（　　）mm；

（A）1353±3　　（B）1533±3

（C）1335±3　　（D）1535±3

81. 违反安全操作规程的做法是（　　）。

（A）自己制订生产工艺

（B）贯彻安全生产规章制度

（C）加强法制观念

（D）执行国家安全生产的法令、规定

82. 麻花钻主切削刃上各点的前角和后角是不等的，就外缘处来说（　　　）。

（A）前角最大、后角最小

（B）前角最小、后角最大

（C）前角最大、后角最大

（D）前角最小、后角最小

83. 拆卸时的基本原则：拆卸顺序与（　　　）相反。

（A）装配顺序　　　（B）安装顺序

（C）组装顺序　　　（D）调节顺序

84. 修磨薄板群钻主要是将两主切削刃磨成圆弧形，钻尖磨低，直到形成（　　　）。

（A）三尖　　　（B）分屑槽

（C）两顶角　　　（D）外刃

85. 测量齿轮的公法线长度时，跨齿数应根据齿轮齿数来选择，一般跨齿数不宜少于齿轮齿数的（　　　）。

（A）1/4　（B）1/9　（C）1/2　（D）1/6

86. 液压系统中工作油的理想温度为（　　　），超过该温度后工作油的工作寿命将下降。

（A）10～20℃　　　（B）20～60℃

（C）80℃　　　（D）30～50℃

87. 刃磨錾子时，主要是磨其（　　　）。

（A）前刀面　　　（B）后刀面

（C）前角　　　（D）楔角

88. 已知活塞运动速度 $v = 0.04 \mathrm{m/s}$，活塞有效工作面积 $A = 0.008 \mathrm{m}^2$，则输入液压缸的流量为（　　　）。

（A）$3.2 \times 10^{-4} \mathrm{m}^3 / \mathrm{s}$　　　（B）$3.2 \times 10^{-3} \mathrm{m}^3 / \mathrm{s}$

（C）$5 \mathrm{m}^3 / \mathrm{s}$　　　（D）$0.2 \mathrm{m}^3 / \mathrm{s}$

89. 旋转零件的重心不在旋转轴线上，当其旋转时只产生垂直旋转中心的离心力，此种现象称为（　　　）。

（A）静平衡　　　（B）静不平衡

（C）动平衡　　　（D）动不平衡

90. 在车轮上安装制动盘或轮箍时，需使制动盘或轮箍的动不平点与车轮的不平衡点（　　　）。

（A）都去除　　　（B）在同一位置

（C）相隔180°　　　（D）在任意位置

91. 蜗杆传动机构正确啮合，蜗轮轮齿上的接触斑点位置应在（　　　）。

（A）齿面中部

（B）齿面端部

（C）齿面中部稍偏蜗杆旋出方向

（D）齿面中部稍偏蜗杆旋入方向

92. 修配法解尺寸链的主要任务是确定（　　　）在加工时的实际尺寸。

（A）增环　　　（B）减环

（C）封闭环　　　（D）修配环

93. 角接触球轴承在装配和使用过程中，可通过调整内、外套圈的轴向位置来获得合适的（　　　）。

（A）径向游隙　　　（B）轴向游隙

（C）径向和轴向游隙（D）都不对

94. 碳素结构钢中碳的质量分数为（　　　）。

（A）>0.7%　　　（B）<0.7%

（C）>1%　　　（D）<0.5%

95. 测量抱轴瓦端面与实际轮对心衬面间隙时，在左右均等的情况下，单测间隙不得小于（　　　）。

（A）0.25mm　　　（B）0.4mm

（C）0.6mm　　　（D）0.5mm

96. 机车传动装置一般都是降速运动，传动件的误差被（　　　）。

（A）放大　（B）缩小　（C）消失　（D）控制

97. SS3型机车轴箱各位配置的轴承的型号（　　　）。

（A）内侧相同　　　（B）外侧相同

（C）都相同　　　（D）内、外侧都不同

98. 有机胶黏剂填料的作用是（　　　），改善胶黏剂的性能。

（A）缩短固化周期、增加固化强度

（B）增加基体材料的韧性和抗冲击强度

（C）降低胶黏剂的热膨胀系数和收缩率

（D）缩短固化周期和收缩率

99. 牌号为YT30比牌号为YT5的硬质合金材料的（　　　）低。

（A）抗弯强度　　　（B）韧性

（C）硬度 （D）疲劳强度

100. 铰刀校准部分的前角是（ ）。

（A）0° （B）5° （C）10° （D）-5°

101. 用 6 个定位支承点限制了工件的 4 个自由度，这种定位是（ ）。

（A）不完全定位 （B）完全定位

（C）过定位 （D）欠定位

102. 工件只限制了 4 个自由度就能保证加工要求，这种定位是（ ）。

（A）完全定位 （B）不完全定位

（C）过定位 （D）欠定位

103. 孔的下极限尺寸与轴的上极限尺寸之代数差为正值叫（ ）。

（A）间隙值 （B）最小间隙

（C）最大间隙 （D）最大过盈

104. 减少夹紧（ ）的措施之一是夹紧力尽可能与切削力、重力同向。

（A）上差 （B）下差 （C）误差 （D）公差

105. 高速旋转下的径向轴承的内孔精加工尽量采用（ ）。

（A）手工刮削 （B）精车

（C）研磨 （D）精镗

106. 当麻花钻顶角小于 118° 时，两主切削刃呈（ ）形。

（A）直线 （B）曲线 （C）外凸 （D）内凹

4.2.2 判断题

1. 选择划线基准的原则是使划线基准与设计基准尽量一致。 （ ）

2. 在蜗轮蜗杆的传动中，蜗轮是主动件。 （ ）

3. 机车轮轨黏着力随牵引力的增大而增大。 （ ）

4. 称重调簧的目的是使机车的轴重均匀分配。 （ ）

5. 拧紧长方形布置的成组螺钉、螺母时，应从一段开始，按顺序进行。 （ ）

6. 当过盈量及配合尺寸较小时，一般采用在常温下压入配合法装配。 （ ）

7. 润滑油的牌号用数字表示，数值越大，黏度越高。 （ ）

8. 钻深孔时，为提高效率应选较大的切削速度。 （ ）

9. 机车升弓的铺助压缩机是由蓄电池组供电的。 （ ）

10. 油压减振器的性能可根据振动强弱自行调节。 （ ）

11. 利用螺纹零件将需要相互固定的零件连接起来的过程称为螺纹连接。 （ ）

12. 为了合理保养千分尺、外径分尺等精密量具，应在其测量杆上涂防锈油，以防生锈。（ ）

13. 我国铁路车辆采用的车钩分为非刚性车钩和刚性车钩两种类型。 （ ）

14. 在加工过程中，用来测量工件的尺寸、几何形状和相对位置的工具，称为量具。 （ ）

15. 机车上齿轮传动都是加速齿轮传动。 （ ）

16. 车钩缓冲器装置在运行中，机车的纵向力都是经过缓冲器来传递的，以改善运行质量。 （ ）

17. 螺钉按用途可分为连接螺钉和紧定螺钉。 （ ）

18. 当机车轮对轴箱内的轴承内圈需从轴上拆卸时，可用乙炔火焰加热法拆卸。 （ ）

19. 机车转向架除承受重力外，还承受纵向牵引力和制动力，当机车通过曲线时还承受轮轨的横向侧压力。 （ ）

20. 用加热法装配滚动轴承主要适用于轴承内圈与轴颈的装配。 （ ）

21. 油压减振器的活塞运动速度越大，阻力越大。 （ ）

22. 弹簧附属部件由上、下压盖、上座和定位销等组成。 （ ）

23. 测量过程无论如何准确，都必然存在测量误差。 （ ）

24. 箱式轮心采用了薄壁中空夹层的结构型式，是目前大功率机车普遍采用的型式。 （ ）

25. 润滑油脂不足或过多是引起轴箱发热的一

个原因。　　　　　　　　　　　　（　　）

26. 粗牙普通螺纹标记中不注明旋向的均是右转。　　　　　　　　　　　　　　（　　）

27. 牵引变压器直接落座在车体底架上。
　　　　　　　　　　　　　　　　（　　）

28. 电动机悬挂装置只承受电动机静载荷。
　　　　　　　　　　　　　　　　（　　）

29. 在设计过程中，根据零件在机器中的位置、作用，为保证其使用性能而确定的基准叫工艺基准。　　　　　　　　　　　　　　（　　）

30. 排障器的作用是排除线路上的障碍物、确保行车安全。　　　　　　　　　　（　　）

31. 任何物体在长、宽、高三个不同方向上的尺寸只需在某一图样中注写一次。（　　）

32. 设备在正常使用过程中，不会有设备隐患，更不会形成严重事故。　　　　　（　　）

33. 机车砂管与踏面距离为 5~6mm。（　　）

34. 机车在运行过程中每根轴在钢轨上的质量称为轴重。　　　　　　　　　　（　　）

35. 侧向摩擦减振器的作用是衰减车体的上下振动。　　　　　　　　　　　　（　　）

36. 一般在没有加工尺寸要求及位置精度要求的方向上，允许工件存在自由度，所以在此方向可以不进行定位。　　　　　　　　（　　）

37. 牵引特性是指轮周牵引力与速度之间的关系。　　　　　　　　　　　　　（　　）

38. 直径相对大小是影响相贯线空间大小形状的次要因素。　　　　　　　　　（　　）

39. 机械装配中，螺栓越紧固，其保险系数越大，越可靠。　　　　　　　　　（　　）

40. 在研磨中起调和磨料、冷却和润滑作用的是研磨液。　　　　　　　　　　（　　）

41. 润滑剂只具有润滑、冷却作用。（　　）

42. 乳化液可分为防锈乳化液、普通乳化液、极压乳化液。　　　　　　　　　（　　）

43. 大多数切削液的主要成分是植物油，还有少数采用矿物油和动物油。　　　（　　）

44. 6S 包括整理、整顿、清扫、清洁、素质、自检。　　　　　　　　　　　（　　）

45. 立式钻床的主轴转速和自动进给量，变动范围都较大，能适应各种中型件的钻孔、扩孔、锪孔、铰孔及攻螺纹。　　　　　　（　　）

46. 使用手动葫芦起升重物时，操作者应同时扶住链条，以增加吊动的稳定性。（　　）

47. 已经建成的设施，其污染物排放超过规定排放标准的，不应限期治理。　　（　　）

48. 标准器具误差反映到计量器具上引起的测量误差称为操作程序误差。　　　（　　）

49. 因温度、湿度、气压、振动、灰尘等原因引起的测量误差属于环境误差。　（　　）

50. 产品质量就是指产品适合于规定用途，满足社会和人们一定需要的特征。　（　　）

51. 岗位的质量要求是每个职工必须做到的最基本的岗位工作职责。　　　　　（　　）

52. 生产中可自行制订工艺流程和操作规程。
　　　　　　　　　　　　　　　　（　　）

53. 因为台钻最低转速较高，不适用于锪孔和铰孔。　　　　　　　　　　　　（　　）

54. 台钻的最低转速较高，一般不低于600r/min。　　　　　　　　　　（　　）

55. 立式钻床的主轴部件包括主轴变速箱、进给变速箱、主轴和进给手柄。　　（　　）

56. 摇臂钻一般都有冷却装置，有专用冷却泵供应加工所需要的切削液。　　　（　　）

57. 摇臂钻主轴转速和进给量都有较大的变动范围。　　　　　　　　　　　　（　　）

58. 台钻一般安装在工作台上，用来钻直径为 12mm 以下的孔。　　　　　　（　　）

59. 台式钻床是一种大型钻床，一般安装在工作台上。　　　　　　　　　　（　　）

60. 立钻电动机的一级保养要按需要拆洗电动机更换 2 号锂基润滑脂。　　　（　　）

61. 用斜铁从钻头套上拆卸钻头时，要把斜铁带圆弧的一边放在下面，否则会损坏主轴上的长圆孔。　　　　　　　　　　　　（　　）

62. 钻床在累计运转满 500h 后应进行三级保养。　　　　　　　　　　　　（　　）

63. 主轴在进给箱内上下移动时出现轻重不匀

现象的原因之一是主轴花键部分弯曲。（ ）

64. 钻孔轴线倾斜时需检查主轴轴线与钻床立柱导轨是否平行、主轴轴线与工作台面是否垂直。（ ）

65. 钻床夹具一般都装有钻套，通过它引导刀具可以保证被加工孔的坐标位置，并防止钻头在切入时引偏。（ ）

66. 钻床分布具的使用可以保证和提高被加工孔的位置精度、尺寸精度及降低孔的表面粗糙度值。（ ）

67. 立式钻床渗漏油的原因有结合面不够平直、油管接头结合面配合不良、主轴旋转时甩油等。
（ ）

68. 立式钻床主轴承润滑供油量过多时，可调整导油线，以控制供油量。（ ）

69. 排除液压系统中存在着的空气可以消除液压系统工作时产生的振荡。（ ）

70. 适当地加大润滑油量可以排除机床空运转时液压系统中压力过高的故障。（ ）

71. 立钻主轴和进给箱的三级保养要按需要更换 3 号钙基润滑脂。（ ）

72. 计算零件的刚度时要考核零件抵抗外力作用时产生变形的能力。（ ）

73. 划线除要求线条清晰均匀外，更重要的是保证尺寸准确。（ ）

74. 侧架两立柱内侧距离均应为 600~609mm，超过时要加工或推焊后加工。（ ）

75. 转向架、承载鞍与轮对组装时，轮对轴端有"左"标记的车轮应放同一侧。（ ）

76. 转向架采用空气弹簧的优点之一是在任何载荷下其工作高度基本保持不变。（ ）

77. 客运列车提速到大于 120km/h 后，现行 1 号缓冲能满足车辆对缓冲器的基本要求。（ ）

78. 轴箱定位是使轴箱在转向架上的位置及活动空间限定在一定范围内，从而正确地把载荷传递并分布给轮对。（ ）

79. 零件一经磨损，其表面精度和配合质量便随之降低。（ ）

80. 车辆滚动轴承出现 A 类缺陷时，不修复也可使用。（ ）

81. 闸瓦间隙自动调整器 ST2-250 型螺杆长度为 260~280mm。（ ）

82. 车钩在闭锁位置时，必须具有防跳作用。（ ）

83. 车钩连接要求钩舌销在折断时不影响车钩的闭锁状态。（ ）

84. 轴承压装到位是指轴承压装后轴承密封座端面伸出轴端的距离符合规定。（ ）

85. 圆柱螺旋弹簧只能缓和振动而不能吸收振动能量。（ ）

86. 2TN 型转向架装用常接触弹性轴承，限制转向架的摇头蛇形运动和车辆的侧摆运动，有利于车辆的运行安全。（ ）

87. 钻孔能达到最高等级的表面粗糙度值为 $Ra6.3\mu m$。（ ）

88. 转 K6 型转向架的摇枕挡位置下移，侧滚中心明显减低。（ ）

89. 客车转向架在车辆自重下的心盘高度为 750mm 左右。（ ）

90. 客车轮座（盘座）加工后的圆度不得超过 0.025mm，圆柱度不得超过 0.050mm，并且大端须在内侧。（ ）

91. 滚动轴承的滚动体与内、外圈滚道之间是滚动摩擦。（ ）

92. 目前，货车空气制动机型号主要有 GK 型、103 型和 120 型。（ ）

93. 滚动轴承的滚道只要有麻点就应报废。
（ ）

94. 车钩组装时各零件摩擦表面不允许涂润滑油。（ ）

95. 各种车钩的开锁作用原理都是杠杆原理。
（ ）

96. 在车辆载荷一定的工况下，车辆承载弹簧的静挠度与弹簧刚度成反比。（ ）

97. 客车车轴轮座（盘座）的终加工可采用滚压工艺。（ ）

98. 高速旋转的滑动轴承比滚动轴承使用寿命长、旋转精度高。（ ）

99. 三油楔动压润滑的优点是对中性好、适应载荷的变化能力强、制造也较方便。（　　）

100. 滚动轴承的直径系列，是指在轴承内径相同时有各种不同的外径，用滚动轴承代号右起第三位数字表示。（　　）

101. 在滚动轴承代号中，右起第一、二位数字是表示轴承直径系列。（　　）

102. 在需要精加工的已加工表面上划线时，用硫酸铜溶液作涂料。（　　）

103. 锉刀锉纹号的选择主要取决于工件的加工余量、加工精度和表面粗糙度要求。（　　）

104. 限压阀维持系统压力恒定，同时使系统中多余的油流回油箱。（　　）

105. 溢流阀用于控制油路的流量，避免油路泄漏过量。（　　）

106. 液压管两端的滚珠是一个单向阀，只有连接恰当才能保证油路通畅，避免了因为连接不当造成的伤害。（　　）

107. 因为模数是选用值，所以可以通过齿轮圆直径和齿数来估算出齿轮的模数。（　　）

108. 往轴上装配滚动轴承时，必须把压力加在轴承外圈端面上。（　　）

109. 拆卸螺纹零件时，关键是认清螺纹旋向、正确选择拆卸工具。（　　）

110. 采用完全互换法装配，装配精度完全依赖于零件的加工精度。（　　）

111. 麻花钻的横刃磨短后，能减少切削时的轴向抗力和挤刮现象。（　　）

112. 二硫化钼是很好的润滑剂。（　　）

113. 钻孔时，加切削液的目的主要是润滑。（　　）

114. 铰削带有键槽的孔时，采用普通直槽铰刀。（　　）

115. 弯曲半径不变，材料厚度越小，变形越大，中性层也越接近材料的内层。（　　）

116. 对于低压容器装置的铆接，应用强固铆接。（　　）

117. 只把铆钉的铆合头端部加热的铆接是混合铆。（　　）

118. 铆接时，铆钉并列排列，铆钉距离应小于3倍的铆钉直径。（　　）

119. 铆接时通孔的大小，应随着连接要求不同而有所变化。（　　）

120. 零部件在径向位置有偏重，其偏重总是停留在铅锤方向的最低位置。（　　）

121. 钻削圆锥销孔时，应按圆锥销大头直径选用钻头。（　　）

122. 静压轴承处于空载时，两相对油腔压力相等，油膜处于平直状态，轴浮在中间。（　　）

123. 在轴承工作时，滚动轴承的游隙会因内、外圈的升温而增大。（　　）

124. 油压减振器的减振性能与减振器内油液黏度有关。（　　）

125. 油压减振器的减振性能与减振器内节流孔大小有关。（　　）

126. 摩擦减振器的阻尼与机车的运行速度有关。（　　）

127. 摩擦减振器的阻尼是机械摩擦力，与摩擦件的相对速度无关。（　　）

128. 油压减振器利用油液的黏滞性形成阻尼，吸收振动冲击能量。（　　）

129. 方向控制油路是液压基本回路的一种。（　　）

130. 顺序阀是一种压力控制阀。（　　）

131. 调速阀是减压阀和节流阀串联组合而成的。（　　）

132. 齿侧间隙一般采用压铅法，即在齿面上粘结一段铅丝，旋转齿轮啮合后，铅丝的厚度就是齿侧间隙值。（　　）

133. 刮削指用刮刀在加工过的工件表面上刮去微量金属，以提高表面形状精度、改善配合表面间接触状况的钳工作业。（　　）

134. 铰削 $\phi20$mm 的孔时，铰削余量是0.5mm；铰削 $\phi40$mm 的孔时，铰削余量是0.3mm。（　　）

135. 热铆时，要把铆钉孔直径缩小 0.1~1mm，铆钉在热态时容易插入。（　　）

4.3 高级工试题

4.3.1 填空题

1. 剖视图用于表示机构的（　　　　）。

2. 断面有（　　　　）和重合断面两种。

3. 现行国家标准中，有（　　　）个标准公差等级，其中 IT01 级精度最高，IT18 级精度最低。

4. 淬火的目的是获得（　　　），提高钢的强度和硬度。

5. 铁素体是碳溶解于（　　　）中的间隙固溶体。

6. 根据用途不同，基准可分为设计基准、划线基准和（　　　）三类。

7. 千分尺在检测工件尺寸时，首先应校对（　　　）。

8. 百分表一般用于检测（　　　）。

9. 支撑座中心与侧架纵向中心线的夹角为（　　　）。

10. 圆柱螺旋弹簧在载荷作用下，簧条主要承受的是（　　　）压力。

11. 转向架基础制动装置衬套、圆销、拉铆销直径磨耗大于（　　　）mm 时应更换。

12. 转向架采用摩擦减振器时，其减振摩擦阻力与车辆载荷之比，称为（　　　）。

13. 转向架对角线呈菱形时，两轴中心连线与轨道中心线偏转一定角度，分别使短对角线两轮靠近钢轨，将造成（　　　）。

14. 横向止挡的主要作用是防止通过曲线时，转向架与车体的（　　　）过大及保证车辆运行时具有良好的横向稳定性。

15. 车钩钩头内各组装零件必须用（　　　）进行检查，当确定它们符合规定要求后方可装用。

16. 燃油温水锅炉由燃烧筒、火筒、炉体、点火装置和（　　　）等组成。

17. 客货车制动缸后端无漏泄沟或漏泄沟堵塞，会造成（　　　）缓解后不能复原到位。

18. 车钩全开位置不良的原因之一是钩舌推铁（　　　）过限。

19. 车辆缓冲器为确保列车起动与制动时有良好的缓冲性能，要求其初始（　　　）力不应太大。

20. 车辆制动率的首要决定因素是车辆制动（　　　）条件。

21. 客车制动机单车试验需使用（　　　　）。

22. 货车轴承压装间相对湿度不得高于（　　　）。

23. 车轴轴颈与轴承结合面处产生的切轴一般是（　　　）轴。

24. 货车轴承磨合试验要求每条轮对磨合时间不得少于（　　　　）min。

25. 车轮涂漆部位为车轮的辐板内、外侧面、车轮轮辋内、外侧面及（　　　）上不得涂刷清漆。

26. 压力弹簧轴向刚度等于轴向载荷与（　　　）之比。

27. 货车新组装轮对内侧距为（　　　）mm。

28. 货车轮对组装后轮位差不大于（　　）mm。

29. 滚动轴承径向工作间隙太小易导致润滑（　　　）破坏而发生轴承高温烧伤。

30. 轴承一般检修采用（　　　）注脂的方法向轴承内注入润滑油。

31. 圆柱滚子轴承内填充润滑脂过量时会引起（　　　）而燃轴。

32. 盘毂与盘坐压装，最中压力为（　　　）。

33. 闸瓦间隙自动调整器可以在制动缸活塞行程超出规定的最大允许值时自动调整（　　　），使活塞行程缩回到规定范围内。

34. 力的作用效果是改变物体的（　　　）或使物体产生变形。

35. 轮座与轮毂孔的配合过盈量为轮座直径的（　　　）。

36. SW-220K 型转向架制动盘毂与车轴为过盈配合，过盈量为（　　　）mm。

37. 偏差可以为正、负或零，但公差却只能为（　　　）。

38. 在有减振阻力的工况下，车辆承载弹簧静挠度越大、其垂直振动性能（　　　）。

39. 套螺纹时，板牙除切削金属外，还（　　）金属材料。

40. 弯曲件的内层最小弯曲半径一般应不小于板的（　　）。

41. 车辆的制动梁、下拉杆、交叉杆、横向控制杆及（　　）必须有保安装置。

42. 磨耗形踏面上有一段锥度为（　　）的直线。

43. 在电气化线路上，严禁攀登至（　　）进行作业。

44. 新制车轴组装前须对车轴施行（　　）检测检查。

45. 横跨梁调整板总厚度为（　　）mm，数量不超过2块，且须安装在尼龙磨耗板的下面。

46. 16、17号钩尾框框身剩余厚度小于（　　）mm时须更换。

47. 正火一般用于低碳钢和低合金钢，以提高材料的（　　）和硬度。

48. 直齿轮传动一般选用（　　）轴承。

49. 直齿轮传动主要承受（　　）载荷。

50. 两齿轮正确啮合传动的充分条件是：（　　）。

51. 常用的齿轮材料能保证齿面有足够的（　　）。

52. 常用的齿轮材料，要求齿芯有足够的（　　）。

53. 常用的电动机的降压起动有：①星-三角起动；②（　　）；③自耦变压器降压起动。

54. 工件表面经精研磨后，其尺寸精度可控制到（　　）mm或更高。

55. 电焊可分为电阻焊、（　　）两种。

56. 调质是提高零件（　　）力学性能。

57. 旋转体不平衡时产生的离心力大小与平衡重量、（　　）、转速有关。

58. 在采用（　　）进行装配时，装配精度依赖于零件的加工精度。

59. 滚动轴承的内径尺寸只有（　　）偏差。

60. 滚动轴承的外径尺寸只有（　　）偏差。

61. 普通机械产品的装配精度是为了保证机床的（　　）和使用寿命，机床的装配精度还必须保证其工作精度。

62. SS3型机车的车轮轮心是（　　）结构。

63. CRH5动车组动车转向架驱动装置采用（　　）结构。

64. 齿轮泵是利用齿间（　　）的变化来实现吸油和压油的。

65. 溢流阀主要是起溢流和（　　）作用。

66. 顺序阀实质上是一个由压力油液控制其开启的（　　）。

67. 流量控制阀是通过调节通过阀口的流量来改变执行机构（　　）的液压元件。

68. 链条装配后，过紧会增加负载，加剧（　　）。

69. 根据轴所受载荷不同，可将轴分为心轴、转轴和（　　）三类。

70. 电动机的能量转换形式是将电能转换成（　　）。

71. 蓄电池工作时是将（　　）变为电能释放出来。

72. 光学分度头是测量（　　）和分度的光学仪器。

73. 机床床身导轨的几何精度直接关系到机床的几何精度和（　　）。

74. 为保证导轨的几何精度，精密机床的导轨都要进行（　　）度误差测量。

75. 流水作业组装有利于实现（　　）化和机械化装配。

76. 广泛使用（　　）性原则可以缩短装配时间，提高装配工作效率。

77. 在单件小批量生产中，组装工作要避免工序过于（　　）而产生互相干扰。

78. 动车组的运行阻力主要由空气阻力、（　　）组成。

79. 用数字化信息进行控制的自动控制技术称为（　　）。

80. 数控机床进行加工，首先必须将工件的几何信息和工艺信息（　　　　　），并编制出加工程序输入数控系统。

81. 数控机床上零件加工程序正确性包括语法正确和（　　　　　）两个方面。

82. 清除铁屑必须使用专用工具，禁止用嘴吹或（　　　　　）。

83. G 代码和 M 代码是描述零件加工工序过程中各种操作和运行特征的（　　　　　）。

84. 在数控机床中，机床直线运动的坐标轴规定为（　　　　　）坐标系。

85. SS4B 型机车垂向油压减振器的阻尼系数是（　　　　　）。

86. SS4B 型机车横向油压减振器的阻尼系数是（　　　　　）。

87. 机车空气管路系统包括空气制动机管路系统、（　　　　　）系统和辅助气路系统三部分。

88. 机车车轮心铸成后，用（　　　　　）和正火等热处理方法消除内应力。

89. 链轮两轴线不平行，会加剧（　　　　　）的磨损，进而降低传动稳定性。

90. 螺旋机构可将（　　　　　）运动变换为直线运动。

91. 在拆卸旋转零件时，应尽量不破坏原来的（　　　　　）。

92. 对于较长导轨的直线度，测量时采用（　　　　　）法较合适。

93. 蜗杆传动机构装配后，蜗杆轴线与蜗轮轴线应（　　　　　）。

94. 实施制动时，使制动力分次增加，称为（　　　　　）。

95. 一列车（或车辆）的总闸开瓦压力与其总质量的比值称为（　　　　　）。

96. 从司机将制动阀手柄置于制动位时起到机车或列车停下时止，所走过的距离称为（　　　　　）。

97. 带有紧急制动的制动控制器简称为（　　　　　）。

98. HXD2 型机车牵引电动机功率为 1250kW，总功率为（　　　　　）。

99. HXD2 型机车的一系悬挂装置主要包括位于每个轴箱体上的两组螺旋钢簧、（　　　　　）和轴箱拉杆组件等构成。

100. HXD2 机车每组转向架配有（　　　　　）组轮缘润滑器。

101. 高速列车采用动力分散式、（　　　　　）的实现形式。

102. 360 牙的齿式分度装置，其分度数为 $360°/n$，或为分度数的（　　　　　）。

103. 膜式空气弹簧可分为（　　　　　）和自由膜式两种。

104. 一般铁道机车车辆轮对一般由车轴、轮箍和（　　　　　）组装而成。

105. 感应淬火是利用（　　　　　）通过工件所产生的热量，使工件表面、局部或整体加热并快速冷却的淬火。

4.3.2 选择题

1. 互换装配法的实质就是控制零件的（　　　　　）。

（A）加工误差　　　（B）尺寸公差
（C）形状公差　　　（D）测量误差

2. 在同类零件中，任取一个装配零件，不精修配既可装入部件，达到规定的技术要求，这种装配方法叫（　　　　　）。

（A）选配法　　　（B）完全互换法
（C）修配法　　　（D）调整法

3. 耐油性能最好的橡胶制品是（　　　　　）。

（A）天然橡胶　　　（B）氯丁橡胶件
（C）丁苯橡胶件　　（D）丁腈橡胶件

4. 双齿纹锉刀的（　　　　　）。

（A）底齿纹与锉刀纵向中心线夹角为 45°
（B）底齿纹一般铣制而成
（C）底齿纹比面纹浅
（D）底齿纹比面纹深

5. 两支一套的丝锥按柱形分配切削负荷时，头、二锥的分配比例为（　　　　　）。

（A）50%：50%　　（B）60%：40%
（C）70%：30%　　（D）75%：25%

6. 百分表一般用于检测（　　　　　）。

(A) 尺寸偏差　　(B) 形状偏差

(C) 位置偏差　　(D) 形状和位置偏差

7. 转 K5 型转向架新装侧架立柱磨耗板与侧架间隙，须用（　　）mm 塞尺插入磨耗板与侧架之间，任一处插入深度不允许大于 13mm。

(A) 1　　(B) 1.5　　(C) 2　　(D) 2.5

8. 闸瓦与闸瓦托中部接触不良，在行车制动时（　　）。

(A) 一般不会发生行车事故

(B) 会发生闸瓦断裂脱落

(C) 会加速闸瓦磨耗

(D) 会引起闸瓦托磨损加速

9. 车辆枕簧弹性衰减，可以引起车辆（　　）。

(A) 车体外胀　　(B) 车体倾斜

(C) 车体破损　　(D) 车体裂损

10. 立柱磨耗板折头螺栓组装后，螺母法兰面与侧架立柱背面铸件表面间隙用 0.4mm 塞尺检查，在（　　）角范围内，塞尺不得插入。

(A) 240°　　(B) 250°

(C) 260°　　(D) 270°

11. 转向架轴箱定位的作用为（　　）。

(A) 将载荷传递并均分到轮对

(B) 利用车钩的稳定惯性牵引轴箱横动

(C) 使转向架顺利通过曲线

(D) 减少车体的侧滚振动

12. 转 K5 型转向架横跨梁与下心盘上平面距离为（　　）mm。

(A) 154.5±10　　(B) 146.5±10

(C) 159±10　　(D) 156±10

13. 引起车辆横向振动的主要原因是转向架的（　　），尤其是行车速度超过 100km/h 的更加明显。

(A) 纵向振动　　(B) 横向振动

(C) 侧滚振动　　(D) 蛇形运动

14. KW-220K 型转向架制动盘为（　　）。

(A) 轴装铸铁盘 φ640mm

(B) 轴装铸铁盘 φ630mm

(C) 轴装铸铁盘 φ620mm

(D) 轴装铸铁盘 φ610mm

15. SW-220K 型转向架的空气弹簧空载（内压 400kPa）F_c 为（　　）kN。

(A) 406　　(B) 306

(C) 206　　(D) 106

16. 排水装置排水口距轴箱，制动盘及电伴热装置（　　）不足 250mm 时须加装排水导管。

(A) 水平距离　　(B) 垂直距离

(C) 最短距离　　(D) 最远距离

17. 104 型分配阀属于（　　）。

(A) 三压力机构控制阀

(B) 二压力机构直接作用方式控制阀

(C) 二压力机构间接作用方式控制阀

(D) 二、三压力混合机构的控制阀

18. 紧固钩尾销螺栓，穿入 φ4mm 开口销并（　　）。

(A) 开口 30°~40°　　(B) 开口 60°~70°

(C) 开口 75°~80°　　(D) 卷起

19. 钩舌、钩体及钩尾框修后（　　）。

(A) 无须做任何处理即可装用

(B) 须打磨后装用

(C) 须做高温回火处理

(D) 须做保温退火处理

20. 钩锁铁下脚弯曲过限会导致车钩（　　）。

(A) 闭锁位置不良　　(B) 开锁位置不良

(C) 全开位置不良　　(D) 防跳作用不良

21. 车辆制动缓解不良或不缓解会（　　）。

(A) 抱闸起动而发生车轮踏面擦伤，并造成车钩锐钩或有关承载件断裂事故

(B) 抱闸起动行车，加剧闸瓦磨损，但不会擦伤车轮踏面

(C) 抱闸起动而发生踏面擦伤，但不会造成脱钩或段钩事故

(D) 增大列车起动冲击力，但不会抱闸起动而发生行车事故

22. 客车闸调器与制动缸组装后应将十字头导框用手动调整到（　　）。

(A) 与调整器接触的起始位置

(B) 调整螺杆中间位置

（C）靠近缸后盖一端之调整螺杆起始端

（D）任何位置

23. 利用压力为动力，用电气来操纵控制的车辆制动机为（ ）。

（A）空气制动机 （B）真空制动机

（C）电空制动机 （D）再生制动机

24. 轮对轴承是车辆（ ）部分的部件之一。

（A）转向架 （B）车钩缓冲装置

（C）制动装置 （D）车体

25. 353130B 型轴承和 353130A 型轴承每列滚子数量为（ ）。

（A）21 粒 （B）22 粒

（C）23 粒 （D）24 粒

26. 轮对内侧距离不能大于 1356mm 的理由是（ ）。

（A）完全通过最小轨距 （B）完全通过曲线

（C）完全通过驼峰 （D）完全通过轨缝

27. 各型货车轴承的压装力及贴合时的压力有所不同，但轴承压装到位后的保压时间均为（ ）s。

（A）1~3 （B）2~4

（C）3~5 （D）4~6

28. 盘形制动的闸片与制动盘之间的摩擦系数与（ ）的变化曲线基本近似。

（A）列车运行阻力系数 （B）列车制动减速

（C）轮轴间黏着系数 （D）列车惰行规律

29. 轴承内圈与轴颈配合过盈量太大时，主要会使（ ）。

（A）轴承内圈在运用中易发生断裂

（B）轴颈压伤

（C）轴承增大磨损

（D）轴承组装困难

30. 轮对压装曲线中部不得有降吨，平直线长度不得超过该普线投影长度的（ ），平直线的两端均应圆滑过渡。

（A）5% （B）10%

（C）15% （D）20%

31. 轮对压装前，须在轮座表面及轮毂孔内径

涂抹（ ）。

（A）桐油 （B）润滑油

（C）纯植物油 （D）变压器油

32. 客车同一车轴两端的盘座直径差不得超过（ ）mm。

（A）2 （B）3 （C）4 （D）5

33. 车轮轮缘的最大厚度为（ ）mm。

（A）25 （B）28 （C）32 （D）48

34. 车轮轮缘产生偏磨的主要原因是（ ）。

（A）制动力过大

（B）制动力不足

（C）车轮材质不良

（D）同一轮对两车轮直径差过大

35. 基础制动装置各扁孔圆销组装后，其窜动量应为（ ）。

（A）2~5 （B）2~10

（C）5~10 （D）5~12

36. 液压系统滤油器严重堵塞，吸油形成局部真空，将产生（ ）的现象。

（A）液压冲击 （B）流量减小

（C）进给爬行 （D）压力下降

37. 设备运转产生的噪声源或动力源，可用先进的故障诊断技术来诊断，故障诊断技术主要是通过（ ）采样，然后由故障诊断仪器分析来测定故障的。

（A）探头 （B）传感器

（C）示波器 （D）接触器

38. 闸瓦悬吊吊杆长度以不小于（ ）为宜（R 为车轮半径）。

（A）0.6R （B）0.8R

（C）1.0R （D）1.2R

39. 标准麻花钻头钻销中最易磨耗的切削部位是（ ）。

（A）切削刃口

（B）切削刃与棱刃交接处

（C）横刃

（D）切削刃与横刃交接处

40. 差压阀是在左右空气弹簧出现超过规定的压力差时，使压力高的一端的空气流向较低的一

端，以防止车体（　　）的装置。

（A）异常倾斜　　　　（B）异常倾向

（C）异常倾倒　　　　（D）异常倾向或倾斜

41. 座席深度，根据我国人体结构，一般应为（　　）mm。

（A）280～300　　　　（B）3804～4000

（C）400～450　　　　（D）480～500

42. 采暖装置管路与管座、法兰盘等配件焊接后，须进行 200kPa 的（　　）试验，保持 1mm 不得漏泄，如漏泄可补焊。

（A）过球　　　　　　（B）注水

（C）水压试漏　　　　（D）风压

43. 设置空重车位的货车车辆在制动减速时往往会发生制动滑行而擦伤车轮踏面，其原因是（　　）。

（A）重载重车位时，闸瓦制动力大于轮轨黏着力

（B）空载重车位时，闸瓦制动力大于轮轨黏着力

（C）空载空车位时，闸瓦制动力小于轮轨黏着力

（D）重载空车位时，闸瓦制动力小于轮轨黏着力

44. 货车轴承压装前，应在车轴卸荷槽、防尘板座上涂刷一层（　　）。

（A）轴承脂

（B）变压器油

（C）PR-1 型专用防锈脂

（D）Ⅱ号极压锂基脂

45. 我国国产四轴客车上一般采用（　　）型客车闸瓦间隙调整器。

（A）K　　　　　　　（B）J

（C）SAB　　　　　　（D）536M

46. 当轮载荷减小到该车平均轮载荷（　　）以上时，就有可能产生脱轨。

（A）54%　　（B）64%　　（C）74%　　（D）84%

47. 在设备安装时，高程测量使用了（　　）。

（A）平直度检查仪　　（B）合像水平仪

（C）经纬仪　　　　　（D）水准仪

48. 调质处理一般应安排在（　　）之后。

（A）毛坯锻造　　　　（B）粗加工

（C）半精加工　　　　（D）精加工

49. 工件以平面定位时，定位误差包括（　　）位移误差和基准不重合误差。

（A）标准　　　　　　（B）基准

（C）基面　　　　　　（D）基础

50. 标准直齿轮，齿顶圆直径为 90mm，齿数为 28，该齿轮的模数为（　　）mm。

（A）1　　（B）2　　（C）3　　（D）4

51. 下列材料中，选用（　　）作齿轮材料。

（A）Q235A　　　　　（B）GCr15

（C）45　　　　　　　（D）20

52. 表面粗糙度值 $Ra3.2$ 表示该表面的表面粗糙度的高度参数轮廓（　　）Ra 值为 $3.2\mu m$。

（A）十点高度　　　　（B）最大高度

（C）算术平均偏差　　（D）最小高度

53. 珩磨用油石上磨粒的切削轨迹在工件表面上形成交叉又不重复的网纹，因而工件工作时其表面网纹可以（　　）。

（A）储存润滑油　　　（B）减少接触面

（C）增加摩擦力　　　（D）减少摩擦力

54. 经加工硬化了的金属材料，为了恢复其原有的性能，常进行（　　）。

（A）正火　　　　　　（B）调质

（C）去应力退火　　　（D）再结晶退火

55. 在精加工时，切削深度及进给量小，切削力及变形小，可以修正粗加工时产生的（　　）。

（A）上差　　（B）下差　　（C）公差　　（D）误差

56. 机车轮对轮与轴的装配应采用的装配方法是（　　）。

（A）分组装配法　　　（B）完全互换法

（C）修配法　　　　　（D）调整法

57. 粗铰孔时，钻套与刀具应采用（　　）配合。

（A）F7/h6　　　　　　（B）G7/h6

（C）G6/h5　　　　　　（D）H6/h5

58. 砂轮磨内孔时，砂轮轴刚度较低，当砂轮在孔口位置磨削时，砂轮只有部分宽度参加磨削，磨削力（　　），孔口外的孔径磨出的较大。

（A）大　　（B）较大　　（C）小　　（D）较小

59. 改变径向柱塞泵定子和转子之间的（　　）可以改变输出流量。

（A）转角　　　　　　（B）转向

（C）离心力　　　　　（D）偏心距

60. 改变单作用叶片泵转子与定子的（　　）可以改变输出流量。

（A）偏心距　　　　　（B）转角

（C）转向　　　　　　（D）压力

61. 溢流阀一般接在（　　）的油路上。

（A）支油路　　　　　（B）液压泵出口

（C）回油路　　　　　（D）任意油路

62. 调速阀属于（　　）类。

（A）方向控制阀　　　（B）压力控制阀

（C）流量控制阀　　　（D）运动控制阀

63. 造成低速时滑枕有（　　）现象，原因是滑枕润滑不良。

（A）时动时停　　　　（B）爬行

（C）缓动　　　　　　（D）慢动

64. 能够起到程序控制和安全保护作用的液、电信号转换元件是（　　）。

（A）电磁换向阀　　　（B）压力继电器

（C）电液换向阀　　　（D）电、液调速阀

65. 楔键的上表面斜度为（　　）。

（A）1：100　　　　　（B）1：50

（C）1：30　　　　　 （D）1：20

66. 标准圆锥销的锥度为（　　）。

（A）1：10　　　　　 （B）1：20

（C）1：30　　　　　 （D）1：50

67. 渐开线齿轮啮合的主要特点是（　　）。

（A）保持恒定的传动比，具有传动的可分离性

（B）保持恒定的传动比，传动精度高

（C）保持恒定的传动比，传动效率高

（D）传动比大，传动效率高

68. 在需要单向受力的传动机构中，常使用截面形状为（　　）的螺纹。

（A）锯齿形　　　　　（B）三角形

（C）梯形　　　　　　（D）矩形

69. 一般来说，剖分式滑动轴承属于（　　）。

（A）动压滑动轴承　　（B）静压滑动轴承

（C）液体摩擦轴承　　（D）非液体摩擦轴承

70. 滚动轴承上没有注出级别代号，说明此轴承的级别为（　　）级。

（A）C　　（B）D　　（C）E　　（D）G

71. 接触器是一种（　　）。

（A）手动电器式开关

（B）自动电磁式开关

（C）保护电器

（D）行程开关

72. 电动机的转速与电磁转矩的关系称为（　　）。

（A）转差　　　　　　（B）转差率

（C）机械特性　　　　（D）过载能力

73. 运行时，不能自行起动的电动机是（　　）。

（A）交流电动机　　　（B）直流电动机

（C）同步电动机　　　（D）异步电动机

74. 用水平仪或自准直仪，测量表面较长的零件的直线度误差属于（　　）测量法。

（A）直接（B）比较　（C）角差（D）线差

75. 一般来说，机床安装时导轨的精度主要由（　　）来保证。

（A）加工（B）检验　（C）测量（D）调整

76. 由于大型零部件在吊装、摆放时会引起不同程度的变形，所以势必会引起该零部件的（　　）。

（A）尺寸差异　　　　（B）形态变化

（C）位置变化　　　　（D）精度变化

77. 下列限界中，空间利用率最低的是（　　）。

（A）无偏移限界　　　（B）静偏移限界

（C）动偏移限界　　　（D）有偏移限界

78. 渐开线齿形误差常用的测量方法为（　　）。

（A）比较测量法　　　（B）相对测量法

（C）绝对测量法　　　（D）直接测量法

79. 在成对使用的轴承内圈或外圈之间加衬垫，不同厚度的衬垫可得到（　　）。

（A）不同的预紧力　　（B）相同的预紧力

（C）一定的预紧力　　（D）都不对

80. 抱轴瓦与电动机抱轴处采用的是（　　）

连接。

(A) 键　(B) 销　(C) 花键　(D) 螺纹

81. 丝杠回转精度是指丝杆的（　　）。

(A) 径向圆跳动

(B) 轴向窜动

(C) 径向圆跳动和轴向窜动

(D) 都不对

82. 在液压传动装置中，对压力阀的性能要求之一，是压力波动不超过（　　）。

(A) ±0.15×10⁵Pa　(B) ±1.5×10⁵Pa

(C) ±15×10⁵Pa　(D) ±10×10⁵Pa

83. 采用修配法装配时，尺寸链中的各尺寸均按（　　）制造。

(A) 装配精度要求　(B) 经济公差

(C) 修配量　(D) 封闭环公差

84. 牵引电动机的工作特性主要是（　　）。

(A) 速率特性和转矩特性

(B) 调节特性

(C) 平衡特性

(D) 负载特性

85. 从零件表面上切去多余的材料，这一层材料的厚度称为（　　）。

(A) 毛坯　(B) 加工余量

(C) 工序尺寸　(D) 切削用量

86. 机车上空气用量最大的系统是（　　）。

(A) 制动机气路系统　(B) 控制气路系统

(C) 辅助气路系统　(D) 都一样

87. 机车的构架向轮对传递垂向力、纵向力和横向力的主要构件是（　　）。

(A) 端梁　(B) 枕梁

(C) 牵引梁　(D) 侧梁

88. 解决机车在两系弹簧上沉浮振动的方法是（　　）。

(A) 采用较软的二系弹簧和较硬的一系弹簧

(B) 采用较软的一系弹簧和较硬的二系弹簧

(C) 采用均为较硬的一、二系弹簧

(D) 采用均为较软的一、二系弹簧

89. 用来限制车体与转向架之间横向移动量的装置是（　　）。

(A) 牵引杆　(B) 旁承

(C) 侧挡　(D) 牵引销

90. 现行国家标准中，标准公差等级（　　）用于非配合尺寸。

(A) IT01～IT5　(B) IT6～IT10

(C) IT11～IT13　(D) IT12～IT18

91. 选择某种装配方法以保证达到封闭环的精度要求，从而保证装配精度，其中包括装配过程中所采用的测量技术等手段是（　　）。

(A) 求解尺寸链　(B) 选择装配基准

(C) 选择设计基准　(D) 选择加工基准

92. 为细化组织、提高力学性能、改善切削加工性能，对低碳钢零件进行（　　）处理。

(A) 退火　(B) 淬火

(C) 正火　(D) 再结晶退火

93. 齿轮强度计算的主要任务是合理选择材料和热处理方法、恰当地确定参数尺寸，其中主要是确定齿轮的（　　）。

(A) 抗弯强度　(B) 弯曲应力

(C) 模数　(D) 齿数

94. 同一条渐开线上各点的曲率半径（　　）。

(A) 相同　(B) 不相同

(C) 为一常数　(D) 等于零

95. 钻头、丝锥、铰刀等柄式刀具，在磨削加工过程中，应特别注意刀具工作部分与安装基准部分的（　　）。

(A) 圆柱度　(B) 尺寸一致

(C) 同轴度　(D) 圆度

96. 机车库停时间长，再次投入使用时，受电弓升弓风源是（　　）。

(A) 主风缸　(B) 辅助风缸

(C) 控制风缸　(D) 辅助压缩机打风

97. 机车对旅客列车施行电控制动功能的系统是（　　）。

(A) 风源管路系统　(B) 辅助管路系统

(C) 控制管路系统　(D) 制动机系统

98. 在机械传动中，传动轴（　　）作用。

(A) 只传递转矩　(B) 只受弯曲

(C) 受弯曲和扭转　(D) 只受扭转

99. 工序基准、定位基准和测量基准都属于机械加工的（　　）。

（A）粗基准　　　　（B）工艺基准

（C）精基准面　　　（D）设计基准

100. 錾子一般用（　　）锻成，并经淬火处理。

（A）高速钢　　　　（B）硬质合金

（C）碳素工具钢　　（D）弹簧钢

101. 扩孔时的切削速度一般为钻孔时的（　　），进给量为钻孔时的 1.5~2 倍。

（A）1/4　　　　　　（B）1/2

（C）1.5 倍　　　　　（D）2~3 倍

102. 装配时，使用可换垫片、衬条和镶条等消除积累误差，使配合间隙达到要求的方法称为（　　）。

（A）调整法　　　　（B）修配法

（C）选配法　　　　（D）完全互换法

103. 液压泵的工作压力取决于（　　）。

（A）功率　　　　　（B）油液的流量

（C）负载　　　　　（D）油液的流速

104. 作为检查工作样板的校对样板，在制造时，其精度和表面粗糙度与工作样板相比必须（　　）。

（A）高些　（B）相等　（C）低些　（D）一致

105. 只受弯曲作用的轴称为（　　）。

（A）转轴　　　　　（B）心轴

（C）传动轴　　　　（D）万向轴

106. 受弯曲和扭转作用的轴称为（　　）。

（A）转轴　　　　　（B）心轴

（C）传动轴　　　　（D）万向轴

107. 属于体心立方晶格的金属是（　　）。

（A）铝　（B）铜　（C）锌　（D）铬

108. 均衡生产要求（　　）。

（A）绝对地按要求的季节性安排生产

（B）按设备的设计能力安排生产

（C）避免时紧时松

（D）绝对平均地安排生产任务

109. 阻碍铸铁石墨化的是（　　）。

（A）碳　（B）硅　（C）磷　（D）锰

110. 为提高滚动轴承的装配精度，应使前后轴承的径向跳动量最大的方向在同一个（　　）内并位于旋转中心的同侧。

（A）水平面　　　　（B）径向平面

（C）轴向平面　　　（D）垂直面

111. 用划线盘、角尺等工具，使零件上有关的毛坯表面均处于合适位置的工作称为（　　）。

（A）划线（B）找正　（C）借料（D）定位

112. 在轴上零件的定位中，（　　）是轴向定位。

（A）键连接　　　　（B）销连接

（C）过盈配合　　　（D）轴肩定位

113. 为保证带轮在轴上安装的正确性，带轮装在轴上需检查其（　　）是否符合要求。

（A）径向圆跳动量

（B）断面圆跳动量

（C）径向和端面跳动量

（D）径向或端面跳动量

114. 操作（　　）时能戴手套。

（A）钻床　　　　　（B）车床

（C）铣床　　　　　（D）零部件装配

115. 提高导轨耐磨性的方法有导轨镶装、夹布、塑料板、淬硬钢条和（　　）。

（A）修磨　　　　　（B）导轨刮削

（C）导轨淬硬　　　（D）导轨校正

4.3.3 判断题

1. 剖视图、断面图、局部放大图等都是为了清晰地表达零件的形状、结构。（　　）

2. 当平面图形垂直于投影面时，其投影为原平面。（　　）

3. 定位零件无论是经常拆装还是不经常拆装，均应采用过渡配合。（　　）

4. 具有较精密的轴、孔间隙配合时，其配合表面的表面粗糙度 Ra 应不高于 1.6μm。（　　）

5. 对钢进行热处理的目的主要是改善钢的工艺性能和力学性能。（　　）

6. 对某些纯金属或热处理不能提高其强度的金属，可用加工的方法来提高硬度。（　　）

7. 铰孔时发生刃口略有磨损应更换铰刀。（　　）

8. 自制样板或检测器具无需计量鉴定单位鉴定。 （　　）

9. 零件的精密测量一定要使零件和量具都在20℃的情况下进行。 （　　）

10. 车辆采用旁承承载不利于提高车辆抗脱轨的安全性能。 （　　）

11. 摇枕上平面与侧架的间隙≥10mm。摇枕挡与侧架立柱沿摇枕纵向的单侧最小间隙≥8mm。 （　　）

12. 斜楔与侧架磨耗板应接触良好，不允许有垂直贯通间隙，局部间隙不得大于1.5mm（压吨试验时测量），斜楔组装后，开口销劈开部分应朝外侧。 （　　）

13. 转K5、转K4、转K6型转向架心盘螺栓紧固力矩均相同。 （　　）

14. 球面上心盘须检查裂损、平面裂纹、外圈周裂纹、球面磨耗、球面局部剥离深度等项目。 （　　）

15. 控制型转向架摇枕弹簧装置采用两级刚度，每个转向架有10各外圈弹簧和14各内圈弹簧，内簧比外簧低10mm。 （　　）

16. 车辆旁承游隙多小，车辆通过曲线时上、下旁承接触过早，增大了阻力，不利于转向架顺利通过曲线，同时易使转向架偏载而发生热轴故障。 （　　）

17. 转向架采用空气弹簧的优点是在任何载荷之下其工作高度基本不变。 （　　）

18. 客车转向架闸瓦破损会引起制动梁脱落。 （　　）

19. 客车转向架对应弹簧支柱对角线长度超限易引起燃轴事故。 （　　）

20. SW-220K型转向架轴向定位装置为单转臂无磨耗弹性定位，定位转臂为550mm。 （　　）

21. 抗侧滚扭杆对车辆的垂直振动、横摆运动及摇头运动不起作用。 （　　）

22. 电控制动是以电磁力为制动动力的制动方式。 （　　）

23. MX-1型和MX-2型橡胶缓冲器的优点之一是低温缓冲性能较好。 （　　）

24. 货车车辆制动必须安装空重车位调节装置。 （　　）

25. 制动缸活塞推力随活塞行程增大而增大。 （　　）

26. 车钩钩碗外胀变形超限未予调修会使车辆通过曲线时自动脱钩。 （　　）

27. 货车轴承压装前，应检查轴承密封罩位置，密封装置A面不得高于外圈断面。 （　　）

28. 凡组装的提速轮轴，须在轮轴左端标志板D栏原有内容后面刻打"T"字标记，字高为5mm。 （　　）

29. 密封座与轴颈之间过盈量和轴承内圈与轴颈之间过盈量不相同。 （　　）

30. 防尘板座存在的纵向划痕深度不大于1.5mm或擦伤、凹痕总面积不大于$40mm^2$，深度不大于1.0mm时，均可清除毛刺后使用。 （　　）

31. 机车牵引列车锁消耗的功率等于列车质量乘以列车速度。 （　　）

32. 轮对内侧距离比规定的最小内侧距离小，可旋削轮辋内侧面调整。 （　　）

33. 车辆滚动轴承使用寿命与毛坯锻造及其热处理工艺有着密切的关系。 （　　）

34. NJ3226X1和NJP226X型滚动轴承的区别仅在于内圈不同。 （　　）

35. 铁路上的轨距是指两根钢轨中心线之间的距离。 （　　）

36. 制动力是钢轨作用于车轮的外力。 （　　）

37. 由于盘形制动的摩擦系数曲线与制动黏着系数曲线随速度变化的规律相似，所以盘形制动能充分地利用轮轨间的黏着系数。 （　　）

38. 滚动轴承的游隙分径向游隙和轴箱游隙。 （　　）

39. 手制动装置是利用人力操纵使闸铁直接压在钢轨上产生制动力的。 （　　）

40. 法兰接头紧固后不得出现不均匀的间隙。 （　　）

41. 产品质量在很大程度上取决于产品的组装程序和装配方法。 （　　）

42.《安全生产法》是我国生产经营单位及从业人员实现安全生产必须遵循的行为准则。（　　）

43. 客车经厂修后，各部技术质量应恢复到新造车水平。（　　）

44. 列车的减速力包括列车制动力与列车运行阻力两部分。（　　）

45. 客车转向架用圆柱滚子轴承的特点之一是轴向游隙比较大。（　　）

46. 滚动轴承选配：当轴承的旋转精度要求较高时，应采用较紧的配合，以借助于过盈量来减小轴承的原始游隙，提高轴承的旋转精度。（　　）

47. 轮对组装时轮位差超限易引起车辆燃轴和脱轨。（　　）

48. 链式手制动机主要用在客车上。（　　）

49. 根据组织转变的特点及室温组织不同，铁碳合金可分为钢及白铁。（　　）

50. 货车轴承关盖作业时，标志板的左端、右端须分别安装在轮轴的左端、右端，且左端轴号与轴端标记相同。（　　）

51. 为了使零件具有完全互换性，必须使各零件的几何尺寸完全一致。（　　）

52. 配制环氧树脂胶黏剂时，为了便于浇注，而且由于固化剂毒性较大，并有刺激性气味，所以固化剂只能在粘接前加入。（　　）

53. 环氧树脂具有粘接强度高、零件不会发生变形、便于模具修理等优点，所以在模具装配中应用最广泛。（　　）

54. 一般选用装配尺寸链的公共环作补偿件。（　　）

55. 铸铁的切削加工性能比钢差，所以切削小型、快冷的铸铁零件毛坯容易崩刃。（　　）

56. 高速旋转下的轴承不能采用滑动轴承。（　　）

57. 高速机械在开始工作前应预先进行油循环润滑。（　　）

58. 铜件和铸铁件都可以采用磨削加工提高表面粗糙度。（　　）

59. 工件在加工中产生的热变形，是影响加工精度的主要因素。（　　）

60. 精密夹具装配后一般要进行振动、刚性和被加工工件的精度测量。（　　）

61. 机车轮对轴箱内的滚动轴承最主要的失效形式是疲劳点蚀。（　　）

62. V带截面规格型号是O、A、B、C、D、E、F，其中O最大，F最小。（　　）

63. 油的黏度越大，其润滑作用越好。（　　）

64. 铁、镍、钴是铁磁性材料，具有导磁性能，能被磁铁吸引，可用来制造各种磁铁。（　　）

65. 机车装配时，抱轴箱内的刮瓦量越大，越利于形成油膜，便于润滑。（　　）

66. 高碳钢比低碳钢更适合于作吊具材料。（　　）

67. 环氧树脂胶黏剂中的二丁酯毒性较大，所以使用时应在通风良好的条件下，戴上乳胶手套进行操作。（　　）

68. 机车加装轮轨润滑装置可以延长轮缘使用寿命。（　　）

69. 灰铸铁和球墨铸铁都是很好的研磨材料。（　　）

70. 钻骑缝孔时，如果两件的材料软硬不同，起钻时，钻头应向材质硬的工件一边偏。（　　）

71. 工件钻孔时，为了安全着想，最好是戴手套操作。（　　）

72. 轴在机械中，能传递运动和动力。（　　）

73. 越是高速的机车，越要求同一台车的轮径差越小。（　　）

74. 机车走行部分的横向油压减振器主要用于减弱机车在运行中产生侧滚、摇摆的不良运动。（　　）

75. 凸轮机构中，把凸轮曲线的最大压力角控制在许用范围内来确定凸轮的最小半径。（　　）

76. 液压系统中，调速阀用以保证油压恒定，并与负载变化有关。（　　）

77. 一般结构钢钻孔时，若以冷却为主，应选用3%~5%的乳化液为切削液。（　　）

78. 在高强度材料上钻孔时，要求润滑膜有足够的强度，应选用二硫化钼液。（　　）

79. 在塑性、韧性材料上钻孔时，应加强润滑

作用，在切削液中加入动物油或矿物油。（　　）

80. 鉴别金属材料的类别最准确的方法是火花鉴别法。（　　）

81. 机车车体与转向架之间安装橡胶堆，是为了减弱机车的振动。（　　）

82. 机车上减振装置的刚度越小，减振效果越好。（　　）

83. 机车轴箱组装时，如果轮对轴端不清洁，应用棉纱浸油清洗。（　　）

84. 用百分表可以检测出机车大、小齿轮的齿侧隙。（　　）

85. 机车电动机小齿轮与轴的接触面积小，会造成小齿轮弛缓。（　　）

86. 机车电动机小齿轮热套深度小，会造成小齿轮弛缓。（　　）

87. 机车电动机小齿轮热套过盈量大，会造成小齿轮弛缓。（　　）

88. 机车制动器紧急制动，易造成电动机小齿轮弛缓。（　　）

89. 机车长期运行后，电动机小齿轮主要的失效形式是疲劳磨损。（　　）

90. 加工分离式变速箱的轴承孔，必须将箱体对合装配在一起后再进行。（　　）

91. KPI（关键绩效指标）是衡量过程表现的指标，设定 KPI 应依据 SMART 原则。IRIS 标准中规定限制性 KPI7 个，推荐性 KPI8 个。（　　）

92. 更换三通阀、缓解阀、闸瓦托和制动梁拉杆时，应排出制动缸及副风缸内残余气体。（　　）

93. 机车空气管路制动系统中，控制风缸规定的风压为 5kPa。（　　）

94. 撬棍的材质不是铸铁制品，而是淬火钢材。（　　）

95. 扁铲、尖铲、錾子和样冲的锤击面可以淬火，不准有飞边、卷刺。（　　）

96. 机车车体采用张拉蒙皮新工艺，使车体的表面不平度大大降低，改善了机车的外观质量。（　　）

97. 套螺纹作业时，应使用配套的铰杠和板牙架，不准以大代小。（　　）

98. 使用力矩扳手紧固螺栓时手可以握在任意位置。（　　）

99. 使用力矩扳手时，用力方向为垂直方向紧固（保持在±15°以内）。（　　）

100. 使用定力矩扳手紧固螺栓时，出现一次"咔嚓"声后，如感觉不可靠，可再次进行紧固。（　　）

101. 机车手制动率应大于 20%（按铸铁闸瓦计算）。（　　）

102. 螺栓涂抹防松剂前螺纹部位不能附着油脂，但有水滴不影响。（　　）

103. 螺纹连接拆卸后重新安装前必须将原防松剂清理干净后再涂防松剂。（　　）

104. 叉口扳手对边距离的磨损，与螺栓间的晃动加大，不仅仅有很容易滑落的危险，还会损坏螺栓头的角部。（　　）

105. 弹性挡圈按功用通常可分为两大类：一类是轴用弹性挡圈；另一类是孔用弹性挡圈。（　　）

106. 滚动轴承安装前不用转动检查安装面及滚动体，直接安装。（　　）

107. 机车车轴采用高强度合金钢铸造而成。（　　）

108. 机车车轴的圆弧部分和轮座处的表面要进行滚压强化处理。（　　）

109. 冷装轴承时，不能用铁锤敲打，可以使用铜锤或橡胶锤。（　　）

110. 机车轮箍由轮箍钢轧制而成。（　　）

111. 机车轮芯与车轴装配可以采用加热法装配。（　　）

112. 机车轮芯与车轴装配可以采用注油压装。（　　）

113. 各车型机车轮芯与车轴注油压装的油压是相同的。（　　）

114. 机车轮芯和轮箍间放置扣环是防止轮箍弛缓时外窜，以确保机车安全。（　　）

115. 机车轮对电阻检验不应超过 0.01Ω。（　　）

116. 机车轮箍同一轮对两滚动圆直径之差不得大于 2mm。（　　）

117. 机车轮箍内侧距离之差不得大于 1mm。
（　　　）

118. 机车轮对电动机空转试验时轴箱体上部外表中间处温升不超过 40℃。（　　　）

119. 装配时必须使用符合要求的紧固件进行紧固。（　　　）

120. 如果零件要安装在规定的位置上，那就必须在零件上做记号，且安装时还必须根据标记进行装配。（　　　）

121. 机车减振弹簧表面喷丸强化处理，目的是提高疲劳强度。（　　　）

122. 作为淬火剂，使用纯净水比普通水的淬火效果好。（　　　）

123. 机车手制动装置装配链条时，要求下垂度要适当，过紧过松都会对手制动装置造成不良影响。（　　　）

124. 切削脆性材料比切削塑性材料易产生积屑瘤。（　　　）

125. 碳素工具钢和合金工具钢的优点是耐热性好、抗弯强度高、价格便宜等。（　　　）

126. 液压系统中所使用的控制阀，按其用途与工作特点，一般可以分为压力控制阀和方向控制阀二大类。（　　　）

127. 弹簧垫圈防松属于附加摩擦力矩防松。
（　　　）

128. 决定加工余量大小的基本原则是在保证加工质量的前提下，尽量减少余量。（　　　）

129. 用定向装配法可使装配后的主轴径向圆跳动误差小于主轴轴颈与轴承内外圈各自的径向圆跳动误差。（　　　）

130. 用卡规测量轴颈时，过端通过，止端通不过，则这个轴是合格的。（　　　）

131. 一般划线精度可达 0.25~0.5mm。（　　　）

132. 錾削时形成的角度有前角（r_o）、后角（α_o）和楔角（β_0），三角之和为 90°。（　　　）

133. 在使用手提式泡沫灭火器时，一手提环，另一手抓筒的底边，把灭火器颠倒过来，轻轻抖动几下，泡沫便会喷出。（　　　）

134. 从业者从事职业的态度是价值观、道德观的具体表现。（　　　）

135. 选配装配法可分为：间隙选配法、过盈选配法、过渡选配法。（　　　）

136. 表示装配单元的加工先后顺序的图称为装配单元系统图。（　　　）

137. 采用量块移动坐标钻孔的方法加工孔距精度要求较高的孔时，应以两个互相垂直的加工面作为基准。（　　　）

138. 錾子顶端略成球形，使锤击时作用力容易通过錾子中心使錾削平稳。（　　　）

139. 零件的实际尺寸位于给定的两个极限尺寸之间，则零件的该尺寸为合格。（　　　）

140. 评定直线度误差，采用两端点连线法得到的误差值一定大于或等于采用最小区域法得到的误差值。（　　　）

141. 构件是加工制造的单元，零件是运动的单元。（　　　）

142. 齿轮基节仪是用相对测量法测量齿轮基节误差的一种量仪。（　　　）

143. 采用机床自身加工夹具零件，是制造精密夹具的方法之一。（　　　）

144. 量具和量仪的精度指标，应与夹具的测量精度相适应。（　　　）

145. 万能工具显微镜能精确测量螺纹的各要素和轮廓形状复杂工件的形状。（　　　）

146. 普通低合金结构钢因碳合金元素的含量低、塑性较好，故冷冲、冷弯和焊接性能较好。
（　　　）

147. 当铆钉直径在 12mm 以上时，一般都采用热铆。（　　　）

4.3.4 问答题

1. 液压系统的控制阀根据用途分哪三类？为什么调速阀比节流阀的调速性能好？

2. 什么叫平面连杆机构的死点位置？用什么办法克服平面连杆机构的死点位置？定轴轮系主要有哪些功用？

3. 什么是测量误差？什么是系统误差、随机误差及粗大误差？

4. 合金调质钢的性能特点与用途有哪些?

5. 设备改造（精化）的目的是什么?

6. 什么是单晶体、多晶体、晶粒和晶界?

7. 什么是滑移? 金属滑移的实质是什么?

8. 常用的回火工艺有哪几种? 简述它们各自的用途。

9. 为什么合像水平仪比框式水平仪的测量范围大、精度高?

10. 标准麻花钻主要存在哪些缺点? 会对切削产生什么影响?

11. 机械加工工艺规程有哪几方面的作用?

12. 对零件结构工艺性有哪些基本要求?

13. 什么是齿轮泵的困油现象?

14. 和普通机床相比, 用数控机床进行零件加工有什么好处?

15. 为什么可倾瓦轴承有更好的稳定性?

16. 什么是转子的自定心作用?

17. 什么是全面质量管理?

18. 什么情况下需要做首件检验?

19. 内燃机工作时的冷却为什么不是越冷越好?

20. 如何提高数控机床的加工效率?

21. 离心泵在运转过程中, 压头降低的主要原因有哪些?

22. 采用夹具装夹工件有何优点?

23. 设备完好的标准通则主要有哪些?

24. 什么是工步?

25. 按照基准统一原则选用精基准有何优点?

26. 确定夹紧力方向应遵循哪些原则?

27. 影响钢丝绳使用寿命的因素有哪些?

28. 什么是增环和减环?

29. 难加工材料的铣削特点主要表现在哪些方面?

30. 工序与工步有什么区别?

31. 手工弯管有几个工步? 应分别注意哪些事项?

32. 简述铣削难加工材料时应采取哪些改善措施?

33. 什么是金属切削过程?

34. 什么是六点定位?

35. 什么是定位误差?

36. 加工中可能产生误差的有哪些个方面?

37. 什么叫重复定位?

38. 工艺分析的重要意义是什么?

39. 设备点检时, 必须做好哪些环节的工作?

40. 在设备管理过程中应采取哪些措施, 才能预防设备事故的发生?

41. 铣削工艺分析包括哪些内容?

42. 必须具备哪些条件才能应用伯努利方程解决实际问题?

43. 叶片泵零件修换原则是什么?

44. 液压缸工作时出现漏油现象的原因是什么? 怎样解决?

45. 为什么有些液压系统要有保压回路?

46. 改进工夹具有哪几个主要原则?

47. 数控机床操作人员掌握工艺处理知识有什么意义?

48. 工艺准备工作包括哪些主要内容? 为什么说分析零件图是工艺准备工作的首要内容?

49. 制定加工方案的一般原则是什么?

50. 简述汽水分离器的动作原理?

51. 什么是工作角度?

52. 后角对切削性能有什么影响?

53. 切削层变形的实质是什么?

54. 什么是积屑瘤?

55. 切削力是怎样产生的?

56. 什么是磨削过程中的切削、刻划、抛光作用?

57. 什么是自锁现象?

58. 什么叫粗、精加工分开, 它有什么优点?

59. 造成主轴回转误差的因素有哪些?

60. 刀具切削部分的材料包括什么?

61. 切削用量对切削温度各有什么影响?

62. 什么叫工艺尺寸链?

63. 用什么办法克服平面连杆机构的死点位置? 试举两例说明。

64. 齿轮轮齿的失效形式有哪几种? 齿轮常用的材料有哪几种?

65. 变位齿轮与标准齿轮相比较, 其齿顶圆、齿根圆、齿根厚及齿顶有何变化?

66. 为什么普通 V 带轮的轮槽角必须略小于 40°？

67. 矫正结构件变形的要领有哪些？

68. 铣削加工工序顺序的安排原则是什么？

69. 何为原理误差？有原理误差的加工方法为什么还能得到应用？

4.3.5 计算题

1. 如图 4-1 所示，某车床进行圆轴的切削工作。车床电动机的功率 $P = 7\text{kW}$，电动机通过传动带带动主轴箱，摩擦等损耗的功率是输入功率的 30%，如果工件直径 $D = 100\text{mm}$，主轴转速 $n = 120\text{r/min}$，问此时车刀的切削力 F_c 有多大？

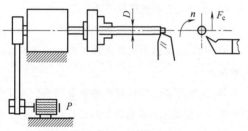

图 4-1 计算题 1

2. 在某液压系统中，工作阻力 $F = 15\text{kN}$，活塞有效面积 $A = 63.6\text{cm}^2$，要求活塞的快速运动速度 $v = 3\text{m/min}$。试确定液压泵的工作压力 P、溢流阀的调整压力（系统复杂）和液压泵的输出流量 q。

3. 如图 4-2 所示，在单出杆活塞式液压缸中，已知缸体内径 $D = 125\text{mm}$，活塞杆直径 $d = 70\text{mm}$ 活塞向右运动的速度 $v = 0.1\text{m/s}$，求进入液压缸的流量 q_1 和排出液压缸的流量 q_2 各为多少？

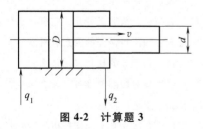

图 4-2 计算题 3

4. 有一台三相异步电动机，极数为 4，其额定频率为 50Hz，试求该电动机的同步转速。如果该电动机在额定负载运行下的转差率为 0.05，求该电动机的额定转速。

5. 对于简单液压系统，假定液压泵在额定流量

Q_e 为 $4.17 \times 10^{-4}\text{m}^3/\text{s}$，额定压力 p_e 为 $2.5 \times 10^6\text{Pa}$ 时工作。差动缸活塞面积 $A_1 = 0.005\text{m}^2$，活塞杆面积 $A_3 = 0.001\text{m}^2$，试求换向阀处于左、中、右位置时，活塞运动速度大小及方向。能克服多大的负载？

6. 如图 4-3 所示的铰车鼓轮轴，直齿轮所受圆周力 $F_t = 5000\text{N}$，齿轮分度圆直径 $d = 300\text{mm}$，鼓轮直径 $d_1 = 100\text{mm}$，试求起重载荷 G 的值。

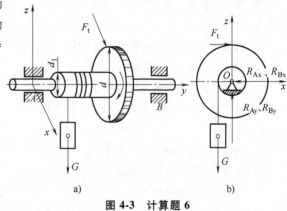

图 4-3 计算题 6

4.3.6 综合题

1. 钢中常存的杂质有哪些？它们对钢的性能各有什么影响？

2. 什么叫剖视图？常用的有哪几种？

3. 装配调整法有什么特点？

4. 钻销直径为 3mm 的小孔时，必须掌握哪些要点？

5. 标准群钻的结构有什么特点？

6. 装配工艺规程必须具备哪些内容？

7. 简述液压传动系统爬行的产生原因？

8. 液体动压润滑必须同时具备哪些条件才能形成？

9. 铰链四杆机构中，要满足哪些条件才有曲柄存在？

10. 轴有何功用？分哪几类？

11. 紧键连接和松键连接各有何应用特点？各包括哪些种类？

12. 全压起动时，电流过大会产生什么后果？

第 5 章

Chapter **5**

职业道德试题

☺ 学习目标：

熟悉职业道德基础概念和知识。

5.1 选择题

1. 下面有关职业的认识正确的是（　　）。

（A）职业就是人们从事的工作

（B）职业就是人们从事的有收入的工作

（C）职业就是人们从事的比较稳定的有合法收入的工作

（D）职业是人们从事的合法活动

2. 乌申斯基说劳动是一个人在体格、智慧和道德上臻于完善的源泉，这说明（　　）。

（A）职业能满足个人谋生的需求

（B）职业具有不断促进个人自我完善的作用

（C）职业是劳动者为社会做贡献的途径

（D）职业是实现生活理想的途径

3. 任何职业劳动都能得到一定的现金或实物回报，这说明职业具有（　　）的特征。

（A）社会性　　　　（B）时代性

（C）有偿性　　　　（D）规范性

4. 现代社会职业分工越来越细、越来越专，社会对职业的专业技术水平要求越来越高，这说明职业发展具有（　　）的特点。

（A）职业的专业化　（B）职业的智能化

（C）职业的复合型　（D）职业的创新型

5. 职业道德的基本职能是（　　）。

（A）行业职能　　　（B）调节职能

（C）个人职能　　　（D）社会职能

6. 社会主义职业道德的根本任务是（　　）。

（A）服务于社会主义事业

（B）维护本行业、本企业的利益

（C）保住自己的饭碗

（D）增强企业的竞争力

7. 职业道德与人们的职业紧密相关，一定的职业道德规则只适用于特定的职业活动领域，这说明职业道德具有（　　）的特点。

（A）实用性　　　　（B）时代性

（C）行业性　　　　（D）广泛性

8. 职业道德的内容不包括（　　）。

（A）职业道德意识

（B）职业道德行为

（C）从业者享有的权利

（D）职业守则

9. 强化职业责任是（　　）职业道德规范的

具体要求。

（A）团结协作　　（B）诚实守信

（C）勤劳节俭　　（D）爱岗敬业

10. 爱岗敬业就是对从业人员（　　）的首要要求。

（A）工作态度　　（B）工作精神

（C）工作能力　　（D）以上均可

11. "办事公道"是指职业人员在进行职业活动时要做到（　　）。

（A）原则至上、不徇私情、举贤任能、不避亲疏

（B）奉献社会、襟怀坦荡、待人热情、勤俭持家

（C）坚持真理、公私分明、公平公正、光明磊落

（D）牺牲自我、助人为乐、邻里和睦、正大光明

12. 职业素质的灵魂是（　　）

（A）思想政治素质　　（B）职业道德素质

（C）专业技能素质　　（D）身心健康素质

13. （　　）是从业的基本功，是职业素质的核心内容。

（A）科学文化素质　　（B）专业技能素质

（C）职业道德素质　　（D）身心健康素质

14. 职业兴趣的形成，一般要经历（　　）个阶段。

（A）二　（B）三　（C）四　（D）五

15. 下面哪个例子不是职业兴趣的表现（　　）。

（A）某位学生痴迷电子游戏

（B）化学家诺贝尔冒着生命危险研制炸药

（C）水稻杂交之父袁隆平风餐露宿，几十年如一日研究水稻生产

（D）生物学家达尔文如痴如醉捕捉甲虫

16. 职业兴趣是指一个人积极地认识、接触和掌握某种职业的（　　）。

（A）能力　　　　　（B）动机

（C）心理倾向　　　（D）感觉

17. 托尔斯泰说理想是指路明灯，没有理想，就没有坚定的方向。这说明职业理想具有（　　）。

（A）对职业选择的导向作用

（B）对职业追求的推动作用

（C）对职业成功的支撑作用

（D）对职业发展的决定作用

18. 在各种人生理想中，（　　）占据着中心位置，决定和制约着人们的其他理想。

（A）社会理想　　　（B）道德理想

（C）职业理想　　　（D）生活理想

19. Super（萨珀）将人生职业生涯发展划分为（　　）个阶段。

（A）四　（B）五　（C）六　（D）三

20. SWOT分析法中的"S"是指（　　）

（A）优势　　　　　（B）劣势

（C）机遇　　　　　（D）威胁

21. 《中华人民共和国劳动法》的基本立法宗旨是保护（　　）的合法权益。

（A）职工　　　　　（B）用人单位

（C）劳动者　　　　（D）公民

22. 劳动者对用人单位管理人员违章指挥（　　）有权拒绝执行。

（A）强迫进行劳动　　（B）强令冒险作业

（C）强迫延长工时　　（D）强迫加班加点

23. 劳动者在（　　）等情况下，可以依法获得物质帮助。

（A）年老、伤病、待业、退职、生育

（B）退休、离职、工伤、失业

（C）年老、患病、工伤、失业、生育

（D）退休、待业、离职、伤病

24. 劳动争议当事人对仲裁裁决不服时，可以自收到仲裁裁决书之日起十五日内向（　　）。

（A）上级仲裁机构申诉

（B）公安机关申诉

（C）人民检察院申诉

（D）人民法院提起诉讼

25. 劳动合同是劳动者与用人单位（　　）、明确双方权利和义务的协议。

（A）调整劳动关系　　（B）建立劳动关系

（C）确立劳动关系　　（D）保护劳动关系

26. 劳动合同期满或（　　），劳动合同即行终止。

（A）当事人约定的劳动合同终止条件出现

（B）用人单位认为劳动者不符合岗位要求

（C）当事人一方提出解除劳动合同

（D）当事人经协商同意解除劳动合同

27. 劳动者解除劳动合同，应当提前（　　）形式通知用人单位。

（A）15 日以书面　　（B）30 日以书面

（C）30 日以口头　　（D）15 日以口头

28. 职工个人与企业订立的劳动合同中劳动关系和劳动标准不得（　　）集体合同的规定。

（A）低于（B）高于（C）等于（D）违反

29. 忠于职守就是要求把自己（　　）的工作做好。

（A）道德范围内　　（B）职业范围内

（C）生活范围内　　（D）社会范围内

30. 遵守法律法规要求（　　）。

（A）积极工作

（B）加强劳动协作

（C）自觉加班

（D）遵守安全操作规程

31. 具有高度责任心应做到（　　）。

（A）忠于职守、精益求精

（B）不徇私情、不谋私利

（C）光明磊落、表里如一

（D）方便群众、注重形象

32. 不爱护设备的做法是（　　）。

（A）保持设备清洁

（B）正确使用设备

（C）自己修理设备

（D）及时保养设备

33. 每一种职业都有相应的技术规范要求，因此在从事某一种职业前，必须进行专业知识教育、专门的技术技能或操作规程的训练，这说明职业具有（　　）的特征。

（A）专业性　　　　（B）社会性

（C）技术性　　　　（D）规范性

34. 职业道德体现了（　　）。

（A）从业者对所从事职业的态度

（B）从业者的工资收入

（C）从业者享有的权利

（D）从业者的工作计划

35. （　　）是为人民服务这一职业道德核心在职业生活中的具体化。

（A）爱岗敬业　　　（B）诚实守信

（C）办事公道　　　（D）服务群众

5.2 判断题

1. 职业就是我们通常说的工作岗位。（　　）

2. 职业道德是社会道德在职业行为和职业关系中的具体体现。（　　）

3. 职业道德是理论推导的产物。（　　）

4. 无私奉献精神作为一种道德追求，不可能与市场经济的特点相容。（　　）

5. "忠于职守"就是要求把自己职业范围内的工作做好。（　　）

6. 职业态度是人们对待自己职业的看法和行为表现。（　　）

7. 素质包括身体素质和心理素质。（　　）

8. 在没有兴趣的地方耕种，不会有收获。（　　）

9. 只有满足了个人的爱好、兴趣，才能树立起对职业的热爱。（　　）

10. 理想虽然超越现实，但根植于现实的沃土，有其实现的可行性。（　　）

11. 理想与空想无异，都是不着边际的胡思乱想。（　　）

12. 女工陈某有一未满周岁的小孩需哺乳，车间主任安排她上夜班，这种行为是可以的。（　　）

13. 用人单位对从事有职业危害作业的劳动者应当定期进行健康检查。（　　）

14. 劳动合同的无效由劳动争议调解委员会确认。（　　）

15. 劳动合同可以约定试用期，试用期最长不得超过 3 个月。（　　）

16. 从业者必须具备遵纪守法、廉洁奉公的道德品质。（　　）

17. 工作场地的合理布局，有利于提高劳动生产率。 （　　）

18. 工具、卡具、刀具、量具要放在工作台上。 （　　）

19. 职业既是人们谋生的手段，又是人们与社会进行交往的一种主要渠道。 （　　）

20. 收废品、二手汽车买卖是职业活动。 （　　）

21. 职业道德是长期以来自然形成的，具有发展的历史继承性。 （　　）

22. 职业道德没有确定的形式，通常体现为观念、习惯、信念等。 （　　）

23. 遵纪守法、廉洁奉公是每个从业者应具备的道德品质。 （　　）

24. 素质可分为生理素质、心理素质和社会文化素质 3 个方面。 （　　）

25. 职业素质具有专业性、稳定性、内在性等特征。 （　　）

26. 人的职业兴趣并不是生来就有的，而是在家庭、学校和社会的影响下，通过对职业的接触、了解、认识而逐渐形成的。 （　　）

27. 职业兴趣可影响职业定向和职业选择。 （　　）

28. 理想可分为社会理想、道德理想、生活理想和职业理想等。 （　　）

29. 某厂安排钳工吴某在休息日加班一天，第三天安排吴某放假一天，不发给加班工资，这种行为是合理的。 （　　）

30. 现阶段，由于我国劳动力数量过剩，所以劳动者没有选择用人单位的权利。 （　　）

31. 从业者要遵守国家法纪，但不必遵守安全操作规程。 （　　）

参 考 答 案

初级工试题答案

选择题答案

1. A	2. C	3. D	4. A	5. B	6. B	7. B	8. C	9. C	10. A
11. D	12. A	13. A	14. C	15. D	16. C	17. A	18. B	19. B	20. B
21. A	22. B	23. B	24. B	25. A	26. A	27. C	28. A	29. C	30. D
31. C	32. B	33. A	34. C	35. C	36. D	37. A	38. D	39. A	40. A
41. A	42. B	43. C	44. D	45. B	46. B	47. A	48. D	49. C	50. A
51. B	52. D	53. D	54. D	55. C	56. C	57. C	58. C	59. A	60. B
61. C	62. A	63. D	64. C	65. A	66. C	67. C	68. B	69. B	70. D
71. B	72. B	73. C	74. B	75. C	76. C	77. A	78. A	79. B	80. C
81. B	82. C	83. A	84. C	85. C	86. D	87. C	88. D	89. B	90. C
91. A	92. C	93. B	94. C	95. A	96. C	97. C	98. C	99. D	100. A
101. B	102. A	103. D	104. D	105. B	106. D	107. B	108. C	109. A	110. C
111. D	112. C	113. B	114. A	115. C	116. C	117. A	118. A	119. B	120. A
121. A	122. B	123. B	124. C	125. B	126. D	127. B	128. B	129. C	130. C
131. B	132. C	133. A	134. B	135. C	136. C	137. A	138. A	139. C	140. A
141. B	142. C	143. B	144. A	145. C	146. A	147. B	148. D	149. A	150. C
151. C									

判断题答案

1. ×	2. ×	3. √	4. ×	5. ×	6. √	7. √	8. ×	9. ×	10. ×
11. √	12. √	13. √	14. √	15. √	16. √	17. ×	18. ×	19. √	20. √
21. ×	22. ×	23. ×	24. ×	25. √	26. √	27. √	28. √	29. ×	30. √
31. √	32. ×	33. ×	34. √	35. √	36. ×	37. √	38. √	39. √	40. √
41. ×	42. ×	43. √	44. √	45. √	46. √	47. √	48. √	49. √	50. √
51. √	52. ×	53. ×	54. √	55. √	56. √	57. √	58. √	59. ×	60. ×
61. ×	62. √	63. √	64. √	65. √	66. √	67. ×	68. √	69. ×	70. ×
71. √	72. √	73. ×	74. ×	75. √	76. √	77. ×	78. √	79. ×	80. √

81. × 82. √ 83. √ 84. √ 85. √ 86. × 87. √ 88. × 89. × 90. ×

91. × 92. √ 93. × 94. √ 95. × 96. √ 97. √ 98. √ 99. × 100. ×

101. × 102. × 103. √ 104. √ 105. √ 106. √ 107. √ 108. √ 109. √

110. √ 111. √ 112. √ 113. × 114. √ 115. √ 116. × 117. √ 118. √

119. √ 120. √

中级工试题答案

选择题答案

1. B 2. A 3. B 4. A 5. D 6. C 7. B 8. A 9. A 10. A

11. B 12. D 13. C 14. A 15. B 16. A 17. A 18. B 19. C 20. C

21. A 22. C 23. C 24. B 25. B 26. B 27. A 28. C 29. A 30. A

31. C 32. B 33. A 34. D 35. B 36. C 37. A 38. D 39. B 40. A

41. C 42. A 43. D 44. A 45. A 46. C 47. C 48. C 49. A 50. A

51. B 52. A 53. A 54. A 55. D 56. D 57. B 58. A 59. A 60. D

61. C 62. B 63. B 64. B 65. D 66. D 67. B 68. A 69. B 70. D

71. A 72. C 73. C 74. C 75. B 76. A 77. B 78. B 79. B 80. A

81. A 82. A 83. A 84. A 85. B 86. D 87. D 88. A 89. B 90. C

91. C 92. D 93. B 94. D 95. C 96. B 97. A 98. C 99. C 100. A

101. C 102. B 103. B 104. C 105. B 106. C

判断题答案

1. √ 2. × 3. × 4. √ 5. × 6. √ 7. √ 8. × 9. √ 10. √

11. √ 12. × 13. √ 14. √ 15. × 16. √ 17. √ 18. × 19. √ 20. √

21. × 22. √ 23. √ 24. √ 25. √ 26. √ 27. × 28. √ 29. √ 30. √

31. √ 32. × 33. × 34. × 35. × 36. √ 37. √ 38. × 39. × 40. √

41. √ 42. √ 43. × 44. × 45. √ 46. × 47. × 48. √ 49. √ 50. √

51. √ 52. × 53. √ 54. √ 55. √ 56. √ 57. √ 58. √ 59. × 60. √

61. × 62. × 63. √ 64. √ 65. √ 66. √ 67. √ 68. √ 69. √ 70. ×

71. × 72. √ 73. √ 74. × 75. √ 76. √ 77. × 78. √ 79. √ 80. ×

81. × 82. × 83. √ 84. √ 85. √ 86. × 87. √ 88. × 89. × 90. ×

91. √ 92. √ 93. × 94. × 95. × 96. √ 97. × 98. √ 99. √

100. √ 101. × 102. √ 103. √ 104. × 105. × 106. √ 107. √ 108. ×

109. √ 110. √ 111. √ 112. √ 113. × 114. × 115. × 116. × 117. √

118. × 119. √ 120. √ 121. × 122. √ 123. × 124. √ 125. √ 126. ×

127. √　128. √　129. √　130. √　131. √　132. √　133. √　134. ×　135. ×

高级工试题答案

填空题答案

1. 内部结构　2. 移出断面　3. 20　4. 马氏体　5. α-Fe　6. 工艺基准　7. 自身的准确度　8. 形状位置偏差　9. 25°±1°　10. 扭转、剪切　11. 1　12. 相对摩擦系数　13. 两轮缘磨耗严重　14. 横向位移　15. 样板或专用测量器　16. 底架　17. 活塞　18. 弯曲或磨耗　19. 阻抗　20. 滑行　21. 微控客车单车试验器　22. 60%　23. 热切　24. 5　25. 踏面　26. 轴向压缩量　27. 1353±2　28. 3　29. 油膜层　30. 3点　31. 轴承发热　32. 196kN～392kN　33. 闸瓦间隙　34. 运动状态　35. 14%～22%　36. 0.8～1.5　37. 正　38. 越好　39. 挤压　40. 厚度　41. 抗侧滚扭杆　42. 1：8　43. 车辆顶部　44. 全轴超声波穿透　45. 0～12　46. 22　47. 强度　48. 向心　49. 径向　50. 重迭系数 $\varepsilon > 1$　51. 硬度　52. 韧性　53. 串联电阻降压起动　54. 0.001～0.005　55. 电弧焊　56. 综合　57. 偏心距　58. 完全互换法　59. 负　60. 负　61. 工作性能　62. 辐板箱形　63. 体悬式　64. 密封容积　65. 稳压　66. 二通阀　67. 运动速度　68. 磨损　69. 传动轴 70. 机械能　71. 化学能　72. 角度　73. 工作精度　74. 直线　75. 自动　76. 互换　77. 集中　78. 机械阻力　79. 数字控制技术　80. 数字化　81. 语义正确　82. 手擦　83. 基本单元　84. 右手笛卡儿　85. 1000N·s/cm　86. 1000N·s/cm　87. 控制气路　88. 退火　89. 链与链条　90. 旋转　91. 平稳状态　92. 光线基准　93. 互相垂直　94. 阶段制动　95. 制动率　96. 制动距离　97. 大闸　98. 10000kW　99. 液压减振器　100. 一　101. 动力集中式　102. 整数倍　103. 约束膜式　104. 轮心　105. 感应电流

选择题答案

1. A	2. B	3. D	4. C	5. D	6. D	7. A	8. B	9. B	10. D
11. C	12. D	13. D	14. A	15. B	16. A	17. C	18. D	19. D	20. B
21. A	22. C	23. C	24. A	25. C	26. C	27. C	28. C	29. C	30. B
31. C	32. A	33. C	34. D	35. B	36. C	37. D	38. C	39. B	40. A
41. C	42. C	43. B	44. C	45. B	46. C	47. D	48. C	49. B	50. C
51. C	52. C	53. A	54. C	55. D	56. A	57. B	58. C	59. D	60. A
61. B	62. C	63. B	64. B	65. C	66. C	67. A	68. B	69. C	70. D
71. B	72. C	73. C	74. C	75. D	76. D	77. A	78. B	79. A	80. A
81. B	82. B	83. C	84. A	85. B	86. C	87. D	88. C	89. C	90. D
91. B	92. C	93. C	94. B	95. C	96. C	97. D	98. C	99. B	100. C
101. B	102. A	103. C	104. A	105. B	106. A	107. D	108. C	109. D	110. C

111. B　112. D　113. C　114. D　115. C

判断题答案

1. √	2. ×	3. ×	4. √	5. √	6. √	7. ×	8. ×	9. √	10. ×
11. √	12. √	13. ×	14. √	15. ×	16. √	17. √	18. ×	19. √	20. √
21. √	22. ×	23. ×	24. ×	25. √	26. √	27. √	28. √	29. ×	30. √
31. ×	32. ×	33. √	34. √	35. ×	36. √	37. √	38. √	39. √	40. √
41. √	42. √	43. √	44. √	45. √	46. ×	47. √	48. √	49. √	50. √
51. ×	52. √	53. √	54. √	55. √	56. √	57. √	58. ×	59. √	60. √
61. √	62. √	63. √	64. √	65. ×	66. √	67. ×	68. √	69. √	70. √
71. ×	72. √	73. √	74. √	75. √	76. ×	77. √	78. √	79. √	80. ×
81. √	82. √	83. ×	84. √	85. √	86. √	87. ×	88. √	89. √	90. √
91. √	92. √	93. √	94. √	95. √	96. √	97. √	98. √	99. √	100. ×
101. √	102. ×	103. √	104. √	105. √	106. ×	107. ×	108. √	109. √	
110. √	111. √	112. √	113. ×	114. √	115. √	116. ×	117. √	118. √	
119. √	120. √	121. √	122. √	123. √	124. ×	125. √	126. ×	127. √	
128. √	129. √	130. √	131. √	132. √	133. √	134. √	135. ×	136. ×	
137. √	138. √	139. √	140. √	141. ×	142. √	143. √	144. √	145. √	
146. √	147. ×								

问答题答案

1. 答：液压系统的控制阀根据用途可分为方向控制阀、压力控制阀和流量控制阀三大类。

调速阀是由定差式减压阀与节流阀串联组成的，用减压阀保证节流阀前后压力差不变，使其不受负载影响，从而使通过节流阀的压力差为一定值，故其性能比节流阀好。

2. 答：在曲柄摇杆机构中，如果以摇杆为主动件，则在曲柄与连杆共线的两个位置传动角为零，因此无论作用力有多大，也不能推动曲柄，机构的这种位置称为死点位置。为了使机构能顺利通过死点，常采用飞轮加大惯性的方法，也可采用机构错位排列的方法。

定轴轮系主要有如下功用：实现相距较远的两轴之间的传动；可改变从动轴的转向；可实现分路传动。

3. 答：测量误差是指测量结果与被测量真值之间的误差。在同一条件下多次测量同一量值时，绝对值和符号保持不变，或在条件改变时，按一定规律变化的误差称为系统误差。在同一条件下多次测量某一量值时绝对值和符号以无规律的方式变化的误差是随机误差。由于人为的因素或外界环境的突变，使测量结果产生明显歪曲的误差是粗大误差，如测量时读错了数、记错了数，还有其他因素引起的过失误差等。

4. 答：合金调质钢具有高强度、高韧性的良好综合力学性能。它主要用于制造在重载荷下同时又受冲击载荷作用的一些重要零件，如汽车、拖拉机、机床等上的齿轮、主轴、连杆、高强度螺栓等。

5. 答：

1）提高设备可靠性和工序能力。

2）提高劳动生产率。

3）减轻操作劳动强度、提高设备自动化程序。

6. 答：只有一个晶粒组成的金属称为单晶体。由许多晶粒组成的金属称为多晶体。多晶体内以晶界分开的晶体位相相同的晶体称为晶粒。将任何两个晶体位相不同的晶粒隔开的那个内界面称为晶界。

7. 答：滑移即晶体的一部分相对于另一部分沿着一定的晶面和一定的晶向发生相对滑动。金属滑移的实质是位错的移动。

8. 答：常用的回火工艺有低温回火、中温回火、高温同火三种。低温回火主要用于要求硬度 58~64HRC 的高碳工具、模具、刃具、滚动轴承、渗碳淬火及表面淬火零件；中温回火主要用于各种弹簧；高温回火主要用于受力较大的重要结构零件，如连杆、螺栓、齿轮、轴类零件等。

9. 答：由于合像水平仪的水准器安装在杠杆架上特制的底板内，其位置可以通过调节旋钮来调整，而且合像水平仪视见像采用了光学放大，并以双像重合来提高对准精度，可使水准器玻璃管的曲率半径减小，从而使得测量时气泡达到稳定的时间短，因此，合像水平仪比框式水平仪的测量范围大，且精度也高。

10. 答：

1）横刃长，横刃处前角为负值，在切削中，横刃处于刮挤状态，定心不良，使钻头容易发生抖动，需加较大的轴向力。

2）主切削刃上各点的前角大小不一样，致使各点的切削性能不同。

3）主切削刃外缘处的刀尖角较小、前角很大、刀齿薄弱，而此处的切削速度最高，故产生的切削热量最多，磨损极为严重。

4）钻头的副后角为零，棱边与孔壁的摩擦比较严重，容易发热和磨损。

5）主切削刃长，在切削中各点切屑流出速度的大小和方向相差很大，会增大切屑变形，造成切屑卷曲，容易堵塞容屑槽，使排屑困难。

11. 答：工艺规程有以下三方面的作用。

1）指导生产的重要文件，按工艺规程组织生产，可保证产品质量和较高的劳动生产率与经济性。

2）可作为技术准备和生产准备工作的基本依据。

3）可作为新建、扩建工厂或车间的基础资料。

12. 答：

1）便于达到零件图上规定的加工质量要求。

2）便于采用高生产率的制造方法。

3）有利于减少零件的加工劳动量。

4）有利于缩短辅助时间。

13. 答：齿轮泵在齿轮的啮合过程中，为使其连续供油，要求同时啮合的轮齿对数应多于一对，即后面一对轮齿开始啮合时，前面一对轮齿尚未脱开，形成了一个封闭空间，封闭空间的容积随着齿轮的旋转而变化。当该容积由大变小时，油液被挤压，压力急剧升高；当该容积由小变大时，形成局部真空，引起流量不均匀，产生噪声。这种现象称为困油现象。

14. 答：

1）提高了加工精度高，尤其是提高了同批零件加工的一致性。

2）有利于生产率的提高。

3）可加工形状复杂的零件。

4）减轻了工人的劳动强度，改善了劳动条件。

5）有利于生产管理和机械加工综合自动化的发展。

15. 答：可倾瓦轴承在工作时，轴颈带动油液挤入轴与轴瓦间隙，并迫使轴瓦绕球头摆动，从而形成油楔。由于每个瓦块都能偏转而产生油膜压力，故可倾瓦轴承具有更好的稳定性。

16. 答：当转子转速超过临界转速后，振动相位滞后于重点的角度将大于90°，此时，重点位置处于转子挠度方向的对面。重点所产生的离心力已有一部分能起到抑制振动的作用，转子的振幅反而会逐渐减小，这种作用称为转子的自定心作用。

17. 答：全面质量管理是一个组织以质量为中心，建立在全员参与基础上的一种管理。

18. 答：当使用新的、更改的或移动在生产现场的制造工装后制造的第一个零件或装配件时，或当产品制造的工艺方法进行更新时，需要对相关的零部件做首件检验。

19. 答：过冷的冷却，会使气缸温度过低，柴油的点火落后期延长，燃烧速度降低，散热损失增加，而且润滑油的黏度也会增大，摩擦损失增加，使内燃机的功率降低。

20. 答：

1）根据所加工零件的特点，合理选择数控机床的类型。

2）最大限度地发挥数控机床的各种工艺功能，以确保机床满负荷运转。

3）提高加工程序的工作质量，以满足加工需要。

4）充分利用数控机床的自动化和切削用量的最优化来缩短加工时间，尤其是缩短辅助时间，提高零件的加工质量和生产效率。

5）采用高速加工。

21. 答：离心泵在运转过程中，压头降低的主要原因包括转速降低；液体的动能减小；泵内有空气，压力下降；排出口管路有泄漏，造成压力降低；叶轮与泵体之间的密封损坏；叶轮损坏。

22. 答：由于夹具的定位元件与刀具及机床运动的相对位置可以事先调整，因此加工一批零件时采用夹具装夹工件，不必逐个找正，不仅使操作快速方便，且有很高的重复精度，能保证工件的加工要求。

23. 答：

1）基础稳固，无裂纹、腐蚀、油污。

2）零部件完整，无内部缺陷，磨损在允许值以内。

3）运转正常，无跑、冒、滴、漏现象。

4）仪器仪表和安全防护装置及配套设施齐全，灵敏可靠。

5）达到设计性能和核定性能。

24. 答：同一个工序中，在切削面、切削量不变的情况下执行的动作称为工步。

25. 答：按基准统一原则选用的精基准，能用于多个表面加工及多个工序加工，可以减少因基准变换带来的误差，提高加工精度。此外，还可减少夹具的类型，减少设计夹具的工作量。

26. 答：

1）夹紧力方向不应破坏工件定位的正确性。

2）夹紧力方向应使所需夹紧力尽可能小。

3）夹紧力方向应使工件变形尽可能小。

27. 答：

1）钢丝绳在工作中的拉伸、弯曲，特别是正反两方向的卷绕，会导致钢丝绳弯曲疲劳，严重影响其使用寿命。

2）钢丝绳与滑轮、卷筒间的摩擦会造成钢丝绳磨损，进而影响其使用寿命。良好的润滑可延长钢丝绳的使用寿命。

3）钢丝绳自身钢丝间的摩擦会造成钢丝绳磨损，进而影响其使用寿命。若钢丝绳润滑状况良好，可显著延长钢丝绳的使用寿命。

28. 答：组成环可根据其对封闭环的影响性质分为增环和减环。若其他尺寸不变，那些本身增大而封闭环也增大的尺寸称为增环，那些本身增大而封闭环减小的尺寸则称为减环。

29. 答：

1）由于难加工材料的导热系数一般比较低，热强度高，故铣削温度比较高。

2）切屑变形系数大，变形硬化程度严重。

3）材料的强度和热强度一般都较大，故铣削力大。

4）铣刀磨损快，刀具寿命短。

5）卷屑、断屑和排屑都较困难。

30. 答：工序是产品制造过程中的基本环节，也是构成生产的基本单位，即一个或一组工人，在一个工作地点对同一个或同时对几个工件进行加工所连续完成的那部分工艺过程，称为工序。工序又可分成若干工步。加工表面不变、切削刀具不变、切削用量中的进给量和切削速度基本保持不变的情况下所连续完成的那部分工序内容，称为工步。

31. 答：手工弯管主要有灌沙、划线、加热和弯曲四个工步，各工步应注意的事项如下。

1）灌沙时应保证沙子清洁、干燥、颗粒度均匀、装填紧密，端部要塞紧但要留有透气孔。

2）划线时应确定加热位置和长度，要符合图样要求。

3）加热时应保证加热要缓慢均匀，并保温一定时间。不许用普通煤加热。

4）弯曲设备要符合要求，操作要熟练。弯曲后要清理干净管子内部。

32. 答：

1）选择合适的、切削性能好的刀具材料。

2）选择合理的铣刀几何参数。

3）采用合适的切削液。

4）选择合理的铣削用量。对一些塑性变形大、热强度高、冷硬程度严重的材料，尽可能采用顺铣，端铣也尽量采用不对称顺铣。

33. 答：切削时，在刀具切削刃的切割和刀面的推挤作用下，使被切削的金属层产生变形、剪切、滑移而变成切屑的过程称为金属切削过程。

34. 答：在分析工件定位时通常用一个支承点限制一个自由度，用合理分布的六个支承点限制工件的六个自由度，使工件在夹具中的位置完全被确定，称为六点定位。

35. 答：由工件定位所造成的加工面相对其工序基准的位置误差，称为定位误差。

36. 答：加工中可能产生误差的有原理误差、装夹误差、机床误差、夹具精度误差、工艺系统变形误差、工件残余应力误差、刀具误差、测量误差八个方面。

37. 答：定位点数大于应限制的自由度数，说明实际上有些定位点重复限制了同一个自由度，这样的定位称为重复定位。

38. 答：正确的工艺分析，对保证加工质量、提高劳动生产率、降低生产成本、减轻工人劳动强度及制订合理的工艺规程都有极其重要的意义。

39. 答：

1）确定检查点。

2）确定点检项目。

3）制订点检的判定标准。

4）确定点检周期。

5）确定点检的方法和条件。

6）确定点检人员。

7）编制点检表。

8）做好点检记录和分析。

9）做好点检管理工作。

10）做好点检人员的培训工作。

40. 答：

1）设备操作人员，必须参加技术培训和考试，考试合格并获得操作证后方能操作。

2）严格执行岗位责任制和设备操作、使用、检修规程等各项规章制度。

3）认真做好维护保养和计划检修，及时消除设备隐患，使设备处于良好的技术状态。

4）对主要设备严格管理，并开展设备状态监测和诊断技术工作，做到掌握设备技术状况。

5）定期检测、调试设备的机电保护装置和防火、防爆、防雷等设施的有效性。

6）企业应按某一时期或某类设备事故进行各种专题数理统计分析，从而确定事故发生规律，找出设备在使用、管理过程中和设备自身存在的薄弱环节，以便制订出有效的防范措施。

41. 答：铣削加工内容的选择、零件结构工艺分析、零件毛坯的工艺性分析、加工方案分析等。

42. 答：

1）液体是稳定流动的。

2）液体所受质量力只有重力。

3）液体是连续的、不可压缩的，即密度 ρ = 常数。

4）所选择的两个通流截面必须符合渐变流条件，而不考虑两通流截面间的流动状态。

43. 答：

1）定子和转子以及叶片的表面粗糙度值大于原设计要求一级时，可继续使用；大于两级时，则应修复或更新。

2）叶片或转子槽的配合间隙超过原设计要求的 50% 时，应更换新件。定子的工作表面拉毛或有棱时，应加以修复。

44. 答：液压缸工作中出现漏油的原因如下。

1）密封圈磨损、破裂或使用压缩后产生永久性变形。

2）缸筒与缸盖结合部位产生外泄漏。

3）由于振动使液压缸进油管口连结处松动，产生泄漏。

相应的解决办法如下。

1）更换密封圈。

2）清理接触处的毛刺后重新紧固。

3）重新紧固。

45. 答：保压回路的功用是使某些液压系统在工作过程中保持一定的压力，如为使机床获得足够而稳定的进给力，进而保证加工精度、避免发生事故，对于加工或夹紧工件，都要求系统保持一定的压力，并使压力的波动保持在最小的限度内，在这些情况下则要有保压回路。

46. 答：

1）为了保证工件达到图样的精度和技术要求，夹具定位基准应与设计基准、测量基准重合。

2）为了防止工件变形，夹紧力应与支承件相对应。

3）薄壁工件不能用径向夹紧法，只能用轴向夹紧法。

4）如工件因外形或结构等因素，使装夹不稳定，可增加工艺撑头。

47. 答：工艺处理是对工件进行数控加工前的前期工艺准备工作，它必须在程序编制工作以前完成。只有工艺设计方案确定以后，编程才有依据。工艺方面考虑不周是造成数控加工差错的主要原因之一，工艺设计不好，工作量要成倍增加，因此，一个合格的数控操作人员应该是一个好的工艺员，应对机床和数控系统的性能、特点和应用，以及数控加工的工艺方案制订工作等各个方面，都有比较全面的了解。

48. 答：工艺准备工作包括分析零件图样、数控车床刀具的选择、工件的装夹、加工手段的选择及有关数据的测定。分析零件图是工艺准备工作中的首要内容，因为图样包括零件轮廓的几何尺寸、几何公差要求、表面粗糙度要求，以及毛坯、材料与热处理要求，还有件数要求等，这些都是制订合理工艺过程所必须考虑的，将直接影响到零件加工程序的编制及加工结果。

49. 答：制订加工方案的一般原则为：先粗后精，先近后远，先内后外，程序段最少，走刀路线最短，特殊情况特殊处理。

50. 答：空气经通风窗产生旋转运动进入汽水分离器，由于离心力的作用，水分碰到杯壁上，然后落到杯的底部；空气则通过滤去固体杂质的滤清元件，由滤杯输出。当达到一定水量时，由于浮力的作用，杯底的阀门会打开，把水排放到外部。当空气通过该阀跑到外部之前，空气压力能够关闭该阀门，防止空气流到外部。如果按压设在排水口内侧的针阀，也可以手动排水。

51. 答：刀具在工作时，如果考虑合成运动和实际安装情况，实际起作用的角度与刃磨角度往往不同，这些角度称为工作角度。

52. 答：后角的作用主要是减小后面与加工表面之间的摩擦，后角越大，切削刃越锋利，但切削刃和刀头强度同时被削弱，散热体积减小。对一些特殊刀具，如切断刀、切槽刀和锯片铣刀的副后角，因受刀头强度的限制，只能取较小值。

53. 答：切削层变形的实质是指切削层在刀具的挤压作用下，经过剧烈的变形后形成切屑脱离工件的过程。它包括切削层沿滑移面的滑移变形和切屑在前面排出时的滑移变形两个阶段。

54. 答：当切削塑性金属材料时，在切削速度选择中速的条件下，常有一些从切屑和工件上带来的金属"冷焊"在前面，在切削刃上形成一个楔块，这块金属的硬度较高，能代替切削刃切削，并在前面上形成新的前角。这个楔块称为积屑瘤，又称为刀瘤。

55. 答：在切削过程中，切削部分切削工件时所产生的全部切削力的来源有两个方面：一是三个变形区产生的变形抗力；二是前面与切屑和后面与工件之间的摩擦力。

56. 答：磨削过程中，砂轮上一些凸出的和比较锋利的磨粒，切入工件较深、切削厚度较大，起切削作用。比较钝的、凸出高度较小的磨粒，切削厚度很小，切不下切屑，只起刻划作用。更钝的、隐附在其他磨粒下面的磨粒只稍微滑擦工件表面，起抛光作用。

57. 答：物体依靠摩擦保持平衡的现象称为自锁，且不论受到多大的主动力总能够保持静止（常称为"卡死"现象）。

58. 答：在确定零件的工艺流程时，应将粗、精加工分阶段进行，各表面的粗加工结束后再进行精加工，尽可能不要将粗、精加工交叉进行，也不要在到机床上既进行粗加工又进行精加工，这就是粗、精加工分开。这样加工可以合理使用机床，并使粗加工时产生的变形及误差在精加工时得到修正，有利于提高加工精度，此外，还可提早发现裂纹、气孔等毛坯缺陷，及时终止加工。

59. 答：各轴承超额轴承孔之间的同轴度、壳体孔定位端面与轴线的垂直度、轴承的间隙、滚动轴承滚道的圆度和滚动体的尺寸、形状误差，以及锁紧螺母端面的跳动等。

60. 答：目前用于制造刀具的材料可分为金属材料和非金属材料两大类。金属材料有碳素工具钢、合金工具钢、高速硬质合金。其中碳素工具钢和合金工具钢的红硬性能较差（约 200~400℃），已很少用来制造车刀。非金属材料有人造金刚石、立方氮化硼及陶瓷。

61. 答：切削速度提高 1 倍，切削温度约增高 30%~40%；进给量加大 1 倍，切削温度只增加 15%~20%；切削深度加大 1 倍，切削温度仅增高 5%~8%。

62. 答：互相联系的尺寸按一定顺序首尾相接排列成的尺寸封闭图，称为尺寸链。应用在加工过程中的有关尺寸形成的尺寸链，称为工艺尺寸链。

63. 答：克服平面连杆机构死点位置的常用方法是在从动曲柄上安装飞轮，利用飞轮的运动惯性，使机构按原来的转向通过死点位置，也可采用相同机构错位排列的方法来通过死点位置。例如：缝纫机曲轴上的大带轮，就兼有飞轮作用，利用飞轮的运动惯性来通过死点位置；机车车轮联动机构，就是利用左右两组曲柄相错 90° 的机构顺利通过死点位置的。

64. 答：齿轮轮齿的失效形式主要有轮齿折断、齿面点蚀、齿面胶合、齿面磨损和齿面塑性变形五种。齿轮的常用材料有锻钢、铸钢、铸铁和非金属材料。

65. 答：变位齿轮与标准齿轮相比，有一些几何尺寸发生了变化：正变位齿轮的齿顶圆和齿根圆相应地增大，齿根厚度增大，齿顶变尖；负变位齿轮的齿顶圆和齿根圆相应地减小，齿根厚度变小，齿顶变宽。

66. 答：V 带进入轮槽后，由于弯曲变形，楔角 a 会变小，这时轮槽和 V 带的两侧面便能很好地接触。

67. 答：
1）要分析清楚结构件变形的原因。
2）分析清楚结构件的内在联系，搞清各个零件间的制约关系。
3）选择正确的矫正位置，先解决主要矛盾，再解决次要矛盾。
4）了解、掌握结构件钢材的性质。

68. 答：
1）同一定位装夹方式或用同一把刀具的工序，最好相邻连续完成。
2）如一次装夹进行多道加工工序时，则应考虑把对工件刚度削弱较小的工序安排在先，以减小加工变形。
3）前道工序不应影响后道工序的定位与装夹。
4）先安排内型、内腔加工工序，后安排外形加工工序。

69. 答：原理误差是指由于采用了近似的刀具轮廓或近似的加工运动方式和近似传动比的成形运动而产生的误差。采用理论完全正确的加工原理有时使机床或夹具结构极为复杂，致使制造困难，反而得不到高的加工精度，有时甚至是不可能的，所以只要原理误差在允许的范围内，就是可行的，而且还可以提高生产率和使工艺过程更为经济。

计算题答案

1. 解：当主轴转速 $n = 120 \text{r/min}$ 时，主轴转矩为

$$M = 9550 \times \frac{P(1-0.3)}{n} = 9550 \times \frac{7 \times (1-0.3)}{120} \text{N} \cdot \text{m} = 390 \text{N} \cdot \text{m}$$

又知

$$M = F_c \times \frac{D}{2}$$

则

$$F_c = \frac{M}{0.5D} = \frac{390}{0.05} \text{N} = 7800 \text{N}$$

答：车刀切削力为 7.8kN。

2. 解：

1）确定泵的工作压力。

液压缸的工作压力为

$$p = \frac{F}{A} = \frac{15 \times 10^3}{63.6 \times 10^{-4}} \text{Pa} = 23.585 \times 10^5 \text{Pa} = 2.3585 \text{MPa}$$

液压泵的工作压力为 $P = p + \Sigma \Delta p$ 或 $P = kp$。因管路复杂，因此压力损失较大，取 $k = 1.5$ 或取 $\Delta p = 12 \times 10^5 \text{Pa}$。于是液压泵的工作压力为

$P = 1.5 \times 2.3585 \text{MPa} = 3.54 \text{MPa}$。

溢流阀的调整压力为 $P_y = 3.6 \text{MPa}$。

2）确定液压泵的输出流量。

液压缸所需流量：$q = vA = 3 \times 10^2 \times 63.6 \text{cm}^3/\text{min} = 19080 \text{cm}^3/\text{min} = 19.08 \text{L/min}$

3. 解：进入液压缸的流量为

$$q_1 = vA_1 = v\pi \left(\frac{D}{2}\right)^2 = 0.1 \times 10^2 \times 60 \times \pi \times 6.25^2 \text{cm}^3/\text{min} = 73631.25 \text{cm}^3/\text{min}$$

$$= 73.6 \text{L/min}$$

排出液压缸的流量为

$$q_2 = vA_2 = v\pi \left[\left(\frac{D}{2}\right)^2 - \left(\frac{d}{2}\right)^2\right] = 0.1 \times 10^2 \times 60 \times \pi (6.25^2 - 3.5^2) \text{cm}^3/\text{min}$$

$$= 50540.49 \text{cm}^3/\text{min} = 50.5 \text{L/min}$$

4. 解：已知 $2P = 4$，$f_N = 50 \text{Hz}$，$S_N = 0.05$。

电动机的同步转速为

$$n_1 = 60 f_N / p = 60 \times 50 / 2\, r/min = 1500\, r/min$$

电动机的额定转速为

$$n = n_1(1 - S_n) = 1500 \times (1 - 0.05)\, r/min = 1425\, r/min.$$

5. 解：

1）左位。

$v_1 = Q_e / A_1 = 4.17 \times 10^{-4} / 0.005\, m/s = 0.0834\, m/s$（活塞向右运动）

$F_1 = p_e A_1 = 2.5 \times 10^6 \times 0.005\, N = 12500\, N$

2）中位。

$v_3 = Q_e / A_3 = 4.17 \times 10^{-4} / 0.001\, m/s = 0.417\, m/s$ （活塞向右运动）

$F_3 = p_e A_3 = 2.5 \times 10^6 \times 0.001\, N = 2500\, N$

3）右位。

$v_2 = Q_e / (A_1 - A_3)$

$\quad = 4.17 \times 10^{-4} / (0.005 - 0.001)\, m/s$

$\quad = 0.10425\, m/s$（活塞向左运动）

$F_2 = p_e(A_1 - A_3) = 2.5 \times 10^6 \times (0.005 - 0.001)\, N = 10000\, N$

6. 取一垂直于轴线的平面（见图 4-3a 中 A 齿轮的左侧面），将力 G 和 F_t 都向此平面投影（见图 4-3b），以此平面与轴线的交点 O 为转动中心，因此

$$G \times \frac{d_1}{2} - F_i \times \frac{d}{2} = 0$$

$$G = F_i \times \frac{d}{d_1} = 5000 \times \frac{0.3}{0.1}\, N = 15000\, N$$

综合题答案

1. 答：钢中常见的杂质有锰、硅、硫、磷等元素。锰改善钢的质量、提高钢的强度和硬度，还可以减少硫对钢的有害影响。硅能有效地消除氧化铁对钢的不良影响，对钢有一定的强化作用，是有益元素。硫使钢产生热脆性，是有害元素。磷使钢的强度、硬度增加，塑性、韧性显著降低，使钢产生冷脆性，是有害元素，但在易切削钢中适当地提高硫、磷含量，可增加脆性，有利于切削断屑，提高切削效率和延长刀具寿命。

2. 答：用一个假想的剖切平面，在适当的位置将零件切开，移去观察者与剖切平面之间的部分，将留下的部分按正投影法绘制，并在剖面区域画上剖切符号，这样得到的视图叫剖视图。

常用的剖视图有：全剖视图，半剖视图，局部剖视图。

3. 答：

1）装配时，零件不需要修配加工，只靠调整就能达到装配精度。

2）可以定期进行调整，容易恢复配合精度，对于容易磨损、需要改变配合间隙的结构极为有利。

3）易使配合件的刚度受到影响，有时还会影响配合件的位置精度和寿命，所以要认真仔细地调整，调整后的固定要坚实牢靠。

4. 答：

1）要选用较高精度的钻床。

2）采用较高的转速。

3）开始钻削时，进给量要小，加在钻头上的压力大小应合适。

4）钻削过程中，应及时提起钻头进行排屑。

5）注意冷却和润滑。

6）应引导钻头钻入，防止钻偏。

7）钻头的刃磨应利于分屑、排屑。

5. 答：标准群钻是用标准麻花钻修磨而成的：首先磨出两条外刃，然后在两个后刀面上对称磨出两个月牙形圆弧槽，再修磨横刃使之缩短、变尖、变低，同时形成两条内刃。标准麻花钻由原来的一个钻尖变成三个钻尖，由原来的三条刃变成七条刃、两个槽。

6. 答：

1）规定所有零件和部件的装配顺序。

2）规定出所有的装配单元和零件，既保证装配精度，又保证生产率最高，即应采用最经济的装配方法。

3）划分工序，确定装配工序内容。

4）决定必需的工人技术等级和工时定额。

5）选择完成装配工作所必需的工具、夹具及装配用的设备。

6）确定验收方法和装配技术条件。

7. 答：

1）液压系统中存有空气。

2）导轨精度不够、接触不良，使油膜不易形成。

3）液压缸中心线和导轨不平行，活塞杆弯曲，液压缸内孔拉毛，活塞杆两端油封调整过紧。

4）相对运动的接触面缺乏润滑油，产生干摩擦或半干摩擦。

5）斜铁或压板调得太紧。

8. 答：

1）轴承间隙必须适当，一般为 $0.001d \sim 0.003d$（d 为轴颈直径）。

2）轴颈应有足够高的转速。

3）轴颈和轴承孔应有精确的几何形状和较小的表面粗糙度值。

4）多支承的轴承应保持一定的同轴度。

5）润滑油的黏度适当。

9. 答：

1）连架杆与机架中必有 1 个最短杆。

2）最短杆与最长杆长度之和必小于或等于其余两杆长度之和。

10. 答：轴在机械中的作用：

1）支承旋转零件；

2）传递运动和动力。

轴根据不同用途和受力情况可分为：①心轴。心轴只承受弯矩，不承受转矩，如火车轮轴、滑轮轴。②转轴。转轴既承受弯矩，又承受转矩，如机床轴、减速器的齿轮轴等。③传动轴。传动轴只承受转矩，不承受弯矩，如汽车传动轴等。按结构型式不同轴可分为光轴和阶梯轴、直轴和曲轴、实心轴和空心轴、刚性轴和挠性轴等。

11. 答：紧键连接包括楔键连接和切向键连接，键的上、下表面为工作面，上表面有1∶100 的斜度，装配时需打入，对中性差。常用于对中性要求不高的低速场合。松键连接包括平键连接、半圆键连接和花键连接，键的两侧面为工作面，上面有一定的间隙，不承受轴向力，对中性好，常用于定心精度高、速度较高和承受变载冲击的场合。

12. 答：

1）使供电线路的电压降增大，负载两端的动转矩减小（甚至负载不能转动），而且影响同一供电线路上其他电气设备的正常工作。

2）使电动机绕组发热，特别是在起动时间过长或频繁起动时，发热就更为严重。这样容易造成绝缘材料老化，电动机的使用寿命缩短。

职业道德试题参考答案

选择题答案

1. C　2. B　3. C　4. A　5. B　6. A　7. C　8. C　9. D　10. A

11. C　12. A　13. B　14. B　15. A　16. C　17. A　18. A　19. B　20. A

21. C　22. B　23. C　24. D　25. C　26. A　27. B　28. A　29. B　30. D

31. A　32. C　33. C　34. A　35. D

判断题答案

1. √　2. √　3. ×　4. ×　5. √　6. √　7. √　8. ×　9. ×　10. √

11. ×　12. ×　13. √　14. √　15. √　16. √　17. √　18. ×　19. √　20. √

21. √　22. √　23. √　24. √　25. √　26. √　27. √　28. √　29. √　30. ×

31. ×

参 考 文 献

[1] 中国北车股份有限公司. 加工中心操作工 [M]. 北京：中国铁道出版社，2015.

[2] 中国北车股份有限公司. 数控铣工 [M]. 北京：中国铁道出版社，2015.

[3] 何贵显. FANUC 0i 数控铣床/加工中心编程技巧与实例 [M]. 北京：机械工业出版社，2016.

[4] 人力资源和社会保障部教材办公室. 加工中心操作工. [M]. 2版. 北京：中国劳动社会保障出版社，2013.

[5] 韩鸿鸾. 数控铣工加工中心操作工：中级 [M]. 北京：机械工业出版社，2007.

[6] 王荣兴. 加工中心培训教程. 2版. 北京：机械工业出版社，2014.

[7] 铁路职工岗位培训教材编审委员会. 电力机车钳工 [M]. 北京：中国铁道出版社，2011.

[8] 郭晓华，刘彦龙. 电力机车钳工 [M]. 成都：西南交通大学出版社，2014.

[9] 铁道部人才服务中心. 电力机车钳工 [M]. 北京：中国铁道出版社，2008.